RENCONTRES
472

Série *Littérature des XXe et XXIe siècles*
dirigée par Didier Alexandre
40

Esthétique de la guerre – Éthique de la paix

Actes du colloque « Esthétique de la guerre – Éthique de la paix ? »
organisé dans le cadre du 11e congrès de l'association des franco-romanistes
allemands (AFRA), « Krieg und Frieden. Zur Produktivität von Krisen
und Konflikten / Guerre et paix. Crises et conflits – nouvelles perspectives »,
à l'Université d'Osnabrück du 26 au 29 septembre 2018, publiés avec
le soutien de l'association Frankoromanistenverband im deutschen
Romanistenverband e.V. de l'Université de Potsdam et de l'association
des franco-romanistes allemands de l'Université de Regensburg

Esthétique de la guerre – Éthique de la paix

Un siècle de littérature sur la Grande Guerre

Sous la direction de Jochen Mecke, Pierre Schoentjes
et Anne-Sophie Donnarieix

PARIS
CLASSIQUES GARNIER
2021

Jochen Mecke est professeur de cultures et littératures romanes à l'université de Regensburg (Allemagne). Il a consacré de nombreux travaux à la littérature française moderne et postmoderne, au cinéma, à la radio, à l'esthétique intermédiale, à la temporalité du roman et à la Grande Guerre. Il a récemment dirigé le numéro « Esthétiques de la guerre » dans la revue *Études Romanes*.

Pierre Schoentjes, professeur de littérature française à l'université de Gand, est spécialiste de l'ironie et de la représentation littéraire de la Grande Guerre. Il a notamment publié *Silhouettes de l'ironie*, *« J'ai tué » Violence guerrière et fiction*. Il interroge la littérature des XXe et XXIe siècles dans une perspective européenne. Ses derniers travaux portent sur l'écopoétique.

Anne-Sophie Donnarieix est docteure en littérature française et occupe un poste d'enseignante-chercheuse à l'université de Regensburg. Ses travaux portent sur la littérature contemporaine et plus généralement sur les rapports du roman à l'Histoire, au traumatisme, au surnaturel, à l'espace, au romanesque.

ISBN 978-2-406-10581-7 (livre broché)
ISBN 978-2-406-10582-4 (livre relié)
ISSN 2103-5636

ABRÉVIATIONS

14	*14* (Jean Echenoz)
A	*L'Acacia* (Claude Simon)
C	*Cris* (Laurent Gaudé)
CdB	*Les Croix de bois* (Roland Dorgelès)
Ch	*Les Champs d'honneur* (Jean Rouaud)
CO	*Le Chercheur d'or* (J.M.G. Le Clézio)
E	*Les Esprits de la Terre* (Catherine Colomb)
Gl	*Glaise* (Franck Bouysse)
GaL	*La Guerre au Luxembourg* (Blaise Cendrars)
L	*To the Lighthouse* (Virginia Woolf)
OC	*Œuvres complètes* (Guillaume Apollinaire)
P	*Paroles de poilus* (ed. Jean-Pierre Guéno)
V	*Voyage au bout de la nuit* (Louis-Ferdinand Céline)

INTRODUCTION

La littérature de la Première Guerre mondiale entre éthique et esthétique (1914-2020)

La Première Guerre mondiale constitue un tournant dans l'histoire européenne dont l'importance ne saurait être sous-estimée. Le « long XIXe siècle » se termine brusquement, des monarchies se transforment en démocraties, les Empires austro-hongrois et ottoman se dissolvent et de nouveaux États voient le jour comme la Yougoslavie ou la Tchécoslovaquie. En Afrique et en Asie, les colonies commencent à s'émanciper de leurs colonisateurs et les États-Unis finiront par devenir une puissance mondiale. Enfin, la « catastrophe originelle » du XXe siècle aura des conséquences profondes sur la suite de l'histoire européenne et mondiale, entraînant notamment dans son sillage la Seconde Guerre mondiale.

L'ampleur des pertes dépasse les dimensions connues jusqu'alors : 10 millions de morts et 20 millions de blessés, et ce parmi les seuls soldats. Les armées allemandes, françaises, russes et italiennes perdent en moyenne 15 % de leurs effectifs, l'Autriche-Hongrie, la Serbie et l'Empire ottoman environ 20 %, la Roumanie jusqu'à 28 %. Du côté de la population civile, la guerre fait 7 millions de victimes, 700 000 meurent de faim dans l'Empire allemand, sans compter la grippe espagnole qui provoque à elle seule la mort de milliers de personnes. Le coût de la Grande Guerre, 956 milliards de « marks d'or » en tout, dépasse de loin la capacité économique des nations européennes. Le coût de la reconstruction, rien que pour le Nord de la France, est estimé à 100 milliards de francs.

Mais la Première Guerre mondiale n'est pas qu'un tournant, elle constitue également une rupture à de multiples égards : il s'agit de la première véritable guerre industrielle de masse, orchestrée grâce à une quantité inouïe de machines et de munitions, avec de nouvelles techniques de communication et de nouvelles armes inconnues jusqu'alors. Si cette guerre est donc nouvelle sur le plan technique, elle l'est aussi sur le plan de l'écriture, car du fait de la scolarisation massive des combattants – lois Ferry (1881) en France, et « *Forster's Education Act* » (1870) en Angleterre –, jamais les soldats du rang n'avaient aussi massivement été en mesure de transcrire leur expérience. Parce qu'elle est de longue haleine, la guerre des tranchées offre aux soldats des périodes de temps libre qu'ils consacrent souvent à la lecture et à l'écriture, court-circuitant ainsi le rapport traditionnel entre la guerre et sa description textuelle. Grâce aux témoignages rédigés au quotidien par les soldats ordinaires, la guerre est le lieu d'un reportage effectué quasiment « en direct ». Les nombreux carnets et lettres, largement publiés aujourd'hui, l'illustrent bien, ainsi que les récits édités dès les années de guerre[1]. Ces témoignages ont reçu une attention particulière de la part des historiens, qui, à partir des années 1980, ont contribué à remettre la Grand Guerre sur le devant de la scène.

Mais cette guerre marque aussi un tournant littéraire. Certes, et contrairement à ce qui s'observe en Angleterre avec les *War Poets*, la littérature inspirée par 14-18 n'entraîne pas un renouvellement des formes. Elle continue à exploiter la veine naturaliste – Apollinaire fait exception, mais il n'est pas pacifiste, Céline aussi, mais *Voyage au bout de la nuit* n'est publié qu'en 1932 –, mais elle parvient en revanche, du fait de la démocratisation de la lecture, à toucher un vaste public. Les prix littéraires mettent la guerre à l'honneur pendant les années du conflit et les rotations régulières accroissent la production et la réception des journaux et romans. En réaction au « bourrage de crâne » de la presse officielle, outrancière et prompte à dénigrer les représentations trop crues des combats, jugées « défaitistes », les écrivains cherchent à faire entendre une autre voix, notamment à partir du moment où la guerre s'enlise et où l'espoir d'une victoire rapide s'éloigne. Au début de la guerre, les romans nationalistes dominaient, comme le *Gaspard* (1915) de René Benjamin, qui remporte le Prix Goncourt. Mais le ton changera avec *Sous Verdun* (1916) de Maurice Genevoix ou *Le Feu* d'Henri Barbusse, publié en 1916 et également récompensé par le Prix Goncourt. *Civilisation* (1918) de Georges Duhamel et *Les Croix de bois* (1919) de Roland Dorgelès, Prix Femina, marquent une étape supplémentaire dans la prise de conscience de l'horreur de la guerre.

---

1 Voir, après l'exceptionnelle réception des *Carnets de guerre de Louis Barthas, tonnelier* (R. Cazals éd, Paris, Maspéro, 1977) l'énorme succès des *Lettres de Poilus. Lettres et carnet du front*, J. P. Guéno, Y. Laplume éds. Paris, France bleue, 1998.

Le délai qui sépare la rédaction des romans et la publication est souvent très court[2]. Il en va de même du côté anglais et allemand : *Der Wanderer zwischen den Welten* (1916) de Walter Flex, *The Good Soldier* (1915) de Ford Madox Ford ou *The Old Huntsman* (1917) de Siegfried Sasson paraissent alors que la guerre fait encore rage. Les œuvres de fiction présentent de plus l'avantage d'autoriser les auteurs à dépeindre la réalité de la guerre d'une manière plus directe et plus « réaliste » que la presse censurée[3]. La rapidité avec laquelle s'enchaînent les expériences des soldats, leurs descriptions de la guerre et la publication de leurs textes, qui a été typique de la Première Guerre mondiale, s'étend encore aux lettres des soldats, comme le souligne le volume *Kriegsbriefe deutscher Studenten*, publié par Philipp Witkop dès la deuxième année de la guerre, en 1915[4].

Autre nouveauté : la mise en place d'un bouleversement dans la hiérarchie entre producteurs littéraires « légitimes » et « non légitimes », qui aboutira à ce qu'aujourd'hui nous accordons souvent autant de valeur « littéraire » à un témoignage qu'à une fiction. Ce changement de perspective a été rendu possible par le crédit que l'on accorde aux témoins de la guerre qui ont, comme Genevoix ou Jünger, donné une légitimité à leurs écrits par leur qualité littéraire, au-delà de leur stricte valeur documentaire. Celle-ci se trouve d'ailleurs parfois contestée par les lecteurs les plus sévères : si Cru disqualifie Barbusse et Dorgelès en tant que témoins, c'est qu'il juge leurs œuvres trop littéraires, au mauvais sens du terme, en tant qu'elles privilégieraient le beau langage à la description réaliste.

Pour le lecteur d'aujourd'hui toutefois, les œuvres de Maurice Genevoix, Roland Dorgelès, Ernst Jünger, Ludwig Renn, Walter Flex, élaborées pour la plupart à partir de journaux intimes, montrent que la guerre, si elle n'est peut-être pas le « père de toutes choses » (Héraclite), peut néanmoins entrer de plein pied dans le champ du littéraire. Et à l'inverse, la guerre transforme aussi des écrivains parfois déjà reconnus

2 C'est d'autant plus vrai pour la poésie que des poèmes d'écrivains déjà reconnus ont également été publiés pendant la guerre (*cf.* Guillaume Picon, *Poèmes de poilus : 1914-1918, Anthologie*, Paris, Seuil, coll. « Points », 2014).

3 Même si John Norton Cru accuse Barbusse de contrevérités et de mensonges, il est vrai que, pour la première fois, les Français ont pu lire dans son roman un récit plus proche de la réalité que ce n'était le cas dans la presse censurée.

4 Philipp Witkop (éd.), *Kriegsbriefe deutscher Studenten*, Gotha, Perthes, 1916.

– Charles Péguy, Guillaume Apollinaire, Blaise Cendrars ou Ernest Hemingway – en simples soldats. Certains ne se contentent d'ailleurs pas de troquer leur plume contre des armes, ils participent en outre de manière décisive à l'enthousiasme général pour la guerre, comme Verhaeren et Loti[5].

Mais il n'y a pas que les écrivains qui écrivent : les milliers de poèmes de guerre publiés en Allemagne en août 1914, par exemple, témoignent à eux seuls du fait que l'enthousiasme des gens ordinaires cherche aussi à s'exprimer sous forme littéraire[6]. De cette façon, la littérature devient une arme efficace, tandis que plus tard sur le front, ce sont les armes qui mèneront la plume des auteurs. La guerre devient alors le sujet principal de la littérature, et l'écriture, sous ses différentes formes, le principal média de transmission de la guerre. Ainsi se développe une symbiose étroite qui perdurera presque dix ans avant que la guerre civile espagnole et la Seconde Guerre mondiale ne mettent une autre actualité violente à l'avant-plan. Ce n'est que dans les années 1980 que la génération des petits-enfants des combattants redécouvrira la Grande Guerre et en fera un nouvel objet esthétique.

Outre les conditions de production et de réception, c'est aussi la littérature elle-même qui se transforme au contact de la Grande Guerre, notamment dans les formes qu'elle prend pour raconter un événement sans pareil, car la guerre industrielle rend obsolète la forme épique conventionnelle, employée jusqu'alors pour décrire les combats. Alors que la guerre traditionnelle permettait de relater les faits et les actes héroïques des combattants, la Première Guerre mondiale, avec ses tranchées et ses bombardements à longue distance, ne peut plus faire l'objet d'un récit glorieux. Les mitrailleuses, les éclats d'obus, les shrapnells, ne

5 Cela vaut non seulement pour des auteurs nationalistes comme Paul Déroulède ou Charles Péguy ou pour la vénération de la guerre par les Futuristes italiens, mais aussi pour de nombreux autres auteurs d'avant-garde comme Pierre-Albert Birot ou Georg Heym. Dans son travail sur les poètes et la Première Guerre mondiale, Geert Buelens retrace l'enthousiasme avant-gardiste d'une violence considérée comme un moyen de remplacer l'ancien monde rejeté, même si elle est obtenue par la guerre (*cf.* Geert Buelens, *Europas Dichter und der Erste Weltkrieg*, traduit par Waltraud Hüsmert, Berlin, Suhrkamp 2014, ici surtout le premier chapitre, p. 9-49).

6 Le nombre de 50 000 poèmes mis en scène par l'auteur et critique Julius Bab doit cependant être considéré avec prudence. Des estimations plus récentes suggèrent un nombre plus réaliste d'environ 3 000 poèmes imprimés en août 1914 (*cf.* Peter Sprengel, *Geschichte der deutschsprachigen Literatur 1900-1918*, Munich, Beck, 2004, p. 771.)

produisent pas seulement de nouvelles manières de tuer et de détruire l'environnement, ils remettent aussi en question la structure narrative classique et imposent de nouvelles formes d'écriture. Bien avant que la déshumanisation ne devienne l'enseigne de l'esthétique moderne, elle est déjà une réalité immédiate pour les soldats.

Compte tenu de la place qu'elle occupe dans l'histoire du XXe siècle, la Première Guerre mondiale a bien sûr fait l'objet d'un grand nombre d'études, mais peu d'entre elles se sont penchées sur la dimension esthétique des œuvres en question. Les historiens tendent à privilégier l'objet représenté aux modes de sa représentation, et utilisent principalement les textes littéraires comme sources documentaires relatives aux expériences, aux formes et aux structures de la guerre. Et même lorsqu'ils se tournent vers la littérature, leurs ouvrages tendent à mettre en avant le biographique et l'histoire culturelle au détriment de la poétique. On le vérifie dans les travaux importants de Nicolas Beaupré qui a présenté un panorama très complet de la littérature de guerre, ou encore dans les deux volumes de Thomas Stauder et Gislinde Seybert[7].

À l'heure où la page des commémorations de 14-18 a été tournée, force est toutefois de constater que malgré l'existence d'un nombre toujours grandissant d'études marquées par le sceau de la poétique, les travaux qui interrogent l'esthétique de la littérature de la Grande Guerre restent encore largement minoritaires[8]. L'on se propose donc ici de contribuer à l'exploration de ce champ en prolongeant les analyses existantes. La perspective choisie pour ce volume se veut volontairement large, et diachronique autant que synchronique, afin d'interroger l'amplitude des formes et les évolutions de la production littéraire de l'époque du conflit jusqu'à nos jours. Si les fictions occupent une place centrale dans le volume, des genres factuels comme la correspondance

7 Nicolas Beaupré, *Écrire en guerre, écrire la guerre : France, Allemagne 1914-1920*, Paris, CNRS, 2006 ; Nicolas Beaupré, *Écrits de guerre 1914-1918*, Paris, CNRS, 2013 ; Gislinde Seybert et Thomas Stauder (dir.), *Heroisches Elend : der Erste Weltkrieg im intellektuellen, literarischen und bildnerischen Gedächtnis der europäischen Kulturen*, Francfort, Peter Lang, 2014.

8 *Cf.* Pierre Schoentjes, *Fictions de la Grande Guerre*, Paris, Classiques Garnier, 2008, p. 12. Dans son ouvrage sur la Première Guerre mondiale et l'éthique de la littérature, le germaniste allemand Mathias Mayer affirme également que la plupart des études interroge la manière dont les intellectuels ont été impliqués dans l'enthousiasme pour la guerre et ont donc été complices de celle-ci (Mathias Mayer, *Der Erste Weltkrieg und die literarische Ethik. Historische und systematische Perspektiven* (Paderborn, Fink, 2010, p. 9).

épistolaire ou le journal intime – qui à l'époque se situaient hors du domaine des Belles Lettres – sont également abordés. Le corpus embrasse une grande variété de formes d'expression, allant des romans aux récits, aux nouvelles, aux rapports, aux lettres et aux journaux, ou encore aux textes dramatiques et aux poèmes.

Une attention particulière sera accordée à la question des techniques littéraires employées par les auteurs pour réagir aux nouvelles modalités de la guerre, et à celle des positions poétiques et esthétiques de leurs textes tout au long des XXe et XXIe siècles. Il s'agira ainsi d'embrasser trois grandes périodes de l'histoire littéraire : la littérature des contemporains, qui sont parfois aussi témoins directs ; la génération de l'entre-deux-guerres, avant que la Seconde Guerre mondiale ne mette une autre guerre à l'actualité ; et enfin la génération des petits-enfants qui se mettent à écrire dès les années 1980 en s'identifiant souvent aux jeunes que furent les grands-parents en 14.

Les contributeurs se sont montrés attentifs à la manière dont les enjeux éthiques et esthétiques s'interpénètrent dans l'écriture, et au relief particulier qu'ils prennent dans certains épisodes spécifiques, comme la mise à mort d'un ennemi. Car si la guerre donne licence de tuer dans les conditions qui obéissent à la *ius in bello*, la littérature de guerre ne donne évidemment pas automatiquement la licence poétique de montrer la mise à mort d'un ennemi tué à mains nues ou à bout portant.

Au-delà de l'image spécifique de la mise à mort, la dimension éthique de l'esthétique recouvre encore bien d'autres d'aspects qui impliquent des postures politiques et poétiques inhérentes à la société qui produit ou lit les textes. Il est ainsi frappant de constater que dans les journaux intimes et les représentations de la Première Guerre mondiale dans la fiction, les évènements importants tels que les combats, les blessures et la mort des camarades sont souvent décrits dans un style sobre voire impassible. Ce qui, plus tard, en Allemagne se présente comme le nouveau mouvement esthétique de la « *Neue Sachlichkeit* » naît dans ces textes sur la Grande Guerre. C'est le cas non seulement dans la littérature allemande ou américaine – notamment chez Remarque ou Hemingway – mais aussi en France, dans les récits d'un Barbusse, d'un Genevoix ou d'un Dorgelès.

Plus tard, les petits-enfants adopteront des attitudes différentes, et dont les expressions esthétiques se fondent sur de nouveaux paradigmes éthiques. Ainsi donc, de nombreuses interrogations s'invitent, auxquelles les contributions réunies de cet ouvrage s'efforcent de répondre. Quels sont les enjeux de ces prises de position esthétiques et éthiques ? Quelles en sont les causes et les conséquences ? Quelles réactions provoquent-elles chez les lecteurs ? Dans quelle mesure l'engagement éthique des écrivains influence-t-il l'orientation littéraire des textes ? L'on verra aussi comment les formes esthétiques de la littérature de guerre inventent des narrations qui dépassent, en particulier dans notre roman d'aujourd'hui, un pacifisme devenu de convention.

La première partie de ce volume interroge ainsi les liens entre éthique et esthétique tels qu'ils apparaissent dans les écritures contemporaines de la guerre. Il s'agit ici autant de déterminer l'influence de la Grande Guerre sur les récits des témoins que d'observer les formes plurielles que peuvent prendre les perspectives critiques développées par les auteurs. En s'appuyant sur un vaste corpus de textes, Jochen Mecke dessine ainsi les grands traits de ce que pourrait être une poétique de la Grande Guerre en revenant particulièrement sur les mutations esthétiques entraînées par l'expérience du front : du rejet de la figure héroïque à la normalisation de l'extraordinaire ou à la dissolution du sujet, les textes refusent toute entreprise d'esthétisation et s'inscrivent de fait dans un discours éthique largement critique. Wolfgang Asholt revient quant à lui sur les ambivalences soulevées par les Avant-Gardes. En confrontant des textes d'Apollinaire et de Cendrars, il insiste sur les conceptions paradoxales d'une guerre tantôt exaltée pour sa beauté, tantôt mise à distance. Johannes Klein prend pour support les lettres et les carnets du front et entreprend de sonder les enjeux parfois complexes du témoignage dès lors que sa visée morale, fondée sur l'authenticité, s'accompagne de procédés d'esthétisation. Enfin, les contributions de Thabette Ouali et de Timothée Pirard soulignent respectivement l'hétérogénéité des outils poétiques convoqués pour représenter la guerre sous un jour critique : si l'expérience des tranchées donne lieu, chez Dorgelès, à une écriture pétrie d'humanisme et doublée d'une perspective mémorielle universalisante, elle se traduit chez Céline par un pessimisme profond sous-tendu par esthétique du dégoût qui s'arque autour des motifs de la laideur, du rire et de la distanciation.

La seconde partie s'ouvre sur l'imaginaire littéraire de la guerre et notamment sur l'ensemble de motifs ou de *topoï* qui imprègnent sa mise en scène textuelle depuis les récits écrits pendant la guerre et jusqu'aux écritures contemporaines. Jean Kaempfer se penche ainsi sur la figure du tueur et sur le défi que représentent la figuration de la mort donnée volontairement, en établissant une typologie du « tueur timide » qui, de Renn à Cendrars, Jünger, Chevallier ou Remarque, oscille entre l'effroi pacifiste et l'exaltation épique. La contribution de Teresa Hiergeist revient quant à elle sur la figure du cheval, traditionnel allié du soldat, et dont la représentation dans les récits de la Grande Guerre se charge de symboles qui tendent à le présenter comme victime, et à alimenter, notamment sous la plume de Giono et de Céline, un discours critique. Daniel Aranda étudie ensuite ce « spectacle magique et terrifiant » que constituent les zeppelins dans la littérature populaire française de 14-18, et la manière dont la représentation de ces dirigeables allemands, décrits comme l'incarnation monstrueuse de l'ennemi, obéit à un double principe de répulsion esthétique et de réprobation morale. Les images de la guerre ne se développent néanmoins pas toujours au niveau de la seule diégèse, elles passent aussi par certaines modalités de représentation dont il faut interroger les enjeux singuliers. Tamar Barbakadze revient ainsi sur l'usage des métaphores et sur la manière dont celles-ci permettent à Catherine Colomb et Virginia Woolf d'exprimer une réalité historique de manière implicite et ambiguë, refusant toute description trop réaliste. Sensible à la question brûlante du rire et de ses représentations littéraires, Nicolas Bianchi souligne que si l'humour reste un sujet hautement polémique, il constitue néanmoins un instrument de représentation efficace et admis par une partie notable de la production romanesque. Christian von Tschilschke enfin s'attèle à l'analyse des représentations des « gueules cassées » en revenant sur le défi esthétique comme éthique que pose le motif de la défiguration, depuis les premiers romans de la guerre et jusqu'au tournant que marquent *La Chambre des officiers* de Marc Dugain et son adaptation cinématographique.

La troisième et dernière partie s'intéresse plus spécifiquement aux modalités poétiques des écritures contemporaines, entre inflexion et renouvellement des formes développées par les générations antérieures. La question de la mémoire culturelle et de la transmission y occupe une place centrale. Stefan Schreckenberg, à travers l'analyse des romans de Claude Simon, Jean Rouaud et Jean Echenoz, explore ainsi la manière dont la Grande Guerre se constitue en lieu de mémoire littéraire.

Partant de la lecture du roman *Cris* de Laurent Gaudé, Anne-Sophie Donnarieix problématise quant à elle les enjeux complexes des écritures contemporaines de la Grande Guerre, oscillant entre la nécessité de transmettre encore un héritage lourd à porter, et la difficulté de trouver de nouvelles formes littéraires pour en maintenir la mémoire vive. Les contributions abordent ensuite la question de la visée pacifiste qui, si elle est largement partagée par les auteurs contemporains, n'en révèle pas moins des inflexions parfois singulières. Abdoulahi Aïssatou étudie ainsi les représentations de la Grande Guerre chez Le Clézio en reliant l'amplitude panoramique de ses manifestations à la visée pacifiste manifeste des textes, tandis que Thomas Keller pointe précisément du doigt les ambivalences et les limites du pacifisme dans l'adaptation cinématographique du livre de Maurice Rostand, *Frantz*. Enfin, Pierre Schoentjes ouvre la réflexion à d'autres enjeux, écologiques notamment, qui trouvent aujourd'hui à s'exprimer par l'évocation de la Grande Guerre. À travers une lecture de *Glaise*, de Franck Bouysse, la contribution interroge la manière dont le roman de guerre permet aussi un renouvellement des questionnements éthiques liés au rapport de l'homme à la nature.

Jochen MECKE,
Pierre SCHOENTJES,
Anne-Sophie DONNARIEIX

PREMIÈRE PARTIE

LA GRANDE GUERRE À L'HEURE DU FRONT

ÉTHIQUES ET ESTHÉTIQUES DU TÉMOIGNAGE

LES RÉCITS DE LA GRANDE GUERRE

Forme narrative et éthique de l'esthétique

LES RÉCITS DE LA GRANDE GUERRE ET L'ESTHÉTIQUE DE LA MODERNITÉ LITTÉRAIRE

L'avènement de la modernité littéraire semble confirmer le fameux aphorisme d'Héraclite selon lequel « la guerre est le père de toute chose », car elle constitue une véritable rupture avec la « longue durée » du XIXe siècle et déclenche un changement politique, social et épistémologique, et donne par là-même une véritable impulsion à la littérature moderne qui essaie d'en sonder l'ampleur et la signification[1]. S'il était possible de trouver un dénominateur commun à l'ensemble de l'esthétique moderniste – une ambition qui irait évidemment à l'encontre de la structure de la modernité puisqu'elle se définit comme une succession de courants qui s'opposent chaque fois à leur prédécesseur – il s'agirait probablement de cet adieu fait alors aux perspectives trop humaines, et que le philosophe espagnol José Ortega y Gasset a résumé par l'expression de « déshumanisation de l'art » (Ortega, 1966, p. 370). La thèse principale qu'Ortega développe dans *La Deshumanización del arte* se fonde sur l'idée que l'art et la littérature modernes refusent les formes de représentation anthropomorphiques qui offrent orientation, compréhension et sens aux êtres humains[2]. En dehors de son objectif principalement esthétique, la révolution esthétique de la modernité prend ainsi en compte l'aliénation moderne entre l'homme et le monde, ses causes étant multiples. On peut donc interpréter les esthétiques des premières avant-gardes historiques, à savoir le futurisme, l'expressionnisme ou le cubisme littéraire de Guillaume Apollinaire, comme autant de

1 *Cf.* Sherry, 2003.
2 *Cf.* Ortega, 1966, p. 383.

réactions face à l'industrialisation, à l'urbanisation et aux chocs épistémologiques associés aux noms de Nietzsche, de Freud et d'Einstein. En ce qui concerne la Première Guerre mondiale, cette réaction prend des formes encore plus concrètes, car la déshumanisation moderne devient une expérience directement vécue. Avec ses mitrailleuses, ses canons et ses éclats d'obus d'une portée sans précédent, ses attaques au gaz et ses champs de mines, la technologie de guerre moderne prend littéralement des formes « inhumaines » et finit par remplacer l'être humain. De cette « déshumanisation » particulière et réelle, la littérature moderniste a tiré une de ses impulsions esthétiques les plus fortes et entrepris de dissoudre le sujet dans la diversité de ses émotions, de ses sensations, de ses associations, pour détruire l'histoire qui résultait jusqu'alors de la structure téléologique de l'action humaine, et pour transformer en profondeur l'expérience de l'espace et du temps narratifs. En ce sens on pourrait peut-être dire que la Première Guerre mondiale est le père de la modernité littéraire.

Cependant, il est surprenant que les grands chefs-d'œuvre de la modernité littéraire qui réalisent les innovations esthétiques les plus avancées ne thématisent pas ou seulement peu la Première Guerre mondiale, laquelle fait pourtant partie de leurs propres « conditions de possibilité ». C'est le cas, par exemple, des romans écrits après la Première Guerre mondiale tels que *Ulysses* (1922) de James Joyce, *Mrs. Dalloway* (1925) de Virginia Woolf, *Berlin Alexanderplatz* d'Alfred Döblin, *Manhattan Transfer* (1925) de John Dos Passos ou bien *The Sound and The Fury* (1929) de William Faulkner. Et bien que Marcel Proust mentionne la menace des bombardements allemands dans *À la recherche du temps perdu*, cet épisode n'a qu'une importance secondaire pour l'ensemble de la construction du cycle de la *Recherche*. Il en va de même pour *Mrs. Dalloway* où la guerre n'est évoquée que de manière indirecte, par le personnage de Septimus Warren Smith qui souffre d'un état de choc post-traumatique suite à son expérience des tranchées[3]. Même dans les mouvements avant-gardistes comme le dadaïsme, qui ont constitué une réaction directe à l'absurdité de la Grande Guerre, les descriptions de la

3 Dans le premier chapitre du roman, Clarissa Dalloway remercie le ciel que la guerre soit finie, mais elle se souvient immédiatement de deux femmes pour qui elle continue et Septimus Warren Smith, qui y pense constamment, se suicide à cause de son état de choc post-traumatique (*cf.* Woolf, 1922, p. 5-6 et p. 226).

guerre sont rares. Et pourtant, ce n'est pas un hasard si les œuvres les plus importantes du modernisme littéraire sont apparues dans le contexte de la Première Guerre mondiale. De plus, certaines avant-gardes historiques, comme le surréalisme, ont développé leurs stratégies littéraires dans une confrontation productive avec le dadaïsme et réagissent par conséquent de manière intermédiaire à la Grande Guerre. La Première Guerre mondiale aurait donc laissé son empreinte même là où on ne le soupçonnerait pas au premier abord.

D'autre part, l'on peut constater que les romans et récits de la génération des écrivains-témoins qui décrivent la guerre, comme par exemple Maurice Genevoix (*Sous Verdun*, 1916), Henri Barbusse (*Le Feu*, 1916), Roland Dorgelès (*Les Croix de bois*, 1919), Louis-Ferdinand Céline (*Voyage au bout de la nuit*, 1932), Ludwig Renn (*Krieg*, 1928), Erich Maria Remarque (*Im Westen nichts Neues*, 1929) ou Ernst Jünger (*In Stahlgewittern*, 1920) ne font pas montre de ces expériences caractéristiques de la modernité sur le plan esthétique. En exagérant (certes) un peu, on pourrait poser le chiasme suivant : si les œuvres littéraires sont modernes, alors elles ne choisissent pas la guerre comme le principal objet du récit, et si les œuvres thématisent la guerre, alors elles ne sont pas modernes[4].

Ce chiasme soulève une question fondamentale : pourquoi les œuvres modernes qui tirent les conséquences les plus profondes de la Première Guerre mondiale, sont-elles précisément celles qui ne thématisent pas (ou peu) la guerre ? Pourquoi les innovations esthétiques les plus avancées du modernisme ne se trouvent-elles pas dans les récits qui parlent de la guerre ? Et si leur principale contribution à l'histoire littéraire ne consiste pas en une innovation esthétique, en quoi peut-t-elle bien consister ? Dans ce qui suit, nous tenterons de répondre à cette question en décrivant d'abord un aspect des œuvres qui est souvent laissé de côté dans les études littéraires sur la Première Guerre mondiale, c'est-à-dire la forme narrative concrète. Car le chiasme susmentionné a eu des conséquences pour la recherche. Comme les travaux critiques sur la littérature moderne se consacrent avant tout à leur principal champ d'investigation, à savoir les formes

---

4 Bien entendu, il y a des exceptions qui confirment la règle. Les expériences futuristes et expressionnistes, d'ailleurs, avaient déjà émergé avant la Première Guerre mondiale et ne seront thématisées que plus tard. Ce n'est qu'avec le dadaïsme que le lien entre la guerre et la forme littéraire, ou sa démolition, devient évident. Il s'agit cependant d'auteurs qui ont fui en Suisse et dont les expériences esthétiques n'ont donc pas pu servir de point de départ ou de référence à des expériences de guerre concrètes.

esthétiques, ils s'orientent en premier lieu vers des œuvres esthétiquement innovantes et ne se consacrent que rarement à la dimension esthétique des œuvres sur la Première Guerre mondiale[5]. On pourrait même dire que la recherche est marquée par un certain cloisonnement : les œuvres de la modernité littéraire font l'objet d'études esthétiques, tandis que la littérature de la Première Guerre mondiale intervient plutôt dans le domaine des études historiques ou culturelles. Ce cloisonnement ne laisse que peu de place à un véritable examen esthétique de la littérature de la Grande Guerre. Il s'agit donc d'abord, dans le présent article, de décrire certains aspects formels que l'on peut attribuer aux récits des écrivains-témoins. Cette « description d'une forme » ne prétend bien sûr pas ériger un modèle général qui serait commun à tous les romans de la Première Guerre mondiale écrits par des témoins contemporains, ni d'établir une liste d'éléments qui constituerait le noyau de tous ces romans. Il s'agit plutôt d'examiner la récurrence de certains éléments, leur visée, et la manière dont ils aboutissent ensemble à un certain discours cohérent sur la guerre, qui relie entre elles une grande partie de ces œuvres. Dans un deuxième temps nous allons établir le rapport entre ces aspects formels d'une part et une certaine attitude que les œuvres en question développent par rapport à la guerre, une dimension des œuvres que nous appellerons l'éthique de l'esthétique.

L'ESTHÉTIQUE DES RÉCITS DE LA GRANDE GUERRE

UNE LICENCE ESTHÉTIQUE DE REPRÉSENTER LA MORT ?

On peut s'attendre à ce que les récits sur la Première Guerre mondiale, surtout lorsqu'ils sont écrits par des témoins directs, parlent des conflits armés, de l'alternance entre attaque, défense et contre-attaque, de la lutte des soldats et enfin des blessures et de la mort. Aucun texte ne répond mieux à ces attentes qu'un récit publié par l'écrivain et volontaire de guerre suisse Blaise Cendrars après la fin de la guerre sous le titre *J'ai tué* (1918), et dans lequel il décrit comment il a tué un soldat allemand :

5 *Cf.* Schoentjes, 2009, p. 12.

> Me voici les nerfs tendus, les muscles bandés, prêt à bondir dans la réalité. J'ai bravé la torpille, le canon, les mines, le feu, les gaz, les mitrailleuses, toute la machinerie anonyme, démoniaque, systématique, aveugle. Je vais braver l'homme. Mon semblable. Un singe. Œil pour œil, dent pour dent. À nous deux maintenant. À coups de poing, à coups de couteau. Sans merci, je saute sur mon antagoniste. Je lui porte un coup terrible. La tête est presque décollée. J'ai tué le Boche. J'étais plus vif et plus rapide que lui. Plus direct. J'ai frappé le premier. J'ai le sens de la réalité, moi, poète. J'ai agi. J'ai tué. Comme celui qui veut vivre. (Cendrars, 2002, p. 16)

De l'autre côté de la ligne de front, ce n'est pas différent. Deux ans après Cendrars, Ernst Jünger publie son récit de guerre *In Stahlgewittern* (1920), devenu plus tard célèbre, dans lequel il raconte une scène semblable à celle de Cendrars :

> *In einer Mischung von Gefühlen, hervorgerufen durch Blutdurst, Wut und Alkoholgenuß gingen wir im Schritt auf die feindlichen Linien los. [...] Der übermächtige Wunsch zu töten, beflügelte meine Schritte. Die Wut entpresste mir bittere Tränen. Der ungeheure Vernichtungswille, der über der Walstatt lastete, konzentrierte sich in den Gehirnen. [...] So mögen die Männer der Renaissance von ihren Leidenschaften gepackt sein, so mag ein Cellini gerast haben, Werwölfe, die heulend durch die Nacht hetzen, um Blut zu trinken.* (Jünger 1922, p. 198).
>
> *Mein erstes Opfer war ein Engländer, den ich auf 150 Meter zwischen zwei Deutschen herausschoss. Er klappte wie ein Messer zusammen und blieb liegen.* (*Ibid.*, p. 201)[6]

Les deux textes sont remarquables non seulement parce qu'ils illustrent la violence représentée par la violence même de la représentation, mais aussi parce qu'ils constituent moins la règle que l'exception, tant en ce qui concerne le sujet évoqué – le meurtre d'un soldat ennemi – qu'en ce qui concerne la forme enthousiaste de sa représentation. En réalité, la plupart des textes de la génération des témoins n'ont que très rarement recours à de telles scènes de guerre. Même Ernst Jünger, pourtant comme en transe dans le passage cité, n'ose pas tuer son ennemi :

6 « Dans un mélange de sentiments engendrés par la soif de sang, la fureur et l'absorption d'alcool, nous montâmes au pas à l'assaut des lignes ennemies. [...] Le désir irrésistible de tuer me mettait des ailes. L'immense volonté de destruction qui pesait sur ce champ de mort se concentrait dans les cerveaux. [...] C'est ainsi que les hommes de la Renaissance ont dû être en proie de leurs passions, c'est ainsi qu'un Cellini a dû se déchaîner – loups garous assoiffés de sang qui sillonnaient la nuit en hurlent. » (Jünger, 2008, p. 744) « Ma première victime fut un Anglais que j'abattis à cent cinquante mètres entre deux Allemands. Il se plia en deux comme un couteau de poche qu'on referme et resta étalé sur le sol. » (Jünger, 2008, p. 745)

> *Da erblickte ich den ersten Feind. Eine Gestalt kauerte etwa drei Meter vor mir, anscheinend verwundet, in der Mitte der zertrommelten Mulde. Ich sah sie bei meinem Erscheinen zusammenfahren und mich mit weit geöffneten Augen anstarren, als ich ganz langsam, die Pistole vorstreckend, auf sie zuschritt. Zähneknirschend setzte ich die Mündung an die Schläfe des vor Angst Gelähmten ; mit einem Klagelaut griff er in seine Tasche und hielt mir eine Karte vor Augen. Es war das Bild von ihm, umgeben von seiner zahlreichen Familie. Nach sekundenlangem Kampf hatte ich mich wieder in der Hand. Ich schritt vorüber...* (*Ibid.*, p. 199[7])

L'une des raisons de cette retenue apparaît clairement lorsque l'on compare la version de *J'ai tué* avec une version ultérieure du même épisode que l'auteur a présentée dans *La Main coupée*, publié en 1946 :

> C'est durant ce nettoyage [des tranchées], que j'ai tué d'un coup de couteau un Allemand qui était déjà mort. Il me guettait, embusqué derrière un pare-éclats, le fusil en arrêt. Je lui sautai dessus et lui portai un coup terrible qui lui décolla presque la tête et qui le fit tomber à la renverse, semant son casque à pointe. Alors, je constatai qu'il était déjà mort depuis le matin et qu'il avait eu le ventre ouvert par un obus. Il s'était vidé. Jamais un homme ne m'a fait aussi peur. (Cendrars, 2010, p. 120)

En soulignant que le soldat qu'il attaque est en fait déjà mort, Cendrars atténue la brutalité de l'acte, comme s'il avait ressenti le besoin d'amortir le choc de son récit de 1918. Ceci est d'autant plus surprenant que le roman *La Main coupée* n'est pas tendre avec les Allemands, les injuriant à l'envi et racontant notamment comment la troupe de choc du narrateur prépare un gramophone pour attirer par la musique autant de soldats allemands que possible et les tuer par explosion[8]. En fait, Cendrars n'est pas le seul à montrer des scrupules à raconter la mort d'un ennemi. Il

---

7 « C'est alors que j'aperçus le premier ennemi. Une silhouette en uniforme brun, apparemment blessé, était accroupie à vingt pas devant moi, au milieu de la dépression martelée par le feu roulant, les mains appuyées au sol. Nous nous aperçûmes au moment où je débouchais d'un tournant. Je vis l'homme tressaillir à mon aspect et me fixer d'un œil hagard, tandis que je m'approchais avec lenteur et hostilité, le visage dissimulé derrière mon pistolet. » (Jünger, 2008, p. 211). « Grinçant des dents, je posai la bouche de mon pistolet sur la tempe du soldat paralysé par la peur [...]. Avec un gémissement, il porta la main à sa poche, pour en tirer, non pas une arme, mais une photo qu'il me tint sou les yeux. Elle le montrait sur une terrasse, entouré d'une nombreuse famille. Au bout d'un combat intérieur de quelques secondes, j'arrivai à me maîtriser de nouveau. Je m'éloignai. » (trad. J. M. ; le passage cité ne se trouve pas dans la traduction française de notes dans l'édition de la Pléiade).

8 *Cf.* Cendrars, 2010, p. 165-174.

en va de même pour Maurice Genevoix dans *Sous Verdun.* Dans la version initiale du récit, il décrit comment, dans de la confusion générale d'une attaque, il se retrouve soudain au milieu d'un groupe de soldats allemands. Dans cette situation dangereuse, il décide de hurler littéralement avec les loups et de crier « Hourra » en allemand pour ne pas être reconnu. Comme la visibilité est faible et qu'il réussit à mettre un casque allemand, il passe inaperçu. Après quoi il exploite la situation de sang-froid :

> Déjà il n'y a plus de braillards à voix rauque [d'Allemands]. [...] Pourtant avant de rallier les chasseurs, j'ai rattrapé encore trois fantassins allemands isolés. Et à chacun, courant derrière lui du même pas, j'ai tiré une balle de révolver dans la tête ou dans le dos. Ils se sont effondrés avec le même cri étranglé. (Genevoix, 2007, p. 51)

Il est intéressant de noter que Genevoix a supprimé précisément ce passage à la parution de la deuxième édition de *Sous Verdun*, pour le reprendre de nouveau dans la troisième édition avec un commentaire sur son autocensure précédente :

> Lors d'une réimpression du livre j'avais supprimé ce passage : c'est une indication quant à ces retours sur soi-même que devaient fatalement se produire. Je la rétablis aujourd'hui, tenant pour un manque d'honnêteté l'omission volontaire d'un des épisodes de guerre qui m'ont le plus profondément secoué et qui ont marqué ma mémoire d'une empreinte jamais effacée. (*Ibid.*, p. 51 – note de 1949)

Cette inhibition lorsqu'il s'agit de décrire l'acte de tuer peut se manifester d'autres façons. Un passage du *Feu*, dans lequel Henri Barbusse raconte comment ses camarades tuent un soldat allemand, est révélateur à cet égard. Le motif de l'assassinat de l'Allemand est parfaitement anodin : à la recherche d'allumettes, les soldats français se sont égarés dans les tranchées allemandes :

> À peine l'Allemand est-il passé que les quatre cuisiniers, d'un seul mouvement, sans s'être concertés, s'élancent, se bousculent, courent comme des fous, et se jettent sur lui. – Kamerad, messieurs ! dit-il. Mais on voit briller et disparaître la lame d'un couteau. L'homme s'affaisse comme s'il s'enfonçait par terre. Pépin saisit le casque tandis qu'il tombe et le garde dans sa main. (Barbusse, 2007, p. 234)

Contrairement au passage analogue de *Sous Verdun*, la scène raconte l'assassinat du soldat allemand, mais elle évite de décrire l'acte même par la double précaution d'une ellipse narrative et d'une synecdoque – le couteau brillant, comme si celui-ci avait agi seul. Une telle omission est jugée nécessaire par Barbusse parce que la description du meurtre exige une légitimation, tout autant que le meurtre lui-même. Cependant, si la guerre confère le droit et même le devoir de tuer, il n'en va pas de même en ce qui concerne la licence poétique des auteurs face à l'écriture du meurtre.

Les suppressions ou les amortissements des scènes de mise à mort évoqués plus haut ne sont que les phénomènes les plus visibles d'un aspect important des récits de guerre. Selon notre théorie, ils sont les signes d'une dimension éthique de l'esthétique qui se manifeste également par d'autres particularités esthétiques des textes en question.

LA NORMALISATION DE L'ANORMAL

Une particularité esthétique des romans des témoins réside dans l'amortissement de scènes violentes, comme celles évoquées plus haut. Les romans de Genevoix, Barbusse, Cendrars ou Dorgelès ne racontent que rarement des actes « héroïques » où certains individus se distingueraient de la masse des soldats. Une certaine densité de l'action, ainsi que l'orientation du récit vers une fin ou un but sont en fait étrangères à la plupart de ces textes. Au contraire, la dissolution de l'unité d'action conduit à une structure épisodique représentative de nombreux romans de guerre, qui enchaînent séquence sur séquence sans qu'il en résulte une véritable évolution de l'action. Au lieu d'un syntagme narratif cohérent qui crée une action progressive, la composition de *Le Feu*, par exemple, consiste en une série de situations paradigmatiques, dont les titres évoquent déjà le caractère itératif : « Dans la terre » (p. 14), « Habitudes » (p. 103), « Embarquement » (p. 109), « La permission » (p. 119), « Le feu » (p. 256) ou bien « La corvée » (p. 349). Dans ce cadre du quotidien sont enchâssés des épisodes particuliers racontés au singulatif tels que « Le chien » (p. 154), « L'œuf » (p. 218) ou « Les allumettes » (p. 230). Dans Les *Croix de bois*, Roland Dorgelès s'inspire d'un mélange similaire de scènes paradigmatiques comme « La bonne vie » (p. 54), « La veille des armes » (p. 68) et d'épisodes particuliers racontés au singulatif comme « Le fanion rouge » (p. 29), « Le mont Calvaire » (p. 133) ou « Victoire » (p. 170), tandis que Blaise Cendrars décompose le récit de guerre soit en de multiples portraits de ses camarades dont les noms titrent les différents chapitres (« Ce loustic de Weil » p. 15 ; « Rossi (tué à Tilloloy) » p. 23 ; « Lang (tué à Bus) » p. 34), soit en épisodes singuliers (« Faire un prisonnier » p. 194 ; « Le Lys rouge » p. 408 ; « Dieu est absent » p. 184). Maurice Genevoix, pour sa part, réduit l'unité de l'action à la pure chronologie des entrées d'un journal intime, lesquelles sont disposées selon une structure épisodique. Tous ces auteurs consacrent la plus grande partie de leurs romans à la description de la vie quotidienne et ordinaire des soldats et non pas à des actions militaires spectaculaires. En revanche, lorsque les récits décrivent des événements vraiment extraordinaires comme des attaques, des bombardements ou des batailles, ils le font souvent d'une manière qui prive l'événement de sa véritable singularité, en renversant la hiérarchie normale entre événement et routine et en « normalisant » ce qui devrait être décrit comme un événement exceptionnel au singulier, comme par exemple des assauts, des blessures et ou des morts, en les narrant au mode itératif. Voici un extrait du roman *La Peur* de Gabriel Chevallier :

> Dehors, nous étions saisis dans une tornade de détonations. [...] Devant nous, sur les lignes, les grenades crépitaient comme des étincelles de machine électrique. Les gros obus, qui ne s'annonçaient plus, éclataient au hasard, avec une flamme rouge, nous secouaient de leur souffle fétide, nous entouraient de jaillissements de métal et de pierres, qui entamaient parfois nos rangs. De longs hurlements humains dominaient, par instants, tous les bruits, se répercutaient en nous en ondes d'horreur et nous rappelaient, jusqu'à nous rendre flageolants, la lamentable faiblesse de notre chair, au milieu de ce volcan d'acier et de feu. Puis la saccade forcenée des mitrailleuses déchirait la voix des mourants, criblait la nuit, la découpait d'un pointillé de balles et de sons. (Chevallier, 2010, p. 74-75)

Dans le passage cité, ces opérations militaires importantes et exceptionnelles, qui entraînent des blessures graves ou causent la mort, sont racontées depuis une perspective itérative, la même donc que celle qui est utilisée pour décrire la vie quotidienne dans les tranchées. Les récits de guerre écrits par les témoins mettent donc en place un changement structurel paradoxal : lorsque la guerre transforme l'extraordinaire de l'anéantissement et de la mort en une expérience quotidienne ordinaire, leurs textes s'attachent également à rendre ces événements ordinaires. La mort est devenue une habitude. Une autre particularité de l'esthétique de guerre concerne la conception des personnages.

LA DÉMOLITION DU HÉROS

Même en survolant ces textes, il est impossible de ne pas être frappé par une autre particularité des récits-témoignages de l'époque : ils remplacent la singularité numérique du héros classique par le pluriel d'une multitude de personnage ou par la masse de soldats plus ou moins anonymes. Le narrateur du *Feu*, par exemple, est accompagné de ses camarades Volpatte, Poterloo, Fouillade, Barque, Farfadet, Eudore, Paradis, Poilpot, Poitron, Salavert, Tirette, Blaire, Cocon ou Bertrand. Par cette multiplication des personnages centraux, le récit de guerre est privé de l'élément indispensable à la représentation des actes héroïques : il manque un héros qui se distingue de la foule des soldats anonymes, et celui-ci se trouve remplacé ici par une masse innombrable de personnages. Ce choix correspond évidemment à la structure de la guerre technique moderne avec ses masses de soldats anonymes.

Cependant, les transformations provoquées par les nouvelles modalités de la guerre vont encore plus loin et produisent un effet particulier qui va apparemment à l'encontre de cet anonymat. Car la masse des personnages n'empêche pas les auteurs de donner un nom aux soldats et de les décrire lors de portraits plus ou moins détaillés. Les romans de Barbusse et de Cendrars, par exemple, présentent de nombreux portraits littéraires. Voici un exemple tiré de *La Main coupée :*

> Rossi mangeait comme quatre. C'était un hercule de foire mais une bonne pâte d'homme, terrible dans ses colères, qui le prenaient comme des rages d'enfant, mais inoffensif car Rossi avait peur de sa force musculaire qui était réellement prodigieuse. « Vous comprenez », expliquait-il aux copains, « je ne connais pas ma force. Je ne sais pas jusqu'où je puis aller. Ainsi, je pourrais la broyer quand je serre la main d'un ami. Rossi, mon petit, mesure-toi, que je me dis. Et c'est ce que me répète sans cesse madame Rossi quand elle trouve que j'y vais trop fort ». (Cendrars, 2010, p. 23-24)

Barbusse dresse également des portraits relativement détaillés de ses personnages :

> Cocon est l'homme-chiffre. Il a l'amour, l'avarice de la documentation précise. À propos de tout, il fouine pour trouver des statistiques qu'il amasse avec une patience d'insecte, et sert à qui veut l'entendre. Pour le moment, où il manie ses chiffres comme des armes, sa figure chétive, faite de sèches arêtes,

de triangles et d'angles sur lesquels se pose le double rond des lunettes, est crispée de rancune. (Barbusse, 2007, p. 30)

Barbusse et Cendrars, en leur qualité de narrateurs autodiégétiques, constituent des escadrons entiers de portraits individuels de soldats dont les noms ornent même les titres des chapitres, tels que « Lang » (p. 34-36), « Robert Bellesort » (p. 39-41), « Goy » (p. 65-67) ou « Garnéro » (p. 115-117). Mais c'est justement le grand nombre de portraits qui annule l'effet d'individualisation qui pourrait en résulter. De plus, les personnages disparaissent pendant de longues périodes pour réapparaître ensuite d'une manière abrupte, ce qui empêche le lecteur de se familiariser avec eux. Déjà à travers cette technique, les romans déjouent ce que la description détaillée d'un personnage provoque habituellement dans le roman traditionnel, à savoir l'idée que ce dernier aura une importance centrale pour l'évolution de l'intrigue[9].

Or c'est exactement ce que font les récits de guerre des témoins contemporains. *Ut quid perditio hoc ?* À quoi sert le portrait détaillé d'un personnage s'il n'est que brièvement présent dans le roman ou s'il ne joue plus de rôle dans l'intrigue ? Dans un premier temps, cette curieuse violation de l'économie narrative produit ce que Roland Barthes appelle un « effet de réel », car ce qui n'a aucune fonction en termes narratifs prend ici une fonction bien particulière, et la description d'un personnage « superflu » du point de vue de l'action, renforce le réalisme du récit dans la mesure où elle reflète l'effet désindividualisant de la guerre de masse[10]. En outre, ce procédé subvertit les fondements de toute forme d'héroïsme littéraire. Cette conception narrative des personnages ne permet donc plus au lecteur de s'identifier véritablement à quelque « héros ». Dans *La Main coupée*, Cendrars pousse l'absurdité de cette technique à l'extrême en racontant la mort d'un de ses camarades dans le chapitre même où celui-ci est évoqué pour la première fois :

Un peu après minuit, juste après la relève des sentinelles, une patrouille allemande, comme cela arrivait de temps en temps, nous lâcha une volée

9 La formulation peut-être la plus célèbre de cette attente remonte à Anton Tchekhov. Dans une lettre à Alexandre Semënovič Lazarev-Gruzinskij du 1er novembre 1889, il critique la construction de la nouvelle pièce de celui-ci en insistant sur le fait que, dans une œuvre, toutes les descriptions d'objet et de personnages doivent avoir une fonction : « On ne peut pas mettre un fusil chargé sur scène si personne n'a l'intention d'en tirer un coup. » (Tchekhov, 1979, p. 75)

10 *Cf.* Barthes, 1968, p. 84-89.

> de grenades au petit bonheur et l'une d'elles éventra Rossi. Quand nous accourûmes, il ne vivait déjà plus. Notre ahuri s'était vidé dans sa gamelle. (Cendrars, 2010, p. 33)

Ce récit de la mort de Rossi ne saurait pourtant étonner le lecteur, car Cendrars l'en avait déjà informé par le titre du chapitre : « Rossi (tué à Tillaloy) » (p. 23). Il emploie le même procédé avec de nombreux autres camarades : « Lang (tué à Bus) » (p. 34), « Robert Bellesort (mort en Angleterre) et Segouana (tué à la ferme de Navarin) » (p. 39) ou « Bikoff (aveugle de guerre, suicidé) » (p. 105). Ainsi la fin est anticipée dès le début, et l'esquisse biographique apparaît ici comme une nécrologie qui est néanmoins privée de toute emphase par la répétition du même schéma. Cette technique bouleverse plus profondément encore la forme traditionnelle du récit de guerre, car elle subvertit la condition de possibilité de tout récit héroïque.

La désindividualisation et la dé-héroïsation permanentes finissent par saper l'événement même qui, dans les représentations patriotiques et nationalistes, est considéré comme l'acte d'héroïsme par excellence : la mort héroïque pour la patrie ! Ainsi, dans *La Main coupée*, la récurrence quotidienne de la mort enlève à celle-ci tout héroïsme, d'autant que Blaise Cendrars s'attache à décrire des morts souvent peu glorieuses de ses propres camarades :

> À Dompierre, ce sont les hommes qui volaient en l'air par sections entières, soufflés qu'ils étaient par les terrifiantes explosions des fourneaux de mines qui partaient en chapelet et beaucoup d'hommes ne retombaient pas, sinon sous forme de pluie de sang. […] Angéli était mort asphyxié, la tête dans du caca allemand, les jambes au ciel. (Cendrars, 2010, p. 331 et 335)

Le caractère brutal de la description rabaisse le personnage et enlève toute gloire à sa mort, le récit crée un contrepoint à l'héroïsme des récits de guerre traditionnels tout en s'opposant clairement à la stylisation de soldats en héros de guerre, stylisation encore massivement pratiquée dans les romans d'un Ernest Psichari. Pluralisation ou le remplacement de la figure héroïque exceptionnelle par un collectif de soldats ordinaires, caractère déceptif de leurs portraits et des attentes qu'ils éveillent chez le lecteur, humiliation rabelaisienne du héros par des formes de mort peu glorieuses – toutes ces caractéristiques ne forment cependant que la partie émergente de l'iceberg, et la destruction de l'héroïsme est en fait beaucoup plus fondamentale. Un passage du roman *La Peur* de Gabriel Chevallier peut servir à illustrer ce point :

> Nous venions de franchir une crête, et le front, devant nous, rugissait de toutes ses gueules de feu, flamboyait comme une usine infernale, dont les monstrueux creusets transformaient en lave sanglante la chair des hommes. Nous frémissions à la pensée que nous n'étions qu'une houille destinée à alimenter cette fournaise, que des soldats là-bas luttaient contre la tempête de fer, le rouge cyclone qui incendiait le ciel et ébranlait les assises de la terre. Les explosions étaient si denses qu'elles ne formaient qu'une lueur et qu'un bruit. On eût dit que sur l'horizon inondé d'essence on avait posé une allumette, que quelque génie malfaisant entretenait ces diaboliques flammes de punch et ricanait dans la nue pour fêter notre destruction. (Chevallier, 2010, p. 50)

La cause de l'annihilation des conditions même de toute forme d'héroïsme réside ici dans le fait que les « héros » n'agissent pas, non par incapacité, mais simplement parce qu'il n'y a aucune possibilité d'agir, puisque la guerre moderne dégrade les soldats à des appendices subalternes de la machinerie de guerre qu'ils doivent servir. Le héros du roman de guerre traditionnel quitte ainsi son piédestal et implose littéralement. À cet égard, l'on pourrait interpréter l'image des *membrae dissiectae*, cette description des corps de soldats fragmentés et déchiquetés par un bombardement que l'on retrouve souvent dans les romans de guerre, comme la métonymie d'une fragmentation plus profonde qui affecte non seulement les corps mais aussi les sujets eux-mêmes, leur psyché ou leur âme. Ici, ce ne sont plus des êtres humains qui agissent, mais des machines. Et les actions de celles-ci n'ont pas lieu sous la forme singulative d'un acte unique, mais dans l'itératif des bombardements continus.

UNE ATTITUDE DE LA FROIDEUR

Alors que les formes particulières de la composition de l'intrigue et la conception de la constellation macrostructurelle permettent d'éviter toute héroïsation, la perspective narrative, quant à elle, subvertit également les bases de l'identification avec les personnages. Cet effet que l'on peut noter dans de nombreux romans écrits par les témoins de la guerre semble, à première vue, contredire un autre trait caractéristique de ces derniers, à savoir la perspective autobiographique. Même lorsque les textes sont clairement fictifs, la position du narrateur est souvent homo- ou autodiégétique, comme le montre les exemples de *In Stahlgewittern* d'Ernst Jünger, *Sous Verdun* de Maurice Genevoix, *La Main coupée* de Blaise Cendrars, *La Peur* de Gabriel Chevallier ou *Les Croix de bois* de Roland Dorgelès. Le motif immédiat de ce choix est évident : comme ce sont des expériences personnelles ou bien des notes de journal intime (chez Jünger ou Genevoix, par exemple) qui ont servi de matériel ou de modèle pour un traitement littéraire ultérieur, la publication à la première personne est presque une évidence. La conséquence d'une telle technique est que la focalisation narrative est strictement limitée au champ de vision et au savoir du protagoniste. On obtient ainsi une forme de représentation qui se rapproche de celle de l'expérience.

Or, le récit autodiégétique est également très propice à l'identification émotionnelle du lecteur avec les personnages, car la focalisation interne associée à cette position permet de représenter directement les perceptions, sensations, pensées et sentiments des protagonistes. Cependant, si l'on examine de plus près le véritable fonctionnement de la perspective énonciative dans les récits de guerre, on obtient un résultat contradictoire :

> Des hommes s'effondraient, pliés en deux, comme emportés par le poids de leur tête. D'autres tournoyaient, les bras en croix, et tombaient face au ciel, les jambes repliées. [...] Quelqu'un blanc de plâtre, cria à Gilbert : – Lambert est tué ! Autour d'un puits, des hommes se battaient à coups de crosse, à coups de poing, ou au couteau : une rixe dans la bataille. Vieublé, d'un coup de tête, culbuta un Allemand pardessus la margelle, et l'on vit sauter le calot, un calot gris à bande rouge. Tout cela s'inscrivait dans la pensée en traits précis, brutalement, sans émouvoir : cris d'hommes qu'on tue, détonations, aboiements de grenades, camarades qui s'écroulent. Sans connaître de direction, l'un suivant l'autre, on chargeait, droit devant soi... (Dorgelès, 2011, p. 176)

La description de la scène est à la fois remarquable et étrange. Bien qu'il s'agisse d'une scène de combat qui met le narrateur et ses camarades en danger de mort, et alors que l'événement devrait déclencher une forte réaction émotionnelle du narrateur, les faits sont dépeints avec une certaine distance impassible qui se retrouve dans les autres œuvres de témoins. Cette particularité s'accompagne d'une autre, liée cette fois à la position du narrateur :

> En même temps, je vois deux silhouettes casquées surgir au-dessus du parapet, tout à droite, deux silhouettes que la lueur vive de l'incendie fait plus noires, et je perçois une chute lourde et molle sur la paille, au fond de la tranchée.

> Les clameurs, à présent, montent en plein dans nos lignes. Il n'y a plus qu'une chose à faire gagner les tranchées d'un bataillon de chasseurs, que je sais un peu en arrière de nous, et sur la droite. Je donne l'ordre, à pleine voix. Je crie : « Passez à travers la haie ! Pas sur les côtés ! Sautez dans la haie ! » Je pousse les hommes qui hésitent, instinctivement, devant l'enchevêtrement des branchettes hérissées de dures épines. (Genevoix, 2007, p. 50)

Le passage est symptomatique de la manière particulière dont les récits de témoins utilisent la focalisation interne et la position autodiégétique du narrateur. Alors qu'un narrateur autobiographique classique peut raconter les événements à partir de leur fin, de nombreux « reporters littéraires » de la Grande Guerre le font dans l'immédiat après-guerre, comme le suggère la forme originale du journal intime de Genevoix ou Jünger, ou, dans le passage cité, l'emploi de la narration simultanée. Cette position du narrateur limite à la fois la perspective spatiale et temporelle. Le protagoniste est condamné à enregistrer simplement les événements au moment où ils se produisent, sans en connaître l'issue. La focalisation interne et la position du narrateur autodiégétique ne donnent au protagoniste et au narrateur qu'un niveau de connaissance limité. Les événements tendent donc à paraître souvent incompréhensibles, peu clairs et chaotiques ; leur signification est aussi insaisissable pour les protagonistes que pour le lecteur, et celui-ci devient ainsi témoin d'un événement dont le sens lui reste caché. Le principe esthétique de cette technique consiste à transformer la représentation de l'absurdité en une forme d'absurdité de la représentation. De plus, la narration simultanée crée l'impression que les événements sont racontés de manière spontanée et dans l'immédiateté de l'expérience, ce qui confère au récit une authenticité accrue. La narration simultanée et autodiégétique, accompagnée d'une focalisation interne, donne au récit le statut d'expérience vécue et en revendique donc la légitimité.

Il s'agit là d'une particularité des récits de la Première Guerre mondiale qui a suscité l'intérêt des études culturelles. Ce qui est peut-être le plus surprenant pour le lecteur impartial, c'est la façon dont les témoins contemporains directement touchés par les événements décrivent les attaques, les bombardements, les blessures et la mort. Les narrateurs à la première personne de Barbusse, Dorgelès, Genevoix, Cendrars, Hemingway et Remarque adoptent souvent l'attitude d'un observateur objectif et sobre face aux événements qui les touchent directement, et décrivent les événements comme s'il n'y avait là rien d'extraordinaire :

> *Fortwährend zischte es in langem, scharfem Bogen heran, Blitze wirbelten den Boden der Lichtung hoch. [...] « Sanitäter ! » Wir hatten den ersten Toten. Dem Füsilier S. zerriß eine Schrapnellkugel die Halsschlagader*[11]. (Jünger, 1922, p. 15)

> *Wir packten die aus den Trümmern ragenden Gliedmaßen und zogen die Leichen heraus. Dem einen war der Kopf abgeschlagen und der Hals saß am Rumpf wie ein großer, blutiger Schwamm. Aus dem Armstumpf des zweiten ragte der zersplitterte Knochen, und die Uniform war vom Blute einer großen Brustwunde durchtränkt. Dem dritten quollen die Eingeweide aus dem aufgerissenen Leib*[12]. (*Ibid.*, p. 101)

Cette attitude n'est pas simplement le résultat d'un tempérament particulier ou d'un effet de style personnel, et on la retrouve aussi de l'autre côté du Rhin.

> Un projectile énorme m'est entré dans le ventre, en même temps qu'un trait jaune, brillant, rapide, filait devant mes yeux. Je suis tombé à genoux, plié en deux, les mains à l'estomac. Oh ! ça fait mal... Je ne peux plus respirer... Au ventre, c'est grave... Ma section, qu'est-ce qu'elle va faire ?... Au ventre. (Genevoix, 2007, p. 109)

Si cette impassibilité notoire face à la blessure d'un camarade est déjà assez déconcertante, elle l'est encore plus lorsqu'il s'agit de sa propre blessure – comme dans le cas de Maurice Genevoix. L'exemple suivant d'Ernest Hemingway montre que de telles caractéristiques peuvent par la suite devenir la marque de fabrique d'un auteur, tant ses récits de guerre font preuve non seulement d'un laconisme notoire, mais aussi d'une forme narrative ultra-courte, comme dans *In Our Time*[13] :

> *We were in a garden in Mons. Young Buckley came in with his patrol from across the river. The first German I saw, climbed up over the garden wall. We waited till he got one leg over and then potted him. He had so much equipment on and looked awfully*

11 « Sans cesse, des sifflements s'abattaient sur nous, avec de longues courbes tendues, des éclairs faisaient voler le sol de la clairière. [...] "Des infirmiers !" Nous avions notre premier mort. Une balle de shrapnel avait ouvert la carotide au fusilier Stölter. » (Jünger, 2008, p. 20)

12 « Nous attrapâmes les membres qui sortaient des décombres et tirâmes les cadavres. L'un avait eu la tête arrachée : le cou était planté sur le tronc comme une grosse éponge sanguinolente. Chez l'autre, les esquilles d'os sortaient d'un moignon de bras et l'uniforme était imbibé du sang versé par une grande blessure à la poitrine. Les entrailles du troisième coulaient de son ventre ouvert. » (Jünger, 2008, p. 122)

13 Plus tard, cette attitude particulière à l'égard du style est devenue la marque de toute une tendance de la littérature et de l'art allemands (*cf.* Becker, 2000 et Lethen, 1975).

> *surprised and fell down into the garden. Then three more came over further down the wall. We shot them. They all came just like that*[14]. (Hemingway, 2015, p. 77)

Ici, la description sobre et objective de la souffrance, des blessés et des mourants se réfère non seulement à une masse anonyme de soldats inconnus, mais aussi à des camarades et amis proches et même aux narrateurs à la première personne eux-mêmes. Bien qu'il s'agisse d'un récit autodiégétique ou autobiographique et d'une focalisation interne, les choses sont dépeintes comme si le narrateur et le héros s'écrivaient à partir de la focalisation ou de la perspective externe.

Aucun accès aux émotions et aux pensées du narrateur n'est ici accordé au lecteur lors de ce scènes pourtant dramatiques et douloureuses : la narration se contente d'évoquer des données factuelles. Dans le passage cité ci-dessus, Maurice Genevoix poussait cette attitude encore plus loin en racontant sa propre blessure comme s'il se regardait de l'extérieur. Il est intéressant de remarquer que les attributs des narrateurs à la première personne dans les romans de Genevoix, Barbusse, Jünger ou Cendrars (à savoir une attitude impassible et objective envers la mort omniprésente, une description sans émotion des blessures, une attitude distante face aux événements de guerre qui touchent directement les protagonistes, et un certain volontarisme) correspondent à la théorie de la « personnalité froide » développée par Helmuth Lethen dans le cadre de ses travaux sur l'histoire culturelle et l'anthropologie historique des années vingt et trente[15]. En effet, on ne peut nier que le quotidien de la guerre modèle chez les soldats (et donc chez les narrateurs) un certain comportement, et notamment une forme d'impassibilité froide face à la destruction et à la mort. D'un point de vue psychologique, celle-ci peut paraître compréhensible car elle marque une attitude d'auto-défense et permet ainsi de surmonter l'insurmontable, c'est-à-dire les souffrances, les blessures et les morts massives des propres camarades. Les récits retracent un processus d'auto-immunisation qui anesthésie les soldats

---

14 « Nous étions dans un jardin à Mons. Le jeune Buckley revint avec sa patrouille d'une virée qu'il était allé faire de l'autre côté de la rivière. Le premier Allemand que j'aperçus était en train d'escalader le mur du jardin. Nous attendîmes qu'il eût passé une jambe pour le canarder. Il transportait un équipement extraordinaire et il eut l'air terriblement surpris puis il tomba dans le jardin. Trois autres escaladèrent le mur un peu plus loin. Nous les descendîmes. Ils y passèrent tous de la même façon. » (trad. Céline Zins & Henri Robillot, Hemingway, 2011, Chapitre 4)

15 *Cf.* Lethen, 2009, p. 133-135, 146, *passim*.

et leur permet de résister à la souffrance qui les entoure. Et tout porte à croire que les survivants ont conservé cette attitude d'autoprotection même après la fin de la guerre.

DÉSHUMANISATION DE LA GUERRE ET LA NAISSANCE DE LA *NEUE SACHLICHKEIT*

L'émergence de cette attitude impassible et neutre des narrateurs-témoins de la guerre est d'abord et avant tout due à la forme particulière de la Première Guerre mondiale. Car dans la mesure où la guerre moderne est menée par des machines qui attaquent de loin, la mise à mort personnelle d'un ennemi individuel constitue une exception qui revêt une signification particulière. Désormais, le véritable ennemi n'est plus un être humain, mais une machine de guerre purement technique qui prend la forme de canons, d'éclats d'obus et de mitrailleuses. Le résultat de cette évolution ne pourrait donc être plus radical : le combat d'homme à homme est remplacé par un combat qui oppose l'homme et la machine ou – plus exactement – la machine et machine, canon contre canon, grenade contre grenade et mitrailleuse contre mitrailleuse, et qui ne confère plus de place à l'être humain, si ce n'est celle d'un dégât collatéral dans la guerre des machines. Même Ernst Jünger, par ailleurs passionné de guerre, ne peut s'empêcher de remarquer dans les premières pages de *In Stahlgewitter* l'effet de ce nouveau type de guerre.

> *Plötzlich dröhnte eine Reihe dumpfer Erschütterungen in der Nähe, während aus allen Häusern Soldaten dem Dorfeingang zustürzten. [...]. Mit einem merkwürdig beklommenen Gefühl der Unwirklichkeit starrte ich auf eine blutüberströmte Gestalt mit lose am Körper herabhängendem Bein, die unaufhörlich ein heiseres « Zu Hilfe ! » hervorstieß [...]. Das war so rätselhaft, so unpersönlich. [...] Kaum, dass man dabei an den Feind dachte, dieses geheimnisvolle, tückische Wesen irgendwo dahinten. Das völlig außerhalb der Erfahrung liegende Ereignis machte einen so starken Eindruck, daß es Mühe kostete, die Zusammenhänge zu begreifen*[16]. (Jünger, 1922, p. 2)

16 « Soudain, une série de grondements sourds et proches nous secoua, tandis que de toutes les maisons les soldats couraient vers l'entrée du village [...]. J'eus une sensation étouffante d'irréalité quand mes regards se fixèrent sur une forme humaine, ruisselante de sang, dont la jambe pendait du corps sous un angle bizarre, et qui poussait sans arrêt de rauques appels à l'aide. [...] Comme tout cela était mystérieux, impersonnel ! À peine songeait-on à l'ennemi, cet être énigmatique, perfide, quelque part derrière l'horizon. Cet épisode, entièrement neuf pour nous, eut su nos esprits un effet si violent qu'il nous fallut un effort pour en saisir le contexte. » (Jünger, 2008, p. 4s.)

Les soldats de Roland Dorgelès *Les Croix de bois* vivent une expérience similaire :

> Brusquement, une rafale d'explosions les secoua. Ce fut une seconde d'affolement. Ils se levaient, sortaient des trous, se bousculaient pour prendre leurs fusils, tout de suite hébétés par le tonnerre assourdissant de l'artillerie subitement déchaînée. Au même signal, sur toute la ligne, nos pièces s'étaient mises à tirer, et dans ce déchirant fracas, on n'entendait même plus les obus rayer l'air [...]. Au bout du terrain vague qui séparait les deux réseaux, juste sur la ligne allemande dont on apercevait encore le lacet sinueux dans la fumée, les obus tapaient à coups furieux, faisant voler des morceaux de tranchée blanche, comme des copeaux sous un rabot de menuisier. Énervés, nous courions de droite à gauche, on s'appelait, on se renseignait l'un l'autre, sans rien savoir. (Dorgelès, 2011, p. 46)

La plupart des romans de 1914 à 1918 décrivent en détail des scènes de bombardement à distance sans que les soldats ne voient jamais un ennemi. Les « combattants » sont forcés de supporter le feu ennemi dans la plus pure passivité, comme s'il s'agissait d'une tempête. À cet égard, le titre choisi par Jünger pour son roman *In Stahlgewittern* est bien choisi, car devant les canons, les bombes et les grenades, l'être humain paraît tout aussi impuissant que devant un orage. L'ennemi reste de toute façon invisible, et l'enthousiasme initial de Jünger pour la guerre se transforme vite en déception : « *Die Schlacht von "Les Eparges" war meine erste. Sie war ganz anders, als ich gedacht. Ich hatte an einer großen Kampfhandlung teilgenommen, ohne einen Gegner zu Gesicht bekommen zu haben*[17] » (Jünger, 1922, p. 20). Maurice Genevoix insiste également sur le caractère exceptionnel d'une rencontre personnelle avec les soldats allemands. Lorsqu'il raconte la manière dont il a tué trois soldats allemands en combat rapproché (voir ci-dessus), il se hâte de préciser : « ça été la seule occasion – la seconde et la dernière a été aux Éparges, le 18 février au matin – où j'ai senti en tant que telles la présence et la vie des hommes sur qui je tirais » (Genevoix, 2007, p. 51). Le récit de guerre en ressort profondément changé. Au lieu de raconter un combat héroïque entre deux hommes, il devient une sorte de registre qui rend compte des bombardements, des dévastations et des blessures sans

17 « La bataille des Éparges fut mon baptême de feu. Il était tout autre que je ne l'avais imaginé. J'avais pris part à une grande opération de guerre sans avoir vu un seul de mes adversaires. » (*Ibid.*, p. 28)

jamais pouvoir en nommer les auteurs. Ce type de guerre ne peut plus être traité sous la forme classique d'un récit traditionnel, mais implique une modification fondamentale du système narratif : la machine militaire anonyme expulse l'homme de son rôle traditionnel de sujet actant pour prendre définitivement sa place et provoquer ainsi une véritable révolution dans la relation entre homme et machine. La machine de guerre devient le véritable sujet de l'action, les soldats ne jouent qu'un rôle subordonné. Genevoix en tire bien les conséquences :

> Ligne de section par quatre dans le bois, près d'une clairière. Les chaudrons dégringolent ; un réserviste, grand, blond roux, au premier qui explose, se retourne brusquement, me crie qu'il est blessé. Il est blafard et il tremble violemment : c'est une branchette qui l'a piqué, comme il se baissait. Un second chaudron, et c'est la ruée fantastique de Ferrai, serrant son poignet ensanglanté. Un troisième : le caporal Trémault reçoit dans la joue le bout d'un canon de fusil. Il est estomaqué un moment, puis, ses esprits revenus, il sacre jusqu'à extinction. L'arrosage continue. (*Ibid.*, p. 21)

LA BEAUTÉ DE L'HORREUR

C'est précisément la dégradation de l'être humain, passant d'auteur actif à simple victime passive de la guerre, que les récits eux-mêmes dépeignent à maintes reprises sous toutes les formes possibles, créant ainsi une nouvelle position qui n'existait pas auparavant pour les soldats ordinaires : ils deviennent les observateurs passifs d'une guerre qu'ils ne peuvent ni influencer ni contrôler. Cette nouvelle position est elle-même l'*a priori* d'une transformation partielle de la lutte en spectacle, transformation qui est renforcée par le fait que la nouvelle guerre a elle aussi des caractéristiques esthétiques. Roland Dorgelès le note bien dans *Les Croix de bois* : « La nuit, c'était là qu'on tirait le feu d'artifice : globes rouges, étoiles blanches, chenilles vertes balancées, vision splendide des nuits de guerre. Des éclairs d'éclatements y joignaient leurs fracas » (Dorgelès, 2011, p. 159-160). En effet, même pour les nouvelles recrues, la guerre des machines se présente comme un beau spectacle dans *Le Feu* de Barbusse :

> Tout à coup une étoile intense s'épanouit là-bas, vers les lieux vagues où nous allons : une fusée. Elle éclaire toute une portion du firmament de son halo laiteux, en effaçant les constellations, et elle descend gracieusement avec des airs de fée. Une rapide lumière en face de nous, là-bas ; un éclair, une

> détonation. C'est un obus. [...] Et bientôt, il y a un scintillement d'étoiles éclatantes et une forêt subite de panaches phosphorescents sur la colline : un mirage de féerie bleu et blanc se suspend légèrement à nos yeux dans le gouffre entier de la nuit. [...] – C'est comme si tu vois un feu d'artifice, disent-ils. (Barbusse, 2007, p. 224)

Mais c'est précisément cet aspect esthétique de la guerre, rendu possible par la portée sans précédent de nouvelles armes, qui pose un problème fondamental pour les récits de guerre. Car la « beauté » intrinsèque du feu d'artifice décrit par Barbusse, et perçu par les soldats eux-mêmes comme un spectacle esthétique, coûte en même temps la vie à des centaines de leurs camarades et adversaires. En ce sens, cette scène du bombardement devenu feu d'artifice, qui appartient aux *topoï* de la littérature de guerre, est une mise en abyme de sa propre poétique. Car il ne s'agit pas seulement de souscrire à la liberté poétique de décrire la beauté de la guerre par des moyens esthétiques, mais aussi de légitimer cette liberté. Le premier aspect avait déjà été souligné par les futuristes italiens dans leur premier manifeste publié en français dans *Le Figaro en* 1909 : « Nous voulons glorifier la guerre – seule hygiène du monde – le militarisme, le patriotisme, le geste destructeur des anarchistes, les belles idées qui tuent, et le mépris de la femme. » (Marinetti, 1909, p. 1) Ni la Première Guerre mondiale, à laquelle Marinetti lui-même avait participé, ni la mort de nombreux futuristes n'ont pu le faire revenir sur ce parti pris, car encore en 1935, il réitère son appel à la guerre dans un manifeste intitulé l'*Invito a la guerra africana*[18].

Dans l'épilogue de son essai *Das Kunstwerk im Zeitalter seiner technischen Reproduzierbarkeit*, Walter Benjamin explore les conséquences possibles d'un tel changement d'esthétique lorsqu'il affirme que l'esthétisation de la politique qu'il observe chez les fascistes trouve son prolongement constant dans la guerre. Car la déshumanisation qui caractérise la guerre moderne signifie une révolte de la technologie contre l'homme, une technologie qui se dédommage chez l'homme de ce que la société lui a retiré en matière naturelle.

> *Der imperialistische Krieg ist ein Aufstand der Technik, die am »Menschenmaterial« die Ansprüche eintreibt, denen die Gesellschaft ihr natürliches Material entzogen hat. Anstatt Flüsse zu kanalisieren, lenkt sie den Menschenstrom in das Bett ihrer*

18 *Cf.* Marinetti, 1935, p. 3.

> *Schützengräben, anstatt Saaten aus ihren Aeroplanen zu streuen, streut sie Brandbomben über die Städte hin, und im Gaskrieg hat sie ein Mittel gefunden, die Aura auf neue Art abzuschaffen*[19]. (Benjamin, 1963, p. 50)

La mécanisation de la guerre peut donc entraîner son esthétisation. De ce point de vue, le refus de nombreux auteurs de produire de la « belle littérature » et d'oser des formes modernes du récit, s'avère être une forme de protestation contre cette esthétisation de la guerre même. Les caractéristiques particulières des textes de la génération des témoins s'inscrivent dans une attitude éthique qui rompt avec la conception classique de l'esthétique. Les écrivains-témoins remplacent une attitude visant à la jouissance de la beauté par une autre qui subvertit cette beauté.

Mais si l'esthétique inhérente à la guerre explique en partie la représentation résolument anesthésique de cette dernière par les romans de guerre, cela n'explique pas pour autant la description impassible d'une guerre dans laquelle les narrateurs sont eux-mêmes impliqués. Pour comprendre cette attitude paradoxale, nous devons élargir la perspective historique de notre approche et revenir sur la littérature de guerre antérieure à la Grande Guerre, qui a également apporté une contribution significative à l'esthétisation de la guerre. Cela inclut donc toute une tradition littéraire dans laquelle des héros singuliers combattent valeureusement leurs adversaires afin de sauver leur patrie, quitte à faire le sacrifice de leur vie et atteindre ainsi la gloire éternelle. Dans *L'Appel des armes* (1913), Ernst Psichari réunit toutes les caractéristiques esthétiques pour préparer ses lecteurs à la guerre : il met en scène le pouvoir unificateur et purificateur de l'armée, l'expérience héroïque de la lutte, ou revalorise encore le caractère esthétique de la machine de guerre, composée par exemple de « beaux canons, précis et gais, avec des ornements qui n'en sont pas ». Il loue les « beaux joujoux » et « l'absolue perfection [...] d'un beau travail métallurgique » (Psichari, 1913, p. 131s). Pour Psichari, rien ne semble aussi admirable que le commandant de compagnie, qui se tient debout devant l'ennemi, guidant ses hommes la poitrine nue et le sabre levé.

---

19 « Dans cette guerre la technique insurgée pour avoir été frustrée par la société de son matériel naturel extorque des dommages-intérêts au matériel humain. Au lieu de canaliser des cours d'eau, elle remplit ses tranchées de flots humains. Au lieu d'ensemencer la terre du haut de ses avions, elle y sème l'incendie. Et dans ses laboratoires chimiques elle a trouvé un procédé nouveau et immédiat pour supprimer l'aura ». (Benjamin, 1936, p. 66).

Mais au-delà de cette esthétique traditionnelle de la guerre et de ses mythes, une nouvelle jeunesse apparaît en 1914, très bien décrite par Pierre Drieu La Rochelle dans *La Comédie de Charleroi* :

> Alors, tout d'un coup, il s'est produit quelque chose d'extraordinaire. Je m'étais levé entre les morts, entre les larves. J'ai su ce que veulent dire grâce et miracle. [...] Ils veulent dire exubérance, exaltation, épanouissement – avant de dire extravasement, exultation, ivresse [...]. J'ai senti à ce moment l'unité de la vie. Même geste pour manger et pour aimer, pour agir et pour penser, pour vivre et pour mourir. La vie, c'est un seul jet. C'est un seul jet. Je voulais vivre et mourir en même temps. Je ne pouvais pas demander à vivre en plein, d'un seul coup, sans demander à mourir, sans accepter l'épuisement. Je criais, je courais, j'appelais [...]. (Drieu la Rochelle, 1996, p. 53 et 65)

Comme tant d'autres de sa génération, le héros de Drieu associe à la guerre l'intensité d'une expérience esthétique où l'ivresse et l'extase s'unissent pour l'arracher à l'ennui quotidien par l'intensité sans précédent d'une expérience fondamentale. Sans prétendre ici mettre à jour des influences directes – ce qui serait pourtant probable dans le cas du lecteur de Nietzsche qu'est Drieu La Rochelle – la ressemblance de ce texte au célèbre passage du *Gai savoir*, bien connu par tout une partie de la génération de la guerre, est néanmoins frappante :

> *Denn, glaubt es mir ! – das Geheimnis, um die größte Fruchtbarkeit und den größten Genuss vom Dasein einzuernten, heißt : gefährlich leben ! Baut eure Städte an den Vesuv ! Schickt eure Schiffe in unerforschte Meere ! Lebt im Kriege mit Euresgleichen und mit euch selber ! Seid Räuber und Eroberer, so lange ihr nicht Herrscher und Besitzer sein könnt, ihr Erkennenden*[20] *!* (Nietzsche, 1954, p. 165-166)

Puisqu'il s'agit ici de la simple description d'un discours, il n'est pas nécessaire d'analyser le contresens fatal qui consisterait à prendre l'exhortation de Nietzsche au pied de la lettre en ignorant sa dimension métaphorique. Il suffit de rappeler que cette « lutte comme expérience intérieure », pour rappeler un des livres d'Ernst Jünger[21], ainsi que la possibilité de redécou-

20 « Car croyez-m'en ! – le secret pour moissonner l'existence la plus féconde et la plus grande jouissance de la vie, c'est de vivre dangereusement ! Construisez vos villes près du Vésuve ! Envoyez vos vaisseaux dans les mers inexplorées ! Vivez en guerres avec vos semblables et avec vous-mêmes ! Soyez brigands et conquérants, tant que vous ne pouvez pas être dominateurs et possesseurs, vous qui cherchez la connaissance ! » (Nietzsche, 1901, p. 238s.)

21 *Cf.* Jünger, *Der Kampf als inneres Erlebnis* (1922).

vrir la vie face à la mort, voire la célébration de la guerre comme possibilité d'une expérience esthétique intense, font partie des doctrines d'une « Internationale intellectuelle » à laquelle Pierre Drieu la Rochelle mais aussi Ernst Jünger, Charles Péguy, Otto Dix, Franz Marc, Karl Löwith, Carl Zuckmayer, Henri Bergson ou Robert Musil ont également participé[22].

LE DEGRÉ ZÉRO DE L'ÉCRITURE

C'est également en réaction à cette beauté esthétique inhérente à la guerre moderne que les auteurs développent un style parfois résolument antilittéraire. Un extrait d'Henri Barbusse *Le Feu* peut illustrer cette particularité :

> Je m'en écarte. Je cherche ailleurs où me caser, où m'asseoir. J'avance un peu, tâtonnant, toujours penché, recroquevillé, et les mains en avant. À la faveur d'une pipe qu'un fumeur incendie, je vois devant moi un banc chargé d'êtres. Mes yeux s'habituent à la pénombre qui stagne dans la cave, et je discerne à peu près cette rangée de personnages dont des bandages et des emmaillotements tachent pâlement les têtes et les membres. Éclopés, balafrés, difformes – immobiles ou agités – cramponnés sur cette espèce de barque ils figurent, clouée là, une collection disparate de souffrances et de misères. (Barbusse, 2007, p. 324)

Dans le passage cité, Henri Barbusse, un écrivain qui, avec *L'Enfer*, avait déjà publié un premier roman ambitieux sur le plan esthétique, choisit un français extrêmement réduit, presque minimaliste, reproduisant les événements par des phrases simples, souvent paratactiques et agencées en parallélismes. La description de la situation se fait sans variation aucune, elle est relativement monotone et n'utilise que rarement des procédés rhétoriques. Il en va de même pour Erich Maria Remarque :

> *Eine Granate knallt. Gleich darauf zwei andere. Und schon geht es los. Ein Feuerüberfall. Maschinengewehre knattern. Jetzt gibt es vorläufig nichts anderes, als liegenzubleiben. Es scheint ein Angriff zu werden. Überall steigen Leuchtraketen. Ununterbrochen*[23]. (Remarque, 1929, p. 158)

---

22 Beaucoup d'écrivains et d'artistes ont vu dans la guerre une occasion de libération, d'aventure, d'intensification de la vie et de grand attrait esthétique, voire un stimulant pour la création artistique (*cf.* Fries, 1994, p. 30, *passim*). Les romans de guerre s'inscrivent entre autres contre cette perspective (voir ci-dessous).

23 « Un obus éclate. Puis deux autres. Et voici que la danse commence. C'est un bombardement qui se déclenche. Des mitrailleuses crépitent. Pour le moment, il n'y a plus qu'à

Ici aussi, le langage renonce visiblement aux ornements des « belles lettres », appréhendant les événements de façon prosaïque et refusant toute forme d'esthétisation. L'utilisation parcimonieuse de techniques stylistiques et le laconisme affiché des romans de Barbusse, Genevoix, Dorgelès ou Remarque renvoient à une position résolument antiesthétique qui évoque ce que Roland Barthes a appelé, dans un autre contexte, le « degré zéro de l'écriture » (Barthes, 1972). Avec ce terme, Barthes avait tenté, dans les années 1950, de conceptualiser une forme d'engagement qui ne s'exprimerait pas en dehors de la littérature, par exemple dans des déclarations politiques des auteurs, mais à travers la forme littéraire elle-même. Le critique distingue différents types d'écriture comme l'écriture populaire, qui fait preuve de solidarité avec le peuple, l'écriture artistique, qui met l'accent sur ses propres qualités esthétiques, et finalement le « degré zéro ». Il s'agit là d'une forme littéraire qui renonce consciemment à toute élégance littéraire et à tout effet esthétique afin de créer une transparence qui se borne à révéler les faits représentés[24]. Une telle esthétique de la transparence, diamétralement opposée à toute forme d'ornementation et de « belle » écriture littéraire, se retrouve également dans les récits de guerre. Ils laissent évidemment derrière eux les « belles » lettres, refusent de se plier à une esthétique du « beau » ou bien d'adopter une attitude esthétique qui semble illégitime face à la cruauté de la guerre des tranchées. Ce sont les horreurs de la guerre qui ont rendu obsolète toute forme de beauté esthétique.

Cette attitude fondamentale explique aussi pourquoi les récits de guerre des témoins contemporains font bien sûr de la « déshumanisation de la guerre » l'objet du récit, tout en refusant de pratiquer la « déshumanisation de l'art » préconisée par la modernité littéraire. Car cela reviendrait en fait à esthétiser l'horreur humaine et à la transformer en beauté littéraire. De ce fait, ils thématisent une des causes et une des conditions qui ont mené à la modernité littéraire sans pour autant mettre en pratique les principes esthétiques de celle-ci. Cette attitude générale explique également le manque d'intérêt que portent généralement les travaux d'esthétique pour ces romans de guerre. En effet, les œuvres de Genevoix, Jünger, Dorgelès ou Chevallier sont loin des expériences

---

rester couché et à attendre. On dirait que cela tourne à une attaque. Partout montent des fusées. Sans interruption. » (Remarque, 2001, p. 162)

24 *Cf.* Barthes, 1972, p. 56.

audacieuses de Virginia Woolf, Marcel Proust ou James Joyce. Mais cela ne tient pas tant à une incompétence littéraire ou esthétique – de nombreux auteurs comme Maurice Genevoix, Henri Barbusse, Blaise Cendrars ou Ernst Jünger ont produit des textes esthétiquement ambitieux avant ou après leurs récits de guerre – qu'à un « parti pris » poétologique, une attitude littéraire qui interdit ces expériences.

ÉTHIQUE DE L'ESTHÉTIQUE

Les analyses précédentes montrent que les romans de la Première Guerre mondiale, avec leur écriture particulière, refusent de promouvoir les différentes formes d'esthétisation. En d'autres termes : les récits des soldats développent leur propre esthétique, dont la composante la plus importante est la création d'une posture qui dénonce et sape toute esthétisation de la guerre. Ainsi, de nombreux romans rejettent le discours qui fait de la guerre une « expérience intérieure » (Jünger) ou esthétique. Dans *Les Croix de bois*, Dorgelès reconstruit justement cet horizon d'attente pour faire ensuite le constat déçu de son impossibilité fondamentale :

> C'était pour lui une déception, cette première vision de la guerre. Il aurait voulu être ému, éprouver quelque chose, et il regardait obstinément vers les tranchées, pour se donner une émotion, pour frissonner un peu. Mais il se répétait : « C'est la guerre… Je vois la guerre » sans parvenir à s'émouvoir. Il ne ressentait rien, qu'un peu de surprise. […] Il eût fallu des cris, du tumulte, une fusillade, pour animer tout cela, donner une âme aux choses : mais cette nuit, ce grand silence, ce n'était pas la guerre… Et c'était bien elle pourtant : une rude et triste veille plutôt qu'une bataille. (Dorgelès, 2011, p. 35-36)

Et quelques pages plus loin, il prend dans ses descriptions d'attaque précisément le contrepied des *topoï* kitsch issus des romans qui se veulent esthétiques :

> Les camarades non plus ne rient pas : rien qu'en tournant la tête, ils pourraient voir, par le créneau, ceux de la dernière attaque, restés couchés dans l'herbe haute. Aucun ne sort un médaillon de sa poche pour l'embrasser furtivement, aucun non plus ne s'écrie, comme dans les contes : « Enfin ! On va sortir des trous ». (*Ibid.*, p. 85)

Dorgelès dénonce ici, à travers la mention des « contes de fées », toute littérature de guerre néoromantique et néo-esthétisante d'un Psichari ou d'un Déroulède. Le rejet le plus explicite et le plus violent de ce type de littérature se trouve cependant dans le roman autobiographique de Cendrars, *La Main coupée*, également sous forme de mise en abyme. Le narrateur y décrit la visite d'un agent secret enthousiaste pour qui la guerre est véritablement une source d'inspiration littéraire, et qui doit examiner Cendrars après que celui-ci s'est fait remarquer par son esprit plus rebelle :

> La guerre, pontifiait l'autre [l'agent], mais c'est sublime. Je suis en train d'écrire le plus beau poème de ma vie. Vous allez pas me faire croire, Blaise Cendrars, que tout ce qui se passe au front ne vous inspire pas ? – [Cendrars :] Oh, pas du tout. –Je croyais, qu'avec votre amour de la vie, Blaise Cendrars, la vie pleine que vous menez ici, le danger, la camaraderie, le décor camouflé, la nature, le plein air, le rythme industriel dans lequel on est plongé dès qu'on pénètre dans les tranchées, le pittoresque, l'imprévu, les rencontres surprenantes, la mort violente, je croyais qu'avec la guerre vous étiez dans votre élément, et que tout cela vous inspirerait, Blaise Cendrars. (Cendrars, 2010, p. 378)

Le discours de l'agent reprend tous les stéréotypes d'une littérature qui met l'accent sur la guerre comme source d'inspiration et d'expérience esthétique. Cendrars rejette fermement ce point de vue.

> « *Mourir pour la patrie est le sort le plus beau …* » n'est-ce pas ? Vous croyez-vous au théâtre, Monsieur ? Avez-vous perdu le sens de la réalité ? Vous n'êtes pas au Français, ici. Et savez-vous ce qui se cache sous cet alexandrin ? La guerre est une ignominie. Tout au plus ce spectacle peut satisfaire les yeux, le cœur d'un philosophe cynique et combler la logique du pessimisme le plus noir. La vie dangereuse peut convenir à un individu, certes, mais sur le plan social, cela mène directement à la tyrannie […]. (*Ibid.*)

La réponse de Cendrars tire la conséquence de la désillusion que la guerre a provoquée chez le jeune volontaire : Il affirme que « ces souffrances étaient sans grandeur » et que « tout cela manquait de gloire » (*ibid.*, p. 215-216), raison pour laquelle il est presque impossible de devenir un héros : « Nous étions remontés en ligne devant Herbécourt, dans la tranchée Clara, où tout l'héroïsme consistait de résister durant quatre jours à la succion de la boue qui faisait ventouse par en bas ». (*Ibid.*, p. 216)

Or cela ne se produit pas seulement à travers quelques commentaires ou réflexions éparses, mais affecte également l'écriture. Le remplacement du héros par un collectif, celui de l'événement unique par la vie quotidienne des tranchées, de la position autodiégétique du narrateur par une perspective limitée, du singulatif par l'itératif de séquences répétitives, mais aussi le renoncement à toute forme d'écriture esthétisante et le développement d'une attitude de la froideur – toutes ces caractéristiques des récits des témoins ne sont pas seulement l'expression d'un style personnel, mais aussi les éléments d'un certain discours littéraire collectif, qui oppose les représentations héroïques, néoromantiques et esthétiques de la guerre à une attitude qui dépasse l'opposition de la beauté et de la laideur. Dans cette optique, la « Nouvelle Objectivité » impassible et froide apparaît également sous un autre jour. Pour les soldats et aussi pour les narrateurs à la première personne, cette attitude offre d'abord une possibilité de protection. Dans la terminologie de la narratologie, cette focalisation est paradoxale car il s'agit d'une focalisation interne qui produit les effets d'une perspective externe, comme si les héros se regardaient de l'extérieur. La réduction de la représentation des pensées et des sentiments des protagonistes et l'attitude étonnamment sobre et prosaïque de la « *Neue Sachlichkeit* » renonçant largement au déclenchement de l'empathie, constituent une certaine esthétique qui configure une attitude éthique. Celle-ci s'oppose à toute mystification des soldats comme héros et martyrs. Si l'on comprend l'esthétique comme une « doctrine de la beauté », on ne peut que constater que ces textes en anesthésient presque les effets. Mais si nous comprenons le concept d'esthétique dans un sens plus large et plus moderne, selon la doctrine de l'*aisthesis*, c'est-à-dire de la perception, alors la posture engagée par la forme particulière de ces textes pourrait à son tour être décrite comme une esthétique. Ces textes déploient ainsi leur effet sur un plan que l'on pourrait nommer « éthique de l'esthétique ». Il ne s'agit pas des propos éthiques explicitement formulés par les personnages, les narrateurs ou les auteurs et qui peuvent être exprimés indépendamment de la forme littéraire, mais des positionnements éthiques qui sont transmis par la forme littéraire elle-même. Dans le cas de la littérature de guerre écrite par les témoins, l'attitude éthique qui résulte de ces textes, par ailleurs très différents, s'attache à livrer une représentation authentique, libre de toute mystification, de toute héroïsation ou esthétisation, et qui tente finalement de faire la guerre à la guerre par des moyens littéraires. De par cette attitude, elle s'oppose diamétralement à une autre « éthique de l'esthétique » qui, en héroïsant les soldats et en esthétisant la guerre, invite implicitement à la faire. Si l'éthique héroïque contribue sans nul doute à préparer la guerre et à en assurer la poursuite, l'éthique esthétique des récits de la guerre analysés plus haut consiste au contraire à y mettre fin.

Jochen MECKE
Université de Regensburg

BIBLIOGRAPHIE

BARBUSSE, Henri, *Le Feu : journal d'une escouade*, Paris, Gallimard, coll. « Folio Plus », 2007.

BARTHES, Roland, « L'effet de réel », *Communications* 11, n° 1, 1968, p. 84-89.

BARTHES, Roland, *Le Degré zéro de l'écriture* suivi de *Nouveaux essais critiques*, Paris, Seuil, 1972.

BECKER, Sabina, *Neue Sachlichkeit*, Cologne, Böhlau, 2000.

BENJAMIN, Walter, *Das Kunstwerk im Zeitalter seiner technischen Reproduzierbarkeit*, Frankfurt am Main, Suhrkamp, 1963.

BENJAMIN, Walter, « L'Œuvre d'art à l'époque de sa reproductibilité technique », trad. Pierre Klossowski, *in* : *Zeitschrift für Sozialforschung* (5ᵉ année, 1, 1936, p. 40-68), Paris, Félix Alcan, 1936.

CENDRARS, Blaise, « J'ai tué » [1918], *in* Blaise Cendrars, *Tout autour d'aujourd'hui*, vol. 11, Paris, Denoël, 2002.

CENDRARS, Blaise, *La Main coupée*, Paris, Gallimard, coll. « Folio », 2010.

CHEVALLIER, Gabriel, *La Peur*, Paris, Le Dilettante, coll. « Le livre de poche », 2010.

DORGELÈS, Roland, *Les Croix de bois*, Paris, Le livre de poche, 2011.

DRIEU LA ROCHELLE, Pierre, *La Comédie de Charleroi*, Paris, Gallimard, coll. « L'Imaginaire », 1996.

FRIES, Helmut, *Die große Katharsis*, Konstanz, Verl. am Hockgraben, 1994.

GENEVOIX, Maurice, « Sous Verdun », *Ceux de 14*, Paris, Seuil, coll. « Points », 2007.

HEMINGWAY, Ernest, *In Our Time : The 1924*, Victoria, University of Victoria, 2015.

HEMINGWAY, Ernest, *De nos jours*, traduction de l'anglais par Céline Zins et Henri Robillot, Paris, Le bruit du temps, 2011.

JÜNGER, Ernst, *Der Kampf als inneres Erlebnis*, Berlin, Mittler, 1922.

JÜNGER, Ernst, *In Stahlgewittern. Aus dem Tagebuch eines Stoßtruppführers*, Berlin, Mittler und Sohn, 1922.

JÜNGER, Ernst, *Orages d'acier*, traduction de l'allemand par Henri Plard, révision de la traduction par Julien Hervier, *in* : Ernst Jünger, *Journaux de guerre*, 1914-1918, Paris, Gallimard 2008, p. 1-269, Notices et notes avec la traduction des passages supprimés dans des éditions ultérieures, p. 697-754.

LETHEN, Helmut, *Neue Sachlichkeit*, Stuttgart, Metzler, 1975.

LETHEN, Helmut, *Verhaltenslehren der Kälte*, Frankfurt am Main, Suhrkamp, 2009.

MARINETTI, Filippo Tommaso, « Invitation à la guerre d'Afrique. Manifesto ai scrittori e agli artisti d'Italia », *La Gazzetta del Popolo*, Turin, 30 juillet 1935, p. 3.

MARINETTI, Filippo Tommaso, « Manifeste futuriste », *Le Figaro*, 20 février 1909, p. 1.

NIETZSCHE, Friedrich, « Fröhliche Wissenschaft », *Werke in drei Bänden*, vol. 2, Munich, Hanser, 1954.

NIETZSCHE, Friedrich, *Le Gai Savoir (« La gaya Scienza »)*, traduit par Henri Albert, Paris, Mercure de France, 1901.

ORTEGA Y GASSET, José, « La deshumanización del arte », *Obras Completas. Tomo III : 1917-1928*, Madrid, Revista de Occidente, 1966, p. 353-386.

PSICHARI, Ernest, *L'Appel des armes*, Paris, Oudin, 1913.

REMARQUE, Erich Maria, *Im Westen Nichts Neues*, Cologne, Kiepenheuer Witsch, 1929.

REMARQUE, Erich Maria, *À l'Ouest, rien de nouveau*, traduction de l'allemand par Alzir Hella et Olivier Bournac, Paris, Le livre de poche, 2001.

SCHOENTJES, Pierre, *Fictions de la Grande Guerre*, *Études de littérature des XXe et XXIe siècles*, Paris, Classiques Garnier, 2009.

SHERRY, Vincent, *The Great War and the Language of Modernism*, Londres, Oxford University Press 2003.

TCHEKHOV, Anton, *Lettres : 1889-1892*, éditées et traduites par Peter Urban, Zurich, Diogène, 1979.

WOOLF, Virginia, *Mrs. Dalloway*, New York, Modern Library 1922.

UNE ESTHÉTIQUE AVANT-GARDISTE DE LA GUERRE ?

Poèmes de guerre d'Apollinaire et de Cendrars

Un des sujets peu développés des recherches sur la guerre aussi bien que sur les avant-gardes sont leurs relations respectives. La question qui se pose est celle de savoir si l'avant-garde se distingue de la littérature de la modernité. Pierre Schoentjes écrit dans le premier chapitre des *Fictions de la Grande Guerre* que les grands écrivains de la modernité (Proust, Joyce, Svevo, Musil, Kafka) « évitent le front comme scène dans leurs fictions » (Schoentjes, 2009, p. 25). La poésie semble faire exception à cette règle. L'avant-garde a été appréciée comme une grande entreprise de destruction où la guerre trouve sa place de manière presque naturelle[1], mais la Grande Guerre et les avant-gardes n'y sont pas thématisées. Et dernièrement, Thomas Hunkeler a consacré un livre important à *Paris et le nationalisme des avant-gardes*, mais la Première guerre mondiale y joue surtout le rôle d'une toile de fond et n'entraîne pas de remise en question des avant-gardes[2]. Il me semble significatif qu'un dictionnaire consacré aux avant-gardes (*Metzler Lexikon Avantgarde*[3]) ne connaisse pas de lemme « guerre », bien que le champ sémantique des conceptions d'avant-gardes militaire et politique soit abordé dans l'introduction. Et même alors qu'un Boris Groys ou qu'un Jean Clair reprochent aux avant-gardes d'avoir représenté voire propagé les totalitarismes de la première moitié du XXe siècle – le premier le fait en bloc, mais de manière sérieuse[4], le second, dans *La Responsabilité de l'artiste*[5], dans une perspective conspirationniste –, leur rapport à la catastrophe fondatrice du siècle dernier n'y joue qu'un rôle insignifiant.

1 Ehrlicher, 2001.
2 Hunkeler, 2018.
3 Van den Berg et Fähnders, 2009.
4 Groys, 1998.
5 Clair, 1997.

LA GUERRE DES FUTURISTES

Seules les recherches sur le Futurisme (italien) font exception à cette « règle ». Vu les appels explicites et véhéments qui se font jour dès la *Fondation et Manifeste du Futurisme*, rédigée par Marinetti en 1909 (et parue dans *Le Figaro*), la relation avec la guerre avait une fonction centrale pour la conception du nouveau mouvement, comme en témoigne la neuvième des onze revendications : « Nous voulons glorifier la guerre – seule hygiène du monde – le militarisme, le patriotisme, le geste destructeur des anarchistes, les belles Idées qui tuent, et le mépris de la femme. » (Marinetti, 1973, p. 87) Il n'est donc pas surprenant que le Futurisme marinettien revendique la participation à la guerre dès 1914 (« Sintesi futurista della guerra », 20 septembre 1914) et que les futuristes orthodoxes plaident pour l'entrée de l'Italie dans cette guerre et s'engagent activement dès que possible : ils revendiquent aussi bien une « esthétique » qu'une « éthique » de la guerre.

Malgré toute la véhémence due au genre du « manifeste », les revendications violentes d'une « guerre totale », qui semblent aujourd'hui éthiquement et esthétiquement trop extrêmes pour être prises au sérieux, formulent un réel désir de catastrophe générale. En témoigne la manière dont Giacomo Balla et Fortunato Depero décrivent, le 11 mars 1915, la vraie nature de cette « guerre mondiale » : la « conflagration de toutes les forces créatrices de l'Europe, de l'Asie, de l'Afrique et de l'Amérique, qui suivra sans doute possible l'actuelle merveilleuse petite conflagration humaine ». (Balla et Depero, 1973, p. 204)

APOLLINAIRE ET L'AVANT-GARDE FUTURISTE

Cette « guerre des Futuristes (italiens) » n'a pas d'équivalent en France où Guillaume Apollinaire fut l'un des seuls à sympathiser (jusqu'à un certain point) avec le mouvement de Marinetti. Cette alliance trouve son apogée (et sa remise en question implicite) dans « L'Anti-Tradition futuriste » de Guillaume Apollinaire qui joue d'une manière souveraine et élégante avec l'esthétique et l'éthique des Futuristes (italiens). Dans ce texte fondé sur la dichotomie radicale des avant-gardes (Destruction *vs.* Construction), et dont la typographie innovante crée des réseaux à de multiples niveaux, Apollinaire semble adhérer au bellicisme des futuristes, notamment dans la partie agressive des « Coups et blessures » : « Droit des gens et guerre continuelle ». Mais chez le sympathisant français, le sérieux programmatique des revendications est sapé par un jeu de mots subversif qui déplace le signifiant et l'inscrit sous le signe des « Analogies et calembours » (Apollinaire, 1973, p. 123) qui titrent le texte. Apollinaire se place donc dans une position souverainement ambiguë, prenant à la fois au sérieux les revendications futuristes et jouant avec elles.

On remarque également qu'Apollinaire représente une autre esthétique et éthique de la guerre à la lecture de son poème « La petite auto », paru un an après « L'Anti-tradition futuriste », et qui décrit, au moment de la proclamation de la mobilisation générale, le voyage qu'il effectue de Deauville à Paris avec son ami André Rouveyre dans la nuit du 31 juillet au 1er août, un voyage donc de la paix vers la guerre. Dès le début, la conscience de vivre la fin d'une époque se manifeste : « Nous dîmes adieu à toute une époque / Des géants furieux se dressaient sur l'Europe » et quand quelques vers plus tard, « Les morts tremblaient de peur dans leurs sombres demeures », il est clair que cette guerre imminente n'est pas ressentie comme « seule hygiène du monde » mais d'abord comme une catastrophe. Une part d'Apollinaire reste pourtant attachée aux élans futuristes, y compris au sujet de la guerre : « Je sentis en moi des êtres neufs pleins de dextérité / Bâtir et aussi agencer un univers nouveau » et ce côté l'accompagnera pendant toute la guerre, jusqu'à *L'Esprit nouveau et les poètes*. Et quand le poème se termine avec les quatre vers « Que la petite auto nous avait conduits dans une époque / Nouvelle / Et bien qu'étant déjà tous deux des hommes mûrs / Nous venions cependant de naître[6] », la majuscule du contre-rejet « Nouvelle », qui forme un vers à lui tout seul, souligne que l'attente de la « nouveauté » est finalement plus importante que l'adieu à toute une époque. L'inconnu de la guerre fait moins peur qu'il n'est plein de promesses de renouvellement et de

6 Les citations sont extraites des *Œuvres complètes* d'Apollinaire, 1965, ici p. 207-208. Désormais *OC*.

renaissance. L'attente de la guerre chez Apollinaire est donc de loin plus subtile et plus différenciée que chez les Futuristes (italiens), mais la guerre est en fin de compte valorisée. Avec ce poème, il ne s'agit pas encore de « poésie combattante », mais on peut constater qu'une attitude avant-gardiste en structure les attentes : quitter une époque et un art dominés par la tradition pour devenir un homme nouveau[7]. C'est en accord avec « L'Antitradition futuriste », donc le refus du « passatisme » combattu par les Futuristes italiens, qu'Apollinaire se situe au moment où il entre en guerre et cette position ne changera pas jusqu'à « La jolie rousse » de 1918, le « testament poétique » qui clôt le recueil des *Calligrammes*. Lorsque le moi poétique invite les lecteurs à être « indulgents quand vous nous comparez / À ceux qui furent la perfection de l'ordre / Nous qui quêtons partout l'aventure » (*OC* : 313) et qu'il définit cette « quête » en affirmant : « Nous voulons vous donner de vastes et d'étranges domaines » ou bien « Il y a là des feux nouveaux des couleurs jamais vues / Mille phantasmes impondérables / Auxquels il faut donner de la réalité » (*ibid.*), il se place clairement dans le sillage d'une avant-garde qui veut changer la vie. La question que posent une grande partie des poèmes des *Calligrammes* est de savoir si cette recherche peut se servir de la guerre et si l'expérience de la guerre peut constituer une étape (nécessaire) de cette « avant-garde ».

APOLLINAIRE ET LA « MERVEILLE DE LA GUERRE »

Je vais essayer de répondre (partiellement) à cette question en analysant deux poèmes des *Calligrammes* : « Saillant », publié avec *Case d'Armons* le 17 juin 1915 et le poème plus connu, « L'Adieu au cavalier », qu'Apollinaire envoie le 20 août 1915 à Luise Faure-Favier et qui sera publié dans *Lueurs des tirs* au Mercure de France (1er juin 1916).

« Saillant » est à première vue un poème « avant-gardiste » qui joue avec la typographie, un peu à la manière de « L'Anti-tradition futuriste[8] ».

---

7 Blaise Cendrars et Emil Szittya ont publié en 1912 la revue anarchisante *Les hommes nouveaux. Revue libre*.

8 Pour une interprétation détaillée du poème, voir Rehage, 2001, p. 52-57.

Le titre déjà renvoie à la notion d'avant-garde tant sur le plan militaire que sur le plan topologique : le manifeste fondateur de Marinetti situe celle-ci « Debout sur la cime du monde » (Marinetti, 1973, p. 89) et dans la typographie de la « Sintesi futurista della guerra », le Futurisme représente un « saillant » dirigé vers le « passatisme » allemand et autrichien[9], tandis que militairement, le terme désigne une « avancée du front ». Avec la première ligne (« Rapidité attentive à peine un peu d'incertitude »), le poème fait appel à un des principes du Futurisme, la vitesse. Et avec d'autres éléments comme le mouvement, la vivacité, l'agressivité, la destruction et la simultanéité de toutes les séquences (généralement de la longueur d'un vers), le texte évoque une constellation qui par sa fragmentation et ses relations multiples crée un espace où guerre et avant-garde deviennent équivalents. Même le bestiaire (dragon, rapace, couleuvre, cheval, crapaud) n'arrive pas à former un ensemble harmonieux. Le seul élément qui renvoie à une perspective en dehors de la guerre (avant-gardiste) est introduit par le dernier vers : « Et le long du canal des filles s'en allaient » (*OC* : 227)

La guerre en soi est anesthésiée ou « avant-gardisée ». La « torpille aérienne » (v. 4) est au moins partiellement « naturalisée » par le vers 3 : « Parmi le vent quand survient la / torpille aérienne ». La destruction de la cathédrale de Reims à laquelle les vers 7 et 8 « les pierres / Du beau royaume dévasté » font probablement allusion est quasiment historicisée, et « un trou d'obus propre comme une salle de bain » est littéralement « nettoyé » de tout effet désastreux ou violent. Sans pour autant dire qu'Apollinaire fait de la guerre une entreprise d'« hygiène du monde » on peut cependant constater que la guerre réelle est esthétisée de par son intégration dans un jeu avec des éléments ou des fragments qui entraînent un « éclatement du sens » (Apollinaire, 1991, p. 406). Cet « éclatement » possède des analogies avec les « parole in libertà » de Marinetti, mais Apollinaire n'y associe pas une éthique. Cette association avec une conception presque neutre de l'avant-garde est aussi soulignée par le fait que le poème est dédié au mécène et collectionneur des peintures avant-gardistes, André Level, un autre clin d'œil au rapprochement de l'avant-garde et de la guerre.

C'est à une tradition culturelle au long cours que renvoie le vers 13 : « Mais où est un cœur et le svastica », ce dernier n'étant pas encore à comprendre comme « croix gammée ». En mentionnant ce symbole,

---

9 Voir « Sintesi futurista della guerra », *in* Asholt et Fähnders, 1995, p. 89.

Apollinaire renvoie à la préhistoire et peut-être à l'appropriation « raciste » qui commence avec le racialisme du XIXe siècle. Le plus probable, c'est qu'il voit dans ce symbole une sorte d'idéogramme, avec une fonction analogue et proche de celle des « Calligrammes ». Entouré par les vers « Berger suivi de son troupeau mordoré » (v. 12) et « Aÿ Ancien nom du renom » (v. 14), le vers 13 pourrait représenter le passage de la vitesse et des instantanés de la plus grande partie du poème (jusqu'au vers 11) vers l'évocation de la femme aimée à la fin du poème (« Lou / Lou Verzy ») que le « cœur » prépare, et vers un symbole cosmique renvoyant au mouvement perpétuel qui préfigure le mouvement des filles dans le dernier vers. Avec cette division en deux parties, « Saillant » anticipe *L'Esprit nouveau et les poètes* et la « longue querelle de la tradition et de l'invention » (« La jolie rousse ») en les confrontant et en les réunissant dans un même poème.

À cause de son premier vers, « Ah Dieu ! Que la guerre est jolie » (253), « L'Adieu » est probablement le poème (de guerre) le plus cité d'Apollinaire. À commencer par l'appréciation de Breton, cette apostrophe a déclenché un long débat controversé sur la fonction et la problématique du sujet de la guerre pour la poétique apollinairienne. Dans le grand article qu'il écrit à la demande d'Apollinaire en 1917, Breton écrit : « Apollinaire, en ne voulant rien tenir pour pernicieux, s'engageait à considérer sans amertume les spectacles de la guerre » (Breton, 1988, p. 205). Plus tard, Breton sera beaucoup plus critique envers cette « disponibilité » d'Apollinaire[10]. Ce désaveu de l'engagement guerrier de ce dernier est repris par une grande partie de la critique universitaire[11], mais depuis un certain temps, dans la lignée des recherches historiographiques, les appréciations sont plus différenciées. Laurence Campa renvoie à trois positions problématiques dans ce débat : la défense de leur propre pacifisme par les détracteurs, un certain réductionnisme (écrire sur la guerre serait synonyme de bellicisme) et le caractère (trop) subjectif de nombreuses appréciations (ce qui revient au premier point). Elle a certainement raison lorsqu'elle avance qu'un poème comme « L'Adieu au cavalier » « se définit moins comme adéquation au réel que comme dévoilement, comme production d'un regard [...] un surcroit de perception. » (Campa, 2010, p. 44). Et on ne peut pas être en désaccord avec sa conclusion : « Elle [la poésie d'Apollinaire] ne reproduit pas la guerre, elle fabrique du sens, crée de

10 Voir Breton, 1999, surtout p. 435-444.

11 Voir la discussion des points de vue chez Laurence Campa, 2010, p. 39-43.

la réalité et de la vérité. » (*Ibid.*, p. 49) Apollinaire apporte donc moins un témoignage qu'il ne crée une fiction, mais celle-ci pose la question : quel sens, quelles réalité et vérité sont créés par ce (petit) poème ?

Introduite par l'apostrophe « Ah Dieu ! » (qui inclut déjà le « Adieu ! » qui ouvre la deuxième strophe), la première strophe, assez régulière en comparaison avec les expérimentations avant-gardistes dans d'autres poèmes, précise pourquoi « la guerre est jolie » : c'est parce qu'elle correspond (presque) à une idylle bucolique avec des chants, des longs loisirs et une bague que le moi lyrique polit et qui prépare l'évocation mélancolique des soupirs (et des souvenirs) de la femme aimée emportés par le vent. C'est probablement par le seul biais de cette exclamation du premier vers, au discours direct, que la guerre s'introduit dans le texte, alors que tout contexte guerrier en est sinon absent.

Avec la deuxième strophe, ce n'est plus le protagoniste qui parle mais un locuteur différent, qu'on peut identifier à Apollinaire. Ce narrateur évoque le cavalier de la première strophe : « Il disparut dans un tournant / et mourut là-bas » (v. 6/7) et passe ensuite à « elle », probablement l'objet des soupirs de la première strophe. C'est surtout la réaction de cette femme qui permet une appréciation de l'esthétique guerrière d'Apollinaire : « tandis qu'elle / Riait au destin surprenant » (v. 7/8). Quand on connaît l'importance de la « surprise » pour l'esthétique d'Apollinaire, l'adjectif « surprenant » gagne une signification exceptionnelle : « C'est par la surprise, par la place importante qu'il fait à la surprise que l'esprit nouveau se distingue de tous les mouvements artistiques et littéraires qui l'ont précédé » (Apollinaire, 1991, p. 949). Que le cavalier disparaisse dans un tournant pour y mourir, est une des surprises devenues possibles grâce à la guerre et accepter ce destin en riant revient à accepter l'esprit nouveau. En tant que réservoir de « surprises » presque illimité, la guerre est donc valorisée. Chez les Futuristes (italiens), il s'agit d'une valorisation belliciste pour des raisons idéologiques, chez Apollinaire, d'une valorisation poétologique et esthétique de la « merveille de la guerre ». Elle s'inscrit donc dans la continuité des positions avant-gardistes d'Apollinaire et dans cette perspective, on peut être d'accord avec la conclusion de Laurence Campa citée plus haut. Mais ce que le poème rend intelligible, c'est peut-être moins le « sens », la « réalité » et la « vérité » de la guerre, que l'esthétique d'Apollinaire, qui lui permet de « considérer sans amertume les spectacles de la guerre » (Breton en 1917).

CENDRARS ET *LA GUERRE AU LUXEMBOURG*

À la différence d'Apollinaire qui dès son arrivée au front en avril 1915 commence à écrire des poèmes, Blaise Cendrars, volontaire comme Apollinaire et engagé sur le front de la Somme depuis l'automne 1914, y écrit seulement trois courts poèmes, datés « octobre 1914 » et publiés en 1919 : « Shrapnells ». Beaucoup plus tard, il déclare à Michel Manoll (en 1950) : « On est combattant ou l'on est écrivain. Quand on écrit, on ne combat pas à coups de fusils et quand on tire des coups de fusils, on n'écrit pas, on écrit après. On aurait mieux fait d'écrire avant et d'empêcher tout ça. » (Cendrars, 2006, p. 154) Ses appréciations de « L'Écriture en guerre » (Debon, 2006) sont donc à l'opposé de celles d'Apollinaire. Comment comprendre le caractère de la rupture de Cendrars avec le « Ah Dieu ! Que la guerre est jolie » de son ami-concurrent ? Dans un article de référence sur le grand « poème de guerre » de Cendrars qu'est *La guerre au Luxembourg* (1916), Michèle Touret se sert d'une variante de ce poème pour mieux cerner sa spécificité. La dernière partie du poème, « À PARIS », est publiée dans une anthologie de poèmes sur la Grande Guerre. Intégrée aux poèmes consacrés à la « victoire », son contexte d'écriture disparaît alors. Michèle Touret décrit l'effet de ce « déplacement » intertextuel à juste raison ainsi : « Toute l'ambiguïté du texte est perdue » (Touret, 2005, p. 120). Mais j'irais plus loin en constatant que ce n'est pas seulement l'ambiguïté qui a disparu mais que la position sans équivoque que Cendrars développe dans ce poème vis-à-vis de « L'Écriture en guerre », et aussi en réaction à la poésie d'Apollinaire, est ainsi transformée en son contraire.

En n'écrivant sur la guerre qu'une fois que celle-ci est terminée pour Cendrars, après sa blessure grave du 28 septembre 1915 et l'amputation du bras droit, l'auteur se trouve dans une situation à la fois de distance et de proximité vis-à-vis de la guerre : de par l'éloignement du front et de par l'amputation qui rend la guerre présente. C'est donc un convalescent qui écrit un an plus tard *La Guerre au Luxembourg*, publié en décembre 1916 avec six dessins de Moïse Kisling. Début 1917, il commence à travailler sur « Le mystère de l'Ange Notre-Dame » qui paraît en avril dans la revue *Caravane*, un court texte qui deviendra dans la nuit du 1er septembre *La fin du monde filmée par l'Ange N.-D.*, une apocalypse-fiction où la guerre joue un rôle d'arrière-plan et qui sera publiée en octobre 1919 avec 23 illustrations de Fernand Léger. Et le 8 novembre 1918 avait paru le livre d'artiste *J'ai tué*, avec cinq dessins du même Léger, un « témoignage » personnel de la guerre qui représente l'enivrement par une violence sans limite.

Comme le montrent le pronom personnel et son agencement temporel, *J'ai tué* est caractérisé par un regard en arrière individuel, ce que souligne aussi Michèle Touret : « Cendrars récuse le sérieux et le mode épique, ton de la cohésion collective, qui est la pire justification de la guerre. Si le soldat est banni, ce ton lui est interdit : sa parole ne peut être que défectueuse, à l'opposé de la parole du héros » (Touret, 1995, p. 209). Tout en écrivant un texte de prose, le moi se définit (ironiquement ?) comme poète : « Je saute sur mon antagoniste. Je lui porte un coup terrible. La tête est presque décollée. J'ai tué le Boche. J'étais plus vif et plus rapide que lui. Plus direct. J'ai frappé le premier. J'ai le sens de la réalité, moi, poète. J'ai agi. J'ai tué. Comme celui qui veut vivre. » (Cendrars, 2017, p. 350) Il s'agit là des dernières phrases du texte. Même si « la violence est désamorcée, en partie au moins, par le fait qu'elle s'applique à un cadavre » (Schoentjes, 2009, p. 117), le transfert à la réalité de la guerre est voulu. L'aveu proféré déjà avec le titre est à la limite du dicible et du tolérable et fonctionne aussi comme une « provocation » face à la guerre dans la littérature[12]. S'il y a une prise de position envers l'avant-garde en guerre, c'est que Cendrars montre la « réalité » des « Merveilles de la guerre » (Apollinaire). L'époque nouvelle dont Apollinaire veut faire l'expérience se révèle être le retour de la préhistoire et une appréciation de la guerre comme un darwinisme collectif et individuel. Sans que Cendrars ait pu en avoir connaissance, son appréciation de la guerre correspond à celle de Freud dans la conclusion des *Considérations actuelles sur la guerre et sur la mort* (1915) : « Elle [la guerre] emporte les couches d'alluvions déposées par la civilisation et ne laisse subsister en nous que l'homme primitif » (Freud, 1968, p. 267).

À l'opposé, *La Guerre au Luxembourg*[13] se situe loin du champ de bataille et de la lutte dans les tranchées, à l'endroit idyllique du beau Parc du Luxembourg. Grâce à cette localisation, la guerre y est mise à

12 Voir aussi : Michèle Touret, 1983, p. 20.

13 Dorénavant *GaL*.

distance par trois instances successives : d'abord par la ville qui entoure le parc, surtout par la métalepse de la « victoire », ensuite par le parc lui-même en tant qu'endroit différencié de la ville et de son quotidien et enfin par les enfants qu'on y emmène l'après-midi et qui y jouent à la guerre. Le paratexte revoie clairement à la guerre, Cendrars dédie le livre à trois de ses camarades de la Légion Étrangère « Morts pour la France » ; l'éditeur, l'illustrateur et lui-même étaient comme eux des « Engagés Volontaires » qui avaient été blessés. Un petit changement illustre l'importance de l'encadrement mentionné : dans l'édition originale, le texte était encore qualifié de « livre » mais Cendrars remplace cette désignation en 1944 par le terme « Enfantines » en soulignant le double jeu, celui des enfants dans le parc et celui d'un « texte » qui veut se distinguer de « L'Écriture en guerre » en général. Le paratexte souligne la caractère prétendument « enfantin » du poème lui-même. Jouant avec plusieurs instances narratives, le collectif des enfants qui jouent (« On crie et l'on cogne mieux que Guignol » etc., *GaL* : 76), les enfants individuels (« Je ressemble à papa », etc., *GaL* : 75), l'unique collectif/individuel qui renvoie à l'auteur et à ses camarades du paratexte (« On ne peut rien oublier », *ibid.*), et même une instance « intermédiaire », englobant potentiellement les enfants et les soldats (« On a aussi des canons », *ibid.*, ou l'adverbe renvoie à la guerre « réelle »), les enfants restent pourtant les acteurs principaux du poème, à l'exception de la dernière partie, où le collectif désigne la population parisienne en général : « À PARIS / Le jour de la Victoire [...] On fera cercle autour de l'opérateur du cinéma » (*GaL* : 77).

Mais dans la longue première partie du poème, « Il n'y a que les petits enfants qui jouent à la guerre » (*GaL* : 75). Avec le vers précédant, « On ne peut rien oublier », les soldats « réels » sont évoqués, mais à travers leur absence, ils restent présents en tant que « spectres » du jeu, des fantômes dont on peut jouer les rôles comme dans un spectacle. De même que dans une pièce de théâtre, les enfants peuvent passer d'un endroit à l'autre (La Somme, Verdun, les Dardanelles) et changer de rôle sans arrêt : « Ceux qui faisaient les Turcs sont maintenant brancardiers / Et ceux qui faisaient les morts ressuscitent pour assister à la merveilleuse opération ». Dans cette « comédie », la réalité perd son caractère tragique : « On joue en riant au tank aux gaz-asphyxiant au sous-marin-devant-new-york-qui-ne-peut-passer » et les conditions normales de la guerre sont abrogées : « Puis on relève les morts / Tout le monde veut en être / Ou tout au moins blessé », donc on peut « oublier » et parodier ce qui est omniprésent chez les soldats(réels) : « On ne peut rien oublier » À côté de cet ensemble collectif, il n'y a qu'un personnage qui représente la réalité de la guerre : « Un blessé battait la mesure avec sa béquille / Sous les bandeaux son œil / Le sourire du Luxembourg / Et les fumées des usines de munitions / Au-dessus des frondaisons d'or / Pâle automne fin d'été ». Ce n'est que le « blessé », probablement aveugle, qui peut remarquer dans la ville la présence de la guerre. Pour lui seul, les « fumées des usines de munitions » qui représentent une synecdoque de la guerre, se superposent aux « feuilles d'automne ». Dans un jeu où les spectres représentent la vraie guerre, seuls les aveugles peuvent (aperce)voir sa coprésence dans la ville derrière le parc.

Dans cette partie, nous trouvons aussi deux allusions à la perception de la guerre par l'avant-garde ou au moins par une certaine avant-garde. Le vers-exclamation « Comme c'est beau », placé relativement au début, impose la présence de « Merveille de la guerre » d'Apollinaire, avec son coup d'envoi « Que c'est beau ces fusées qui illuminent la nuit » et peut-être plus encore le vers : « Comme c'est beau toutes ces fusées » (Cendrars, 2017, p. 271), non seulement à cause de l'homophonie avec les « fumées » chez Cendrars mais aussi à cause du vers « Les yeux aux fusées des étoiles » (*GaL* : 76). Cendrars fréquente Apollinaire quand celui-ci est à Paris, surtout en automne 1916. Il ne connaît donc pas seulement l'esthétique de son ami, mais probablement aussi ses poèmes non-publiés[14]. Mettre une « citation » qui évoque les vers d'Apollinaire dans le contexte de ces « Enfantines » représente au moins une critique implicite de la conception de « L'Écriture en guerre » d'Apollinaire. Plus ambiguë est la présence du vers « Un dada caracole » (*GaL* : 75). Dans le contexte du jeu des enfants, un « cheval bâton » trouve évidemment sa place à côté des bateaux du « bassin ». Mais avec la signification de « dada » comme marotte, le texte fait caracoler les sens et il n'est pas impossible d'y voir une allusion au mouvement de Zurich, fondé quelques mois plus tôt (le 14 juillet 1916).

Avec la dernière partie de son poème, « À PARIS / Le jour de la Victoire[15] », Cendrars passe du présent au futur d'une uchronie : « quand

14 Apollinaire publie « Merveille de la guerre » avec les *Poèmes de guerre et d'amour* dans *La Grande Revue* de novembre 1917.

15 Qu'on pourrait aussi comparer avec « La Victoire » d'Apollinaire (écrite en mars 1917).

les soldats reviendront… », et la guerre est alors finie. Le lieu n'est plus celui des « Enfantines » mais la ville même où se situe, au moins au premier coup d'œil[16], une idylle de la France victorieuse et festive. Si les hyperboles comme « Toutes les automobiles seront parfumées et les pauvres chevaux mangeront des fleurs » peuvent encore passer pour le signe d'un enthousiasme débordant, tout autant que le vers presque caricatural « Aux fenêtres les petites orphelines de la guerre auront toutes une belle robe patriotique » (*GaL* : 77), cette ironie devient cynique, surtout de la part d'un amputé comme Cendrars, avec le vers : « Les blessés accrocheront leurs Médailles à l'Arc de Triomphe et rentreront à la maison sans boiter. » (*ib.*), selon une sorte de parodie du miracle de Jésus dans Saint Mathieu. Immédiatement après, Cendrars a placé le vers : « On fera cercle autour de l'opérateur du cinéma qui mieux qu'un mangeur de serpents engloutira le cortège historique », mentionnant donc la conservation visuelle du moment historique. Mais quand on pense à *La Fin du monde filmée par l'Ange N.-D.*, où, à la fin, « le film se déroule vertigineusement à rebours » et où tout recommence comme avant, la vision de la Victoire développée dans la dernière partie de *La Guerre au Luxembourg*, est un démenti ironique de l'attente d'un retour possible à la situation avant la catastrophe de la Grande Guerre. Quand Michèle Touret qualifie ce poème et son contexte de « Manipulations poétiques », on pourrait peut-être aller encore plus loin : c'est une « manipulation » qui dévoile les manipulations (patriotiques) de la propagande de la guerre, dans la littérature et en général. Dans ce sens, la toponymie de la dédicace s'oppose à celle du poème et fait sens : les lieux des camarades « tués à Frise, à Verdun [et] à la ferme de Navarin » (*GaL* : 74) donnent un démenti au Parc du Luxembourg et à la ville de Paris en entier au moment de la victoire. De la même manière que *J'ai tué* montre une crise existentielle de l'individu moderne, les « Enfantines » montrent l'incapacité (l'impossibilité ?) de la société de prendre en compte cette expérience collective.

16 Cendrars doit compter avec la censure que le poème semble avoir passé sans problème (le visa date du 11 décembre 1916, à 16h), même si Michèle Touret qualifie cette partie d'« ironie cruelle » (p. 115).

CONCLUSION

Les poèmes de guerre des deux auteurs représentants de l'avant-garde poétique avant la guerre se distinguent aussi bien par leur positionnement esthétique qu'éthique. Apollinaire, tout en étant conscient (et content) de vivre les débuts d'une « époque nouvelle » poursuit son esthétique de la nouveauté et de la surprise avec les « idéogrammes » dont le premier (« Paysage ») est publié avant le début de la guerre (*Soirées de Paris*, juillet/août 1914). Poétiquement, on peut donc constater une continuité et, éthiquement, la disponibilité envers la surprise du nouveau lui fait (facilement) accepter la guerre comme espace privilégié de rencontres inattendues. Cendrars, qui d'un point de vue esthétique était avant la guerre le collègue, l'ami et le concurrent d'Apollinaire, réagit à cette guerre non pas en continuant son œuvre et sa conception littéraire, mais par une rupture qui passe d'abord par le silence[17] et, après la blessure, par le développement d'une nouvelle esthétique dont témoignent *J'ai tué* avec le choc direct et extrême d'un témoignage on ne peut plus personnel et *La Guerre au Luxembourg* avec une ironisation et une « désautomatisation » de l'ensemble de la littérature qui se met au service d'une « Écriture en guerre ». L'atavisme dont témoigne *J'ai tué* et le démontage du patriotisme dont fait preuve l'avant-garde à la manière d'Apollinaire, ne proclament pas une supériorité mais refusent toute valorisation éthique de la guerre. Il s'agit donc moins de « manipulations poétiques » que de la déconstruction de telles « manipulations ». Si la poétique d'Apollinaire est caractérisée par le mélange du témoignage et de la fiction – on est parfois tenté de parler d'« autofiction » – Cendrars sépare clairement ces deux dimensions.

Tous les deux ont la conscience de vivre le début d'une époque nouvelle. Mais pour l'auteur de *L'Esprit nouveau et les poètes*, l'expérience de la guerre et sa propre « Écriture en guerre » confirme davantage la confiance en l'avenir que son ébranlement. Chez celui pour qui l'expérience de la guerre et ses tentatives d'écrire pendant la guerre contribuent (probablement) à l'adieu définitif à la poésie[18], au contraire, cette confiance

17 À l'exception des trois petits poèmes de « Shrapnells » (Cendrars, 2017, p. 189-190)

18 Voir : Leroy, 1996, p. 21-43.

avant-gardiste est au moins ébranlée, comme le montrent ses remarques sur les surréalistes[19]. À la différence d'Apollinaire, Cendrars souligne avec ses conceptions esthétiques transformées et sa critique de l'éthique d'une « Écriture en guerre » que la Grande Guerre représente pour lui une rupture, un changement de paradigme. Sans vouloir identifier Cendrars à la perspective développée au même moment dans *La Crise de l'esprit* (1919) par Paul Valéry, il y a chez lui la conscience que « l'Europe de 1914 était peut-être arrivée à la limite de ce modernisme » (Valéry, 1919, p. 327).

Wolfgang Asholt
Université Humboldt de Berlin

19 *Ib.* p. 23.

BIBLIOGRAPHIE

APOLLINAIRE, Guillaume, « L'Anti-tradition futuriste », *in* Giovanni Lista (dir.), *Futurisme. Manifestes, Documents, Proclamations*, Lausanne, L'Âge d'homme, 1973, p. 122-124.

APOLLINAIRE, Guillaume, « L'Esprit nouveau et les poètes », *Œuvres en prose complètes*, vol. 2, Paris, Gallimard-Pléiade, 1991, p. 943-954.

APOLLINAIRE, Guillaume, « La petite auto », *Œuvres poétiques*, Paris, Gallimard, 1965, p. 207-208.

APOLLINAIRE, Guillaume, *Alcools et Calligrammes* (éd. Claude Debon), Paris, Imprimerie nationale, 1991.

BALLA, Giacomo et DEPERO, Fortunato, « Reconstruction futuriste de l'univers », *in* Giovanni Lista (dir.), *Futurisme. Manifestes, Documents, Proclamations*, Lausanne, L'Âge d'homme, 1973, p. 202-204.

BRETON, André, « Entretiens avec André Parinaud » (1952), *Œuvres complètes*, vol. 3, Paris, Gallimard-Pléiade, 1999, p. 427-575.

BRETON, André, « Guillaume Apollinaire », *Œuvres complètes*, vol. 1, Paris, Gallimard-Pléiade, 1988, p. 203-215. Publié d'abord dans : *L'Éventail* (Genève), oct. 1918.

CAMPA, Laurence, *Poètes de la Grande Guerre. Expérience combattante et activité poétique*, Paris, Classiques Garnier, 2010.

CENDRARS, Blaise, « Blaise Cendrars vous parle… », *Œuvres complètes* (éd. Claude Leroy), vol. 15, Paris, Denoël, 2006, p. 3-197.

CENDRARS, Blaise, « La Guerre au Luxembourg », *Œuvres romanesques*, vol. I, précédées des *Poésies complètes*, éd. Claude Leroy, Paris, Gallimard, « Bibliothèque de la Pléiade », 2017, p. 73-78.

CENDRARS, Blaise, « J'ai tué », *Œuvres romanesques*, vol. I, précédées des *Poésies complètes*, éd. Claude Leroy, Paris, Gallimard, « Bibliothèque de la Pléiade », 2017, p. 343-350.

CLAIR, Jean, *La responsabilité de l'artiste. Les avant-gardes entre terreur et raison*, Paris, Gallimard, 1997.

DEBON, Claude (dir.), *L'Écriture en guerre de Guillaume Apollinaire*, Stavelot, Calliopées, 2006.

EHRLICHER, Hanno, *Die Kunst der Zerstörung. Gewaltphantasien und Manifestationspraktiken europäischer Avantgarden*, Berlin, Akademie Verlag 2001.

FREUD, Sigmund, « Considérations actuelles sur la guerre et sur la mort », *Essais de psychanalyse*, Paris, Payot, 1968, p. 235-267 (trad. S. Jankélévitch).

GROYS, Boris, *Staline, œuvre d'art totale*, Paris, Jacqueline Chambon, 1998.

HUNKELER, Thomas, *Paris et le nationalisme des avant-gardes. 1909 – 1924*, Paris, Hermann, 2018.

LEROY, Claude, *La Main de Cendrars*, Lille, PU Septentrion, 1996.

MARINETTI, Filippo Tommaso, « Fondation et Manifeste du Futurisme », *in* : Giovanni Lista (dir.), *Futurisme. Manifestes, Documents, Proclamations*, Lausanne, L'Âge d'homme, 1973, p. 85-89.

MARINETTI, Filippo Tommaso, « Sintesi futurista della guerra », *in* Wolfgang Asholt et Walter Fähnders, *Manifeste und Proklamationen der europäischen Avantgarde (1909 – 1938)*, Stuttgart, Metzler, 1995, p. 89.

PRÉVOST, Ernest et DORNIER, Charles, *Le livre épique, anthologie des poèmes de la Grande Guerre*, Paris, Chapelot, 1920.

REHAGE, Philipp, *« Wo sind Worte für das Erleben ». Die lyrische Darstellung des Ersten Weltkrieges in der französischen und deutschen Avantgarde*, Heidelberg, Winter, coll. « Studia Romanica » 2001, vol. 111, p. 52-57.

SCHOENTJES, Pierre, *Fictions de la Grande Guerre. Variations littéraires sur 14-18*, Paris, Classiques Garnier, coll. « Études de littérature des XXe et XXIe siècles », 2009, vol. 2.

TOURET, Michèle, « Le fantôme de la guerre : Quel statut pour le réel ? (À propos de Blaise Cendrars) », *in* : *La guerre et la paix dans les lettres françaises de la guerre du Rif à la guerre d'Espagne*, Reims, PU, 1983, p. 19-28.

TOURET, Michèle, « Léger et Cendrars : dessins de guerre, paroles de guerre », *in* Claude Leroy (dir.), *Blaise Cendrars et la guerre*, Paris, Armand Colin, 1995, p. 187-209.

TOURET, Michèle, « Manipulations poétiques : Autour de *La Guerre au Luxembourg* de Blaise Cendrars », *Études françaises*, n° 41 (2005), p. 109-125.

VALÉRY, Paul, « La Crise de l'esprit », *in* : *NRF*, 1919, p. 321-337.

VAN DEN BERG, Hubert et FÄHNDER, Walter (éd.), *Metzler Lexikon Avantgarde*, Stuttgart, Metzler, 2009.

ESTHÉTIQUE ET ÉTHIQUE D'UNE ÉCRITURE DE LA GRANDE GUERRE

Les Croix de bois de Roland Dorgelès

> Quel beau bouquin à écrire sur la guerre ! Quelle chose neuve. Car les romans imbéciles, les contes stupides que publient les journaux n'ont rien qui rappelle les guerres. Ce sont les âneries sentimentales de feuilletonistes épuisés, brodés de faits divers cueillis dans les gazettes (Dupray, 1986, p. 142).

Quelques mois passés au front suffisent à Dorgelès pour former le projet d'écrire un livre nouveau sur la guerre. Le besoin d'écrire cette usure au quotidien associé à la nécessité de faire connaître cette guerre d'un genre nouveau témoigne de l'engagement de l'écrivain pour trouver leur expression respective dans l'écriture des *Croix de bois*.

Le choix d'une esthétique nouvelle semble indissociable d'une éthique qui se révèle nécessaire pour mettre en mots l'indicible. Ainsi donc, la Grande Guerre se lit sous forme d'un roman plutôt que d'une autobiographie ou d'un journal d'escouade. Elle est une fresque à l'allure épique et réaliste à la fois, dans laquelle dominent l'angoisse et la peur mais dont le sourire n'est jamais bien loin. Le récit s'affirme dans une écriture polymorphe qui se veut particulière à chaque situation du front pour mieux retranscrire ce conflit sans précédent. Il est donc évident que l'écriture des *Croix* découle d'une démarche esthétique réfléchie de la part de l'écrivain. Ce dernier essaie d'adapter un thème, celui de son expérience personnelle de la guerre, à un style qui puisse rendre ce conflit dans toute sa vérité. Il n'en demeure pas moins que le grand défi de cette écriture tient à la grande difficulté de pouvoir séparer l'expérience du soldat Dorgelès de l'expérience du narrateur Jacques Larcher qui se confond malgré tout avec celle de l'auteur. Car s'il avait fallu à l'homme Dorgelès beaucoup de recul pour saisir à juste titre cette expérience fondatrice il a fallu, de même, beaucoup d'imagination à l'écrivain pour créer les personnages de ce roman dans le but de réinventer cette expérience de la guerre. Ce passage de l'autobiographie à la fiction nous pousse à interroger, dans un premier temps, cette écriture romanesque afin de comprendre comment la guerre devient matière à roman chez Dorgelès. Nous mettrons ainsi en évidence les particularités de ce choix esthétique. Nous évaluerons ce glissement du témoignage vers la fiction afin de souligner les motivations de cette poétique des *Croix de bois*, preuve d'une éthique littéraire qui souligne la singularité de l'ouvrage tout en affirmant la vocation romanesque de Dorgelès.

UNE VISION NOIRE DE LA GUERRE AU RYTHME D'UN HYMNE À LA VIE

LA MORT EN SURSIS

Une première lecture des *Croix de bois*[1] donne l'impression de lire des fragments épars de la Première Guerre mondiale sans véritable lien entre eux. L'absence d'indications spatiotemporelles accentue cette impression d'éclatement au point de rendre difficile, voire impossible toute identification à un lieu ou à une bataille célèbre de la Grande Guerre. De ce fait, toute la guerre est résumée dans quelques épisodes relatifs au vécu de deux personnages emblématiques de la Troisième Compagnie de la Cinquième Escouade. Le roman s'ouvre ainsi par l'arrivée au front de sa nouvelle recrue de renfort, Gilbert Demachy, pour s'achever avec le retour en arrière de son seul survivant, Sulphart. S'y trouvent résumés quatre ans de conflit avec leur lot de souffrance et leurs épisodes les plus meurtriers. Et si les premières séquences de cette guerre semblent précises au début, elles le deviennent de moins en moins au fur et à mesure de la narration. Cet effacement n'est autre que la trace de la progression de la mort. Dans son accomplissement total, cette dernière finit par devenir l'essence même de ce récit en imprégnant chaque élément de la narration.

1 Dorgelès, 1919. Toutes les citations sont extraites de l'édition Le livre de poche, 1999, p. 156. Désormais *CdB*.

En un premier temps, l'espace narratif : les tranchées. Définies comme le lieu principal des actions militaires, difficiles à localiser, ces premières lignes du front deviennent une représentation symbolique de la mort. Ces boyaux qui s'étendent sur plusieurs kilomètres sont supposés protéger les poilus dans leur position mais surtout marquer le nouveau terrain reconquis suite à une bataille victorieuse contre l'ennemi. Pourtant elles s'avèrent être en réalité « un entassement infâme, une exhumation monstrueuse de [corps] cireux sur d'autres déjà noirs » (*CdB* : 156), des tombes pré-creusées pour les soldats en sursis dans cet « amas de chairs déchiquetées, avec des cadavres qu'on eût dit dévissés, les pieds et les genoux complètement retournés. » (*Ibid.*)

Quand les combats changent de lieu, le nouvel espace de guerre porte le nom du Mont Calvaire une butte « hersée par les obus, éventrée à coups de torpilles, usée, tragique. » (*CdB* : 118) ou un « jardin des morts[2] » quand les batilles sont menés depuis un cimetière. Cette métaphore fait écho au train du renfort et à son « bataillon fleuri comme un grand cimetière [qui] avait traversé la ville à la débandade. » (*CdB* : 5) L'*incipit* du roman annonce d'ores et déjà cette mort à laquelle les troupes sont destinées.

Par ailleurs, si la date de ces combats a pour point de départ le mois de novembre que nous devinons être celui de 1914, cette datation s'enlise à son tour pour demeurer indéfinie. Ce premier choix du mois des morts anticipe les veilles interminables qui s'écoulent aussi péniblement que lentement. Les coups de cafards sont inévitables. La longue « veille d'armes[3] » ne trouve de répit que dans la mort ou à moindre dégât dans « un sommeil de brutes » (*CbB* : 128) ; autre figuration de la mort en sursis.

En outre, les personnages eux-mêmes symbolisent la mort en marche. Les soldats sont une proie facile surtout quand tout, de la pluie à la boue en passant par les poux, semble s'acharner sur eux pour mieux les anéantir. L'armée les considère comme de la chair à canon. En conséquence, elle les condamne souvent à une mort certaine ou les envoie « se faire hacher par bataillons pour ajouter un bout de champ à notre victoire, un boyau éboulé, une ruine de bicoque. » (*CdB* : 5) L'arrière, résumé dans la gente féminine, les oublie. Désespérant d'une blessure salvatrice, les

2 Du titre du chapitre XII.

3 Du titre du chapitre V.

hommes au front ne trouvent de répit que dans le repos éternel. C'est ainsi qu'on plante des croix, de plus en plus nombreuses, pour honorer ce sacrifice d'une vie au champ d'honneur.

Parallèlement, l'action inhérente à toute guerre qui est de se battre honorablement contre un ennemi prend de nouvelles allures de mort. L'ennemi allemand désormais invisible cède sa place à des armes de guerre extrêmement meurtrières telles que « des torpilles, des "tuyaux de poêle" qui broyaient tout. » (*CdB* : 116) La mort au champ d'honneur est remplacée par un abattage d'hommes sous des obus incessants. Nous assistons dès lors à la démystification de toutes les valeurs glorieuses associées au combat.

Contrairement à toute attente, la fin de la guerre n'apporte aucun répit et ne change rien à cette fatalité. À la démobilisation, de Rouen à Paris, c'est l'indifférence qui tue. Indifférence qui relègue Sulphart, pourtant supposé revenir en héros, au clan des morts-vivants. L'indifférence, comme l'oubli, est un autre visage de la mort. Et « à raconter éternellement la même histoire, [Sulphart] avait vite lassé tout le monde. » (*CdB* : 244) Les hommes partis au front ne pourront plus jamais retrouver leur place dans ce monde nouveau qui a appris à vivre sans eux.

Lu sous cet angle, *Les Croix de bois* ne serait que le récit de la mort frappant tout autour d'elle. Le choix du titre signifierait cette prédestination morbide qui englobe la narration. L'écrivain l'avait choisi dans cette optique. Dans ses *Souvenirs sur Les Croix de bois*, Roland Dorgelès avoue qu'en

> regardant toutes ces croix dont les mains se joignaient, et tous ces jeunes hommes dont chacun portait sa plaque individuelle au cou, pour reconnaître le cadavre, [il a] brusquement compris que, morts ou vivants, nous ne formions qu'une immense armée, sous un unique emblème : des croix de bois, rien que des croix de bois… Mon livre avait trouvé son nom. (Dorgelès, 1929, p. 28)

Cette vision noire serait le moyen de mettre en exergue le tragique de ce conflit mondial et de dénoncer les horreurs de la guerre afin qu'elle soit *la der des ders*. Cependant, ces épisodes sous le signe de la mort ne constituent qu'un angle de lecture des *Croix*. En effet, ces chapitres du front n'englobent pas l'ensemble de cet ouvrage ni n'assurent sa continuité narrative. Ils alternent en effet avec un autre élément de la guerre : le repos. Ce dernier demeure une unité thématique non négligeable.

LA BONNE VIE

Les temps de repos, l'autre volet de la narration, relaient les récits des attaques ou des veilles aux tranchées. Chaque épisode des premières lignes est suivi par un autre du repos auquel succède de nouveau un chapitre du front. Parfois, nous pouvons croiser ces deux séquences imbriquées dans un même chapitre, à savoir « Notre-Dame des Biffins » et « Victoire ». Ce système d'alternance leur donne une part égale d'importance et un statut semblable.

> La guerre est finie pour nous, finie pour cinq jours. L'attaque, les morts, c'est oublié ; on s'en souvient juste pour parler entre copains, se dire avec une joie sourde : « on s'en est tiré, hein ! » Dans cinq jours, c'est vrai, il faudra remonter aux tranchées, au Redan ou à gauche du ruisseau, mais personne n'y pense. Il n'y a que le présent, le jour même qui compte – le seul qu'on soit certain de vivre. Sans y prêter attention, comme l'oreille s'habitue à un tic-tac d'horloge, on entend le canon. (*CdB* : 84)

En temps de repos, la mort cède sa place à la vie. Vivre, jouir de l'instant présent sont l'unique vocation de ce nouvel espace romanesque. Cette nouvelle priorité du repos donne le ton à toutes les autres séquences de cette halte transitoire entre deux départs aux tranchées. Tout le temps qu'elle durera, elle aura la même atmosphère de légèreté et de nonchalance. Elle rappelle aux soldats leur vie sans soucis d'avant-guerre. Et ces soldats font en sorte de la vivre paisiblement jusqu'au bout.

> Le long de la haie, Sulphart brosse les molletières de Gilbert, tout en sifflant. Il a trouvé, chez de bonne gens, une salle où nous ferons notre popote, et, déjà, il pense au déjeuner. Manger sur une table, dans des assiettes, cela me paraît presque trop beau, et je n'ose pas tout à fait y croire, de peur d'être déçu.
> « C'est la bonne vie », répète Sulphart. (*CdB* : 49-50)

Régi par ses propres règles, cet espace narratif est ponctué de rituels qui se donnent à lire comme un retour ou une renaissance à la vie. L'ordre des choses ainsi rétabli, la mort même n'est plus crainte ni appréhendée. Elle perd de son tragique pour gagner en indolence et en insouciance si bien qu'elle se transforme en occasion de jeux et de plaisanteries.

> D'ailleurs, nous ne parlons jamais de la guerre : c'est défendu pendant les repas. Il est également interdit de parler argot et de s'entretenir du service.

> Pour toute infraction, il faut verser deux sous d'amende à la cagnotte : c'est notre jeu de tous les jours. Ricordeau, notre nouveau sergent, y mange ses dix-huit sous de solde. (*CdB* : 99)

Ces hommes redécouvrent la vraie vie faite de petits plaisirs simples ; leur moral s'en trouve renforcé. « Cette confiance insensée, on la sentait chez tous les hommes, dans toutes les voix, elle était dans l'air, dans les choses même. » (*CdB* : 141) Grâce à ce moral d'acier des périodes de repos, la guerre se revêt de ce halo de gloire qu'elle avait perdu aux tranchées. La mort, lot de tout conflit armé, redevient celle du champ d'honneur, une fierté, pour ces soldats et pour la France. Cette guerre devient par conséquent plus supportable et plus clémente ; comme ils l'avaient imaginée la veille de leur enrôlement.

Les périodes de repos acquièrent en conséquence une légitimité qui les impose comme indissociables des combats, voire complémentaires. Elles sont la première échappatoire pour les soldats en attendant de sauver leur peau définitivement. C'est grâce à cette rythmique renouvelable de tranchées-repos que les soldats de la Troisième Compagnie de la Cinquième Escouade des *Croix de bois* tiennent quatre années de guerre des tranchées. « C'est ce que Roland Dorgelès fait comprendre, sans rien cacher pourtant des heures horribles dites une à une. » (Inconnu, 1929)

DE L'HISTOIRE À UN VÉCU ÉPIQUE

Ces deux univers romanesques totalement opposés dans *Les Croix de bois* ne sont finalement pas présents pour mettre en évidence la grande marge qui les différentie mais pour rendre une seule et même réalité. Ils sont les deux aspects d'un même événement. Désormais les combats ne font plus à eux seuls la Grande Guerre car le repos en est un autre pilier. Les récits des batailles des tranchées étant de tous les livres historiques et des romans, les périodes de repos, inédits jusque-là, l'enrichissent.

Sans cette structure binaire il aurait été impossible de comprendre comment ces soldats ont tenu. S'éloignant des récits que l'Histoire rapporte, les détails de cette existence lèvent le voile sur leur vécu et leur état d'esprit. L'inhumanité de cette guerre ainsi atténuée, le récit de la guerre gagne non seulement en légèreté mais son authenticité s'en trouve renforcée. La vie de ces hommes aussi honnêtement relatée, le narrateur reste, plus que jamais, fidèle à la mémoire des hommes de la

Troisième Compagnie. Mieux encore, le narrateur ose affirmer que de tous les instants qui font cette guerre, les soldats ne se rappelleront que des bons, ceux-là mêmes que le repos avait permis.

Le tragique de la situation des tranchées retrouvant grâce au repos toute son ampleur et sa portée significative, il donne au récit une dimension épique. Les soldats sont condamnés à attendre et à s'user aux tranchées. Ils portent en eux cette grandeur de devoir continuer à lutter contre les puissantes machines meurtrières d'une guerre moderne. Et même s'ils se savent condamnés, ils continuent à lutter pour donner un sens à leur mort. C'est dans la survie d'autres frères d'armes qu'ils acceptent leur sacrifice. Quand Sulphart échappe à la mort aux tranchées, sa survie est une véritable revanche pour toute la compagnie. Et même si la vie d'après-guerre ne promet pas d'être facile, elle est en elle-même un gain inespéré.

Cette nouvelle vision ou cette vision définitive de la Première Guerre mondiale dans *Les Croix de bois* trouve son expression dans la chanson, *En revenant de Montmartre*, choisie par ces soldats. Elle résume toute la guerre de 14 telle que la transmet ce récit de Dorgelès. Chantée, pour la première fois, par les hommes de la Troisième, sur leur chemin vers la maison du bouquet blanc, elle est cette promesse d'un soir de tendresse auprès des femmes de la maison. Les hommes sont alors forts, unis, heureux mais aussi des hommes en manque de leur femme et avides de plaisir. Tout au long du chemin, les frères d'armes partagent ce bel espoir qui les fait se sentir hommes à nouveau dans une communion aussi parfaite que sincère. Malgré la promesse déçue, Gilbert choisit cette chanson pour l'accompagner dans sa mort. En la chantant, il meurt moins triste, moins seul surtout avec le souvenir de ses camarades et de leur joie commune. Cette mort émouvante en chantant est, à sa manière, identique à cette guerre meurtrière. Tout comme elle, elle est rattrapée par le bon temps qui voyait ces hommes vivants. La boucle est enfin bouclée en donnant à voir et à lire la Grande Guerre comme réelle dans cet hymne à la vie au repos, pour une lutte renouvelée sans cesse contre la mort aux tranchées.

ÉTHIQUE DE LA PAIX

ÉCRIRE LA GUERRE EN TOUTE OBJECTIVITÉ, UN CRIME ASSUMÉ

« Ce serait un crime de montrer les beaux côtés de la guerre, murmura un des sombres soldats [du *Feu* de Barbusse], même s'il y'en avait. » (Barbusse, 1965, p. 373) Pourtant Roland Dorgelès osa le faire.

C'est dans la perspective d'une écriture objective et impartiale de la Grande Guerre que Dorgelès choisit de supprimer toute conclusion ou morale se rattachant à ce conflit. En effet, le récit des *Croix de bois* est construit sous forme de souvenirs rapportés par le narrateur-personnage Jacques Larcher. Au dernier chapitre, l'auteur lui-même reprend la parole pour évoquer les circonstances de la précédente narration. Se confondent, dès lors, narrateur-personnage et auteur. Pour autant, ces indices d'énonciation n'impliquent nullement un quelconque discours sur cette guerre, qu'il soit objectif ou subjectif.

En effet, la narration objective de cette guerre se termine avec la définition de la victoire donnée par le seul survivant de la compagnie, Sulphart *:* « J'trouve que c'est une victoire parce que j'en suis sorti vivant… » (*CdB* : 248) Et c'est sur ces paroles dites crûment que s'achève la première partie de ce roman. Le narrateur nous épargne tout autre commentaire et évite de polémiquer sur le sujet. Dans la seconde partie, une sorte de chapitre épilogue à la précédente narration, Dorgelès revient sur les circonstances de la rédaction de son roman. Dans cette mise en abyme de l'écriture romanesque, c'est tout juste s'il regrette ce « bon temps puisqu'il voyait ses camarades vivants » et il évoque ses remords d'avoir « taillé un pipeau dans le bois de leurs croix. » (*CdB* : 251) Nulle autre trace d'un jugement sur ce conflit ni de la part des personnages ni de la part du narrateur ni même de celle de l'auteur.

À juste titre, Émile Henriot s'en félicite dans un article consacré aux *Croix de bois*.

> Il y a cela de remarquable dans le livre de M. Roland Dorgelès que jamais l'auteur n'apparaît, que jamais il ne dit son mot, et que s'il juge et conclut dans son cœur, comme c'est le devoir de tout homme et de tout écrivain conscient, il ne se contente pas comme tant de gens à phrases, de laisser

> transparaître sa pensée personnelle dans ce qu'il écrit. On sent bien que M. Dorgelès n'aime pas la guerre, l'ayant faite et qu'il ne peut pas l'aimer ni la trouver belle [...]. Mais il se garde bien de l'exprimer, et il se borne à faire voir ce qu'il a vu. Son roman est d'une objectivité totale, et il y a du mérite, ayant été un des héros qu'il y a décrits ; mais lui-même on ne l'aperçoit pas un seul instant. Et ceci est à la louange de l'écrivain : il est, proprement, un romancier (Henriot, 1919).

Pour mieux nous en rendre compte, une comparaison avec un célèbre roman de guerre qui lui est contemporain s'impose : *Le Feu* de Barbusse, prix Goncourt en 1916. C'est le journal d'une escouade qui couvre les deux premières années du conflit et peint la vie des hommes aux tranchées en vingt-quatre chapitres. C'est un simple fantassin qui narre cette expérience et la restitue dans les détails de son ambiance d'attaques violentes, de morts et de misères infinies. Dans sa première partie, la narration voit une grande prédominance du thème du repos. Les tranchées sont évoquées comme un simple rappel du contexte de la guerre. Ce n'est qu'au chapitre XIX que nous entrons véritablement dans le conflit qui est mis en avant dans le XXe chapitre, « Le feu », qui correspond au titre éponyme de l'ouvrage. Lors de ce long épisode, les soldats sont sous des bombardements intenses et les morts sont de plus en plus nombreux. Les hommes de la compagnie tombent un à un et la fin de ce feu meurtrier n'arrive qu'avec la blessure de Joseph qui se fait évacuer par les soins du narrateur.

Il résulte de ce récit de la Grande Guerre le portrait d'une humanité désabusée, souffrant de ses maux et lasse d'un conflit dont elle comprend l'ampleur des dégâts et des sacrifices. Le roman se clôt sur une dénonciation de cette catastrophe qui entraîne les peuples vers leur décadence. Catastrophe dont seuls sont coupables les dirigeants des peuples qui décident de ces guerres, les ordonnent et les encouragent faisant obstacle ainsi au progrès et à la grandeur de l'humanité. Une condamnation qui s'inscrit dans la ligne de l'engagement socialiste de l'écrivain.

> – Ils te diront, grogna un homme à genoux, penché, les deux mains dans la terre, en secouant les épaules comme un dogue : « Mon ami, t'a été un héros admirable ! » J'veux pas qu'on m'dise ça !
>
> Des héros, des espèces de gens extraordinaires, des idoles ? Allons donc ! On a été des bourreaux. On a fait honnêtement le métier de bourreaux. On le r'fera encore, à tour de bras, parce qu'il est grand et important de faire ce

> métier-là pour punir la guerre et l'étouffer. Le geste de tuerie est toujours ignoble – quelque fois nécessaire, mais toujours ignoble. Oui, de durs et infatigables bourreaux, voilà ce qu'on a été. Mais qu'on ne me parle pas de la vertu militaire parce que j'ai tué des Allemands. (Barbusse, 1965, p. 373-374)

Les hommes de l'escouade débattent de l'héroïsme, de l'intérêt de cette guerre et de ses méfaits sur eux et sur l'humanité entière. Ce discours à forte composante argotique, pour rester véridique et fidèle au langage des soldats, demeure recherché pour ces simples ouvriers. Parfois, il n'est même plus de circonstance, devenu artificiel dans la bouche de gens du peuple que l'auteur avait, dès l'*incipit*, dépourvus de toute richesse matérielle ou intellectuelle sauf celle des sentiments. Pire encore, à lire la fin de cet extrait, il semble que nous assistons à une pièce de théâtre tragique en raison des artifices de la mise en scène.

Le tragique qui clôt le roman est présent tout au long du récit, du début jusqu'à la fin de la narration au point d'en devenir une caractéristique. *Le Feu* est un roman triste à l'image d'une guerre des plus accablantes sans répit provisoire ni définitif. Même l'amour, qui aurait pu être le salut d'une humanité souffrante, se voit banni de cette guerre avec la mort d'Eudoxie., un personnage symbolisant l'amour naissant avec un soldat en guerre.

Nous sommes bien loin des répits des *Croix de bois* et des élans d'espoir de la bonne vie. *Le Feu* ne garde de cette guerre que l'horreur des tranchées et ses misères. Ni au repos, ni en permission, ni même en convalescence ces répits momentanés ne sont porteurs de joie ni d'apaisement. Le manque de confort étant de toutes les circonstances, les moments de repos, privilèges des *Croix*, ne sont qu'un nouvel enfer au *Feu*. Il semble que l'auteur souscrive ici à l'affirmation selon laquelle il serait criminel de montrer les beaux côtés de la guerre, quand bien même il y en eût.

Cette comparaison met l'accent sur un point qui constitue la plus grande particularité des *Croix de bois* : dire toute la vérité de la guerre en dehors de toute idéologie. Le roman de Dorgelès « reflète les choses et les êtres tels qu'ils sont sans s'inquiéter des conclusions : ce n'est pas une œuvre philosophique, mais un ensemble de notations qui restent purement littéraires, d'une émotion simple et communicative alliée à une naturelle gaieté d'esprit » (Souday, 1919). Car, selon Gérard Bauër,

> oui, il y a un courage parfois, de montrer une vérité et d'effacer une légende. M. Roland Dorgelès a écrit un beau livre parce qu'il est vrai. Et c'est parce qu'il est vrai absolument, que nous l'aimons et qu'il restera. Qu'il ne croit point en avouant d'avoir ri qu'il a changé le visage terrible de la guerre. Il y a mis cet accent de la vie qui nous la rend encore plus redoutable… Tout uniment grinçante elle pouvait apparaître, à ceux qui ne l'auront pas connue, comme le masque froid mais irréel d'une divinité mauvaise. M. Roland Dorgelès l'a évoquée mobile et vivante pour les hommes qui viendront. C'est ainsi qu'ils la craindront davantage (Bauër, 1919).

TÉMOIGNER DE LA GUERRE, VISER L'UNIVERSALITÉ

« Pas un instant je n'ai songé à tenir le journal de mon régiment » (Dorgelès, 1929, p. 33) confesse Dorgelès dans ses *Souvenirs sur Les Croix de bois*. « J'avais une ambition plus haute : ne pas raconter ma guerre, mais la guerre. » (*Ibid.*) Ce choix du déterminant définit toute la démarche de Dorgelès lors de son écriture de ce roman. En tant que romancier, il fait fi de ses propres opinions afin de porter la parole de tous ceux qui avaient participé à ce conflit. La démarche d'écriture de ce récit objectif certes mais surtout collectif au niveau de l'expérience de la guerre y gagne en noblesse. C'est pourquoi Dorgelès la qualifie d'« ambition plus haute » Ne sont donc privilégiés que les éléments qui traduisent une expérience commune à tous les poilus et non pas à sa personne historique.

La mise en avant de ce principe fondateur implique naturellement une généralisation de l'univers romanesque des *Croix*. Ses lieux d'action, ses différentes temporalités ainsi que ses personnages concrétisent la volonté de généralisation de l'auteur. Ces éléments du récit acquièrent de la sorte une nouvelle symbolique et impose une nouvelle lecture du roman.

D'abord, les personnages. Sulphart, Demachy, Larcher, Bréval… tous les hommes de la compagnie ne sont plus ce qu'ils sont, les simples soldats de cette escouade. Ils sont ceux de toute escouade, de tout bataillon et régiment ayant participé à ce conflit. L'arrière avec ses femmes oublieuses ne se réduit plus uniquement à la femme du capitaine ni à celle de Sulphart. Il représente l'arrière dans son intégralité, partout en France. Ce qui identifie réellement tous les personnages des *Croix* n'est plus le prénom ni le nom qu'ils portent ; mais cette caractéristique qui leur est commune : ils sont tous de cette guerre. Ils y participent d'une manière ou d'une autre car tous ont cette guerre pour destin commun.

Voilà pourquoi leur portrait physique perd de l'importance et explique de même que certains personnages n'en aient pas. L'allure physique n'a aucun intérêt en dehors de sa fonction romanesque. Ce qui compte c'est le comportement de chacun dans ce conflit. Seuls celui-ci permet de les identifier, de les différencier ou de les grouper. De cette manière, Jacques Larcher est tout écrivain parti au front, Gilbert tout jeune bourgeois enflammé par l'aventure de la guerre. Sulphart représente les débrouillards du front et tous ceux qui s'en sont sortis. À travers eux, c'est toute la France partie en guerre pour défendre la mère patrie qui est représentée. L'individu s'efface au profit du groupe ; du particulier nous passons au général. Tout comme Dorgelès l'homme s'est effacé au profit de l'écrivain, l'expérience personnelle et individuelle s'efface au profit d'une destinée commune.

De même, la temporalité se lit d'une nouvelle manière. Suggérée dans *Les Croix de bois*, elle se devine entre les lignes quand elle n'est pas absente totalement. Elle ne se limite plus à cette narration. Débutant avec l'automne 14, elle pourrait être de n'importe quel autre automne de cette guerre. Il en est de même pour toutes les autres saisons qui, à peine signalées par la pluie ou le soleil ou encore le grand froid, finissent par disparaitre pour mieux se fondre dans quatre années d'hostilités. Les dates imprécises ou difficiles à situer confirment cette volonté de généralisation. L'auteur déforme volontairement cette temporalité pour l'élargir et la ramener à n'importe quel moment de cette guerre dans le but de la rendre représentative. Le temps de la Troisième Compagnie dans *Les Croix de bois* ne diffère guère de celui subi par tous les autres soldats. D'ailleurs, son poids est tout aussi pesant pour les personnages de ce roman que pour tous les poilus. Pour cette raison, les temps de guerre et les attentes sont haïs ici comme ailleurs. Le repos est rêvé, voire même idéalisé. L'espoir de survie est en chacun au point que les croyants comme les non croyants se réfugient dans les prières à Notre-Dame des Biffins.

Enfin, les lieux sont communs à tous ceux qui combattent. S'ils sont difficiles à identifier c'est pour effacer toute limitation à un lieu particulier. Les noms que l'auteur leur donne sont fictifs la plupart du temps pour que le lecteur puisse y reconnaître n'importe quel boyau du front français. Dans ses *Souvenirs sur Les Croix de bois*, Dorgelès insiste sur ce choix pour l'écriture de ce récit de la guerre. Il avoue que « le jardin des morts, c'est un cimetière d'Artois, mais chaque soldat a pu occuper le même d'un bout à l'autre du front. » (Dorgelès, 1999, p. 35)

Peu importe le lieu où l'action se passe, le destin des hommes qui s'y trouvent est identique. Les lieux de vie s'opposant à ceux de la mort, tous les soldats de l'armée française y passent sans avoir besoin d'en donner le nom exact. Il ne s'agit plus de lieux particuliers de la guerre mais de lieux communs à tous au cours de ces quatre années aux tranchées.

Désormais, en vue de cette nouvelle lecture, ce sont ces éléments romanesques mêmes qui confèrent aux *Croix de bois* leur universalité. La guerre dans ce roman n'est plus celle de la Cinquième Escouade de la Troisième Compagnie uniquement mais celle de tous ceux qui ont fait 14-18 sans aucune exception.

Dans ce fond commun se trouve l'éthique de ce témoignage. Un témoignage non plus personnel ni limité à une certaine élite ni à une catégorie sociale mais plutôt un témoignage concernant le plus grand nombre d'individus. Se rapportant à tous les combattants, il permet de toucher un plus grand nombre d'entre eux d'abord, et de lecteurs par la suite. L'impact de ce témoignage y gagne dans la mesure où sa portée se trouve plus élargies. Tout ancien combattant peut lire dans cet ouvrage sa propre expérience. Dorgelès aura dit tout ce que tout combattant était incapable de dire par lui-même. Il brise les tabous en son nom, fait connaître sa douleur et dit toute sa peine longtemps tue. En parlant au nom de chacun d'entre eux, il parle en leur nom à tous.

La preuve ultime en est la confirmation des poilus eux-mêmes. En lisant les différents carnets, journaux, mémoires, correspondances de la Première Guerre mondiale nous ne pouvons nous empêcher de penser aux *Croix de Bois* et vice versa. Dorgelès l'homme soldat n'est pas plus différent d'un Joseph Guironnet ou d'un Claude Jacquet pas plus d'un Gérard ou un Gabriel. Tous pensent qu'« à 19 ans, on doit être fantassin quand on est français et qu'on est jeune et fort, on doit être heureux et fier de pouvoir défendre sa patrie. » (Guéno, 2014, p. 25) Après quelques mois au front, le désenchantement est là et la beauté de la guerre n'est plus. Ils découvrent le cafard. « Alors on est abattu, désespéré, sans goût, sans espoir, sans confiance, déprimé et indifférent. » (*Ibid.*, p. 101) Le soldat comprend que « cette époque sera bâtie avec beaucoup d'héroïsme, de tristesse et de lâcheté. » (*Ibid.*, p. 112) La dernière lettre envoyée la veille d'une attaque meurtrière donne les dernières recommandations quand les derniers mots de la guerre font écho à l'épilogue des *Croix de bois*, « le 12, nous sommes relevés à 2 heures et c'est fini. » (*Ibid.*)

CONCLUSION

Roland Dorgelès choisit de donner à lire son expérience de la Première Guerre mondiale sous forme d'un roman relatant une succession de scènes représentatives de la Grande Guerre dans une absence totale de morale ou d'idéologie. Ce choix vaut à Dorgelès des critiques acerbes de la part de Norton Cru (Cru, 1997, p. 111-112). Une fois encore, Dorgelès surprend par la justesse de son choix. Ce manque apparent de logique dans son écriture est représentatif de l'incohérence et de l'irrationalité de cette guerre même. Preuve irréfutable et indéniable de la démarche narrative de l'écrivain, il illustre, en outre, la stratégie esthétique que l'écrivain associe à une perspective éthique. Si bien que pour faire ce réquisitoire contre la guerre, il ne se pose nullement en donneur de leçon. Sa probité intellectuelle compte sur un lecteur, qui ainsi avisé de toute la vérité de ce conflit, fera en sorte d'instaurer une paix durable.

D'une écriture autobiographique à une écriture universelle, c'est l'homme qui est mis à nu pour mettre en évidence une quête de soi en perpétuelle évolution, dans toute la beauté paradoxale de sa déchéance déshumanisante aux tranchées. Cette perspective d'universalisation rend, enfin, compte de l'engagement de l'écrivain qui se veut la mémoire de ses frères d'armes, de ceux qui n'en sont jamais revenus : la mémoire d'une guerre dévastatrice de l'humanité mais révélatrice de ce qu'elle a de plus précieux, son humanité malgré tout.

Thabette Ouali
Université de Tunis

BIBLIOGRAPHIE

ANONYME, « Les Croix de bois », *Action française*, Le carnet des lettres des sciences et des arts, 4 mai 1919.

BARBUSSE, Henri, *Le Feu*, Paris, Flammarion, coll. « Livre de poche », 1965 [1916].

BAUËR Gérard, « M. Roland Dorgelès et Les Croix de bois », *La démocratie nouvelle*, Hommes et livres, 4 mai 1919.

DORGELÈS, Roland, *Les Croix de bois*, Paris, Albin Michel, 1919.

DORGELÈS, Roland, *Souvenirs sur Les Croix de bois*, Paris, À la cité des livres, 1929.

DUPRAY, Micheline, *Roland Dorgelès. Un siècle de vie littérature française*, Paris, Albin Michel, 1986.

GUÉNO, Jean-Pierre, *Paroles de poilus, Lettres et carnets du front 1914-1918*, Paris, Librio, 2012 [2006].

HENRIOT, Émile, « Le livre de la guerre », 14 décembre 1919.

NORTON CRU, Jean, *Du témoignage*, Édit. Allia, Paris, 1997.

SOUDAY, Paul, « Roland Dorgelès, Les Croix de bois », *Le Temps*, 3 juillet 1919.

TÉMOIGNAGES DE LA GRANDE GUERRE DANS LES JOURNAUX ET LETTRES DU FRONT

Le vrai, le bon et/ou le beau ?

Au XXe siècle, l'holocauste apparaît comme paradigme d'un événement historique qui dépasse tellement les limites de l'imaginable que de nouveaux modes de représentation deviennent nécessaires. Annette Wieviorka plaide ainsi, dans *L'Ère du témoin*, et en partant d'une réflexion sur la Shoah, pour un complément de l'historiographie traditionnelle par le témoignage (Wieviorka, 2002). L'idée est que cette expérience extrême ne peut être décrite authentiquement que par ceux qui l'ont subie. Au lieu d'une abstraction au niveau de la grande Histoire où l'expérience individuelle n'est plus visible, c'est le sujet humain dans toute son authenticité qui est au centre des œuvres dites de témoignage.

Or le premier événement majeur de l'Histoire où le témoignage se transforme en phénomène de masse, c'est la Première Guerre mondiale – en particulier en ce qui concerne les combats sur le front de l'Ouest, et surtout en France. Ces batailles constituent du jamais vu, un tout nouveau type d'expérience que beaucoup de personnes concernées essaient de transmettre malgré l'impression de devoir se confronter dès lors à l'indicible, voire à l'inimaginable. Même dans des romans de fiction, comme par exemple *À l'Ouest, rien de nouveau* (Remarque, 1998), on rencontre fréquemment chez les protagonistes la difficulté de saisir et dire la réalité vécue. Mais il y a encore un autre point commun avec la shoah : il semble que la mise à mort par milliers et millions, rendue possible grâce à une technologie industrielle dans laquelle l'individu ne compte plus, ou alors seulement en tant que matériel et chiffre, provoque précisément le désir de recourir à des perspectives narratives plus aptes à rendre compte de l'expérience intime.

Dans l'avant-propos des *Carnets de Verdun*, on lit ainsi que

> chacun de ces témoins cherche à relater les faits de la manière la plus exacte possible. Au-delà de leur valeur historique (qu'il appartient aux spécialistes d'analyser, avec toute la distance et les recoupements qu'impose le travail scientifique de mémoire), ces témoignages préparent le visiteur à découvrir, sur place, le théâtre des combats [...] les hauts lieux de la bataille, évocateurs des drames personnels saisissants contenus dans ces récits (Bénech, Loiseau, 2006, p. 7 s.).

Dans le même ouvrage, Jean-Pierre Guéno soutient que les poilus « étaient les "figurants", c'est-à-dire les véritables acteurs de l'histoire. Ceux dont on n'a pas vraiment écouté la parole pendant très longtemps, préférant la version plus officielle et volontairement lacunaire » (Guéno 2006, p. 10).

De même, de nombreux témoins affirment – comme dans le corpus de *Témoins* et *Du témoignage* de Jean Norton Cru – qu'eux seuls peuvent raconter la vérité, face à l'histoire militaire et la propagande mensongères. « L'histoire [militaire] n'est qu'un tissu de fictions et de légendes, elle n'est qu'une forme de l'invention littéraire et la réalité est pour bien peu de chose dans l'affaire », dit ainsi un M. de Pawlowski (Norton Cru, 2008, p. 10) ; « ceux qui n'ont pas vu, comment peuvent-ils juger ? », Marcel Fourier (*ibid.*, p. 9) ; et « Celui qui n'a pas compris avec sa chair ne peut vous en parler », Jean Bernier (*ibid.*). Selon Georges Kimpflin, « Le combattant a des vues courtes... mais parce que ses vues sont étroites, elles sont précises ; parce qu'elles sont bornées, elles sont nettes. Il ne voit pas grand-chose, mais il voit bien ce qu'il voit. Parce que ses yeux et non ceux des autres le renseignent, il voit ce qui est » (*ibid.*).

Norton Cru, pour sa part, distingue les « bons témoins » de ceux qui ne font que (re-)produire des mensonges eux-mêmes (*ibid.*, p. 19). Témoigner de la guerre, ce serait donc un acte moral ; et le « bon », c'est le vrai, non pas le beau (opinion catégorique critiquée fréquemment) : l'esthétique, même dans l'art, ne doit pas primer sur la vérité (*ibid.*, p. 87 s.). À cet égard, il se montre particulièrement sceptique envers les formes fictionnelles comme le roman (« genre faux, littérature à prétention de témoignage » avec une « vérité synthétique, autrement dit, de la vérité inventée ») qui cherchent à captiver un public grâce aux contenus spectaculaires ainsi qu'aux techniques narratives (*ibid.*, p. 83, 76). En revanche, il accorde une grande confiance aux lettres et journaux, écrits dans le feu même de la guerre, plus naturels qu'artificiels, et déterminés par des lieux et des dates concrets qui réduise la tentation de l'invention (*ibid.*, p. 73 s., 79), qui possèdent la « vérité du moment » (*ibid.*, p. 80).

Or, ces textes-là ne possèdent-ils pas aussi une ou des esthétique(s) – recréée(s) de façon spontanée peut-être, mais qui produirai(en)t tout de même des effets particuliers ? Et cela n'entraîne-t-il pas, ici aussi, des problèmes éthiques concernant les relations entre le vrai et d'autres interprétations du « bon » ?

Telles sont les questions que nous allons aborder en considérant les deux notions d'éthique et d'esthétique sous des angles respectivement différents et à l'aide d'un corpus de carnets et de lettres du front.

Les textes que nous citerons sont pris du recueil *Paroles de poilus* (Guéno, Laplume, 1998[1]), et représentatifs des phénomènes qui reviennent fréquemment dans les carnets et lettres, aussi dans d'autres projets d'édition. Si Norton Cru voit dans la récurrence de certains faits dans les narrations testimoniales la preuve d'une « sincérité collective » ainsi que d'une certaine représentativité de la narration individuelle (Norton Cru, 2008, p. 21, 26, 36), nous espérons que cela soutiendra également la validité de ce qui suit.

D'abord, on constate que la guerre elle-même représente un phénomène esthétique extraordinaire dans la perception des poilus, un défi pour les sens avec tous ses bruits, odeurs et impressions visuelles dont ils essaient de transmettre l'expérience.

Dans ces deux premiers extraits, les auteurs ont recours à des comparaisons qui relient la guerre tantôt à des catastrophes naturelles infernales, tantôt à un spectacle presque artistique, pour rendre compte de l'expérience du bombardement.

> Ce n'est qu'un éclatement continuel d'obus de tous calibres. La terre [...] semble laisser échapper des langues de feu et de fumées comme un volcan. La terre bout comme l'eau sur le feu. [...] De Fleury, il ne reste plus rien : ce n'est qu'une tâche blanche au milieu de toute cette terre jaunâtre et remuée sens dessus dessous. [...] Toute la nuit l'artillerie tape fort de part et d'autre. L'on monte sur les fortifs et on regarde la multitude de fusées rouges, blanches, vertes, un vrai feu d'artifice. (René Vilar, *P* : 177s.)

> [O]uragan de fer et de feu dans l'atmosphère [...]. Le spectacle est unique, tragique, magnifique, la nuit, l'univers est embrasé, le bruit, fantastique et

1 Désormais *P*. Les indications de page après les citations de témoignages se réfèrent toujours à cette édition.

> terrifiant. Le corps tremble, des émotions vives et soudaines transpercent le cœur comme une flèche aiguisée, l'âme affolée erre dans un enfer [...]. (Cousin Pelou, *P* : 33)

Dans un autre passage, un soldat s'efforce de décrire un champ de bataille abandonné, presqu'irréel comme un scénario de théâtre, et notamment l'odeur des cadavres qui reste indélébile dans sa mémoire.

> Comment décrire ? [...] [S]ubitement, comme si un rideau de théâtre s'était levé devant nous le champ de bataille nous est apparu dans toute son horreur. Des cadavres allemands, ici, sur le bord de la route, là dans les ravins et les champs, des cadavres noirâtres, verdâtres, décomposés, autour desquels sous le soleil de septembre, bourdonnent des essaims de mouches ; des cadavres d'hommes qui ont gardé des pauses [sic] étranges [...]. Une odeur effroyable, une odeur de charnier, monte de toute cette pourriture. [...] Au moment où je trace ces lignes je la sens encore éparse autour de moi qui me fait chavirer le cœur. (René Jacob, *P* : 50s.)

Le surmenage sensoriel, si l'on peut dire, crée plutôt une esthétique de cauchemar que de réalité. Certains arrivent cependant, au moins par moments, à découvrir la beauté justement dans cette réalité de la guerre :

> Ce qui fait la beauté de la vie, c'est sa vérité, elle existe. [...] Et puis la guerre existe [...] – Mon « trou » accroché aux pentes du ravin dont un œil suit de hautes branches qui se balancent n'a plus rien d'obscur – pour peu que mon cœur ne me pèse pas, mais auréole, couronne et diamante la vision accrochée à la nacelle du ciel. Pourquoi se lamentent-ils, ceux qui m'entourent, toujours à l'irréel de la guerre ? (Maurice Drans, *P* : 131 s.)

Il s'agit là d'un point de vue philosophique exceptionnel, qui vise certes peut-être à se consoler, mais qui reste exceptionnel tout de même ; de même que celui d'autres témoins qui affirment aimer le combat et le feu.

Beaucoup plus fréquente chez les soldats est une autre sensation :

> On se demande comment les hommes peuvent s'entre-tuer par des journées aussi merveilleuses, où tout ne pense qu'à vivre, à pousser et à fleurir [...]. (Marcel, *P* : 123)

> Barrès a eu et a su exprimer ce que je ressentais depuis longtemps : « J'ai peine à comprendre qu'un jour de bataille soit en même temps un beau jour paisible d'octobre et que tout y soit pareil aux après-midi ordinaires

d'automne, sauf que des petites choses dangereuses voltigent dans l'air. » (Maurice Maréchal, *Paroles* : 65)

[M]algré tout, dans toute cette horreur, une merveilleuse apparition : au matin une alouette chante, et des multitudes de hannetons bourdonnent autour de nous et nous rappellent qu'au-delà de cette guerre, que nous devons endurer, il y a encore un merveilleux printemps. (Christian Bordeching, *P* : 110)

Il y a un contraste saisissant entre la laideur de la guerre et la beauté d'une nature qui suit son cours sans égard pour l'apocalypse humaine – même si cette même nature est souvent atrocement dévastée, comme les poilus le déplorent maintes fois. C'est une sensation qui renforce l'absurdité et le caractère exclusivement destructif de la guerre dont la plupart des soldats se rendent compte très vite une fois arrivés au front.

Toutefois, si quelques témoins trouvent la guerre belle ou héroïque, et que la majorité en a horreur, il existe aussi encore bien d'autres manières de la raconter.

Voilà d'abord un exemple tiré d'une lettre dans laquelle un soldat raconte comment il tue un homme et se retrouve blessé lui-même :

Plus leste que lui, je lui flanque ma baïonnette dans la tempe gauche et, instinctivement, je fais partir un coup. Les cervelles sautent en l'air et viennent jusqu'à ma figure. Il me crie pardon et meurt. Je repars me disant : « Tous les blessés, tu les achèveras. » C'est ce que je fis. [...] Le sang avait coulé à flots. J'avais perdu au moins trois litres. Il était caillé sur ma jambe et dans les chaussettes, si bien que lorsque je marchais, ça faisait chioff chioff. J'arrive au poste de secours ou je suis obligé d'attendre mon tour. [...] Je regarde ce que j'avais : pas grand-chose. Une balle m'était rentrée à l'aine et était ressortie à la cuisse gauche. Un centimètre plus à droite et elle me touchait les parties. Je souffrais, mais pas un murmure ; au contraire je chantais. (Jacques Ambrosini, *P* : 48 ss.)

Le soldat emploie un ton oral et spontané – avec des onomatopées, un usage inconséquent du temps grammatical, du vocabulaire peu littéraire –, sans utiliser des métaphores ou images, et se limitant aux pures actions. Ce n'est pas de la *Neue Sachlichkeit* pourtant : on a plutôt l'impression que l'auteur exagère un peu quand il affirme avoir perdu la moitié de son sang, et en même temps que cela n'est pas grand-chose. Le style sans artifice littéraire n'est ainsi pas forcément un indice de crédibilité. Au contraire, il sert ici à créer l'image du soldat au sang-froid à l'attaque dont on peut douter qu'elle corresponde à l'expérience réelle. On soupçonne une certaine recherche du spectaculaire semblable à celle que Norton Cru condamnerait.

D'un autre côté, en regardant par exemple le passage suivant d'une lettre de Maurice Drans à sa fiancée, on peut se demander si le recours à des moyens poétiques n'est pas parfois indispensable.

> Avant-hier soir, dans l'encre bleue de la nuit je parcourais sur la terre les signes de croix de l'au-delà… […] Je traînais de la nuit vers les lignes, mon fardeau de pièces sur le dos ; je défaillais ; dans ma bouche, dans mes narines ce goût, cette odeur : l'ennemi et le Français sympathisants dans le rictus suprême, dans l'accolade des nudités violées, confondus, mêlés, sur cette plaine de folie hantée, dans ce gouffre traversé de rafales vociférantes.
>
> L'Allemand et le Français pourrissant l'un dans l'autre […]. Aller les recueillir, c'est ajouter son cadavre dans cette fosse toujours béante, car insatiable est la guerre… Chaque nuit, nous longeons cette géhenne pétrifiée où s'agitent les spectres, le cœur chaviré, nous bouchant le nez, les lèvres crispées. (Maurice Drans, *P* : 81)

Indispensable non seulement à cause d'un besoin de beauté face à la terreur, comme nous pouvons peut-être l'observer chez les poilus qui écrivent des poèmes ; mais aussi parce que pour représenter cette situation anormale, voire incroyable, il semble difficile de faire usage du langage normal. Le lyrisme serait-il donc plus authentique qu'artificiel, dans cette situation qui bouleverse les hommes et leurs émotions ? Ne permet-il pas de dégager certaines vérités au-delà des purs faits de la guerre, surtout si l'on veut montrer ce qu'elle signifie à ceux qui ne la vivent pas ? Ici l'image des cadavres de Français et Allemands, unis dans la mort par une étreinte macabre, est transformée en métaphore de la folie de la guerre.

On trouve dans les carnets et lettres nombre de textes semblables – bien qu'il y en ait évidemment aussi beaucoup qui décrivent laconiquement la monotonie de la vie des tranchées, et la quotidienneté de la guerre qui, avec le temps, rend insensible même face à la cruauté écœurante du carnage.

De toute façon, il n'est pas nécessaire de lire des romans pour trouver des représentations hautement esthétiques d'un phénomène qui possède une grande dimension esthétique lui-même. Il semble même que l'expérience de ce nouveau type de guerre entraîne un besoin de renouveler le langage, même chez ceux qui sont peu habitués à le manier.

Rendre palpable l'incompréhensible, voire l'indicible, est un problème évoqué régulièrement par les témoins d'événements inouïs.

En quatrième de couverture du livre *Témoignage en résistance* de Philippe Mesnard, on lit : « *On a souvent répété que l'expérience* concentrationnaire était indicible. Et pourtant de très nombreux textes, œuvres ou films s'efforcent d'en témoigner en cherchant le langage et les images capables d'approcher ce qui est au-delà de l'imaginable. » Mesnard lui-même conclut à propos de l'holocauste et des nombreux témoignages, critiques et commentaires à son sujet : « Hautement mémorielle, l'époque a une tendance au bavardage » (Mesnard, 2007, p. 8). « Il s'agit donc bien de penser en termes de possible et de dicible ce qui souvent est renvoyé à l'exception, à l'impossible, à l'indicible » (*ibid.*, p. 9). On pourrait en dire autant à propos de la Grande Guerre, l'indicible étant un véritable lieu commun (Frémeaux, 2012, quatrième de couverture).

> Tu vas croire que j'exagère, non. C'est encore en dessous de la vérité. On se demande comment il se peut que l'on laisse se produire de pareilles choses. Je ne devrais peut-être pas décrire ces atrocités, mais il faut qu'on sache, on ignore la vérité trop brutale. (René Pigeard, *P* : 54)

> Tu ne peux pas te faire idée, ma chère, combien nous sommes malheureux ; donc pourtant je n'ai pas trop l'habitude de me plaindre, mais ce coup-ci j'y suis obligé car c'est une chose au-dessus de l'imagination, c'est à ne pas pouvoir te dire. (Joseph Gilles, *P* : 93)

> Je ne te raconte que des choses que je vois, autrement, je ne le croirais pas moi-même. (Michel Taupiac, *P* : 90)

> Vous ne pouvez pas avoir idée de ce qu'on a vu là-bas [...], je n'avais encore jamais rien vu de semblable. [...] Je ne vais pas vous en raconter davantage sur notre misère, je pense que ça suffit. (Karl Fritz, *P* : 55s.)

> Pardonnez-moi de vous donner ces détails macabres ; ils sont encore loin de la réalité. (Jules Grosjean, *P* : 61)

Comme nous le voyons dans ces énoncés, les témoins soulignent sans cesse combien leurs expériences sont incroyables et inimaginables, et combien il est difficile de les exprimer par des mots. Mais ils se mettent à la tâche, afin que les autres puissent se rendre compte de la vérité de la guerre, et parce qu'ils connaissent les mensonges manipulateurs de la propagande gouvernementale, dans les journaux, et de la censure :

> Il n'y fait pas bon ici en arrière : ce sont les avions qui font des ravages terribles et en avant c'est loin de marcher comme les journaux vous annoncent. Ceux-ci sont des bourreurs de crâne pour encourager le civil, n'y croyez rien, comme je vous ai déjà dit c'est la guerre d'usure en bonhommes [...]. (Auxence Guizart, *P* : 73)

> Puis à vous pauvres on vous dit que le moral est excellent mais on ne vous dit pas que chaque jour et presque dans chaque division il y en a plus de 20 qui passent le conseil de guerre [...]. On vous dit aussi : « le soldat est bien nourri sur le front, il a de tout de reste » ce n'est pas difficile, car ce que l'on nous donne est immangeable. (Marcel Garrigues, *P* : 89)

> La censure, tu le sais, est impitoyable ici et certains pauvres poilus ont appris à leurs dépens qu'ils ne devaient pas avoir la langue trop longue, ni même recevoir des lettres (qui sont d'ailleurs supprimées) sur lesquelles les parents ont souvent aussi la langue un peu longue. C'est révoltant mais c'est ainsi. Il semblerait qu'une lettre est une chose sacrée, il n'en est rien. (Henri Bouvard, *P* : 92)

Déjà pendant la guerre on publiait, d'ailleurs, des collections entières de témoignages – par exemple dans la série *La guerre – Les récits des témoins* de la Librairie Militaire Berger-Levrault – qui étaient cependant soumises à la censure (*cf.* Anonyme, 2015). Jean-Pierre Guéno soutient au début de son recueil :

> Cette chape du silence et du mensonge porta longtemps ses fruits après la Première Guerre mondiale. Nos livres d'histoire ont trop longtemps minoré les pertes [...]. Ils ont trop longtemps passé sous silence le véritable état d'esprit de ces poilus qui pour la plupart ne se faisaient aucune illusion sur le fondement réel du conflit [...]. Ils ont trop longtemps passé sous silence l'incompétence criminelle de certains officiers supérieurs qui n'ont pourtant pas laissé une trace négative dans la mémoire collective. (Guéno, Laplume, 1998, p. 8)

En ce sens, les témoignages qui ont permis de conserver des souvenirs et des impressions au plus proche du moment historique ont une fonction essentielle quant à la construction de la mémoire collective jusqu'à nos jours.

Pour de nombreux poilus eux-mêmes, le témoignage consiste non seulement à communiquer la vérité de leur expérience, mais aussi à se libérer du traumatisme. Guéno écrit au sujet d'un témoin : « *Comme pour beaucoup d'autres poilus, le courrier* était pour lui une sorte de thérapie en temps réel : se confier, c'était exprimer ; ne pas tout garder pour soi. Extérioriser un peu l'horreur pour qu'elle ne vous dévore pas... » (*ibid.*, p. 143)

Néanmoins, ils ont parfois du mal à décrire leur situation de manière authentique à cause de sa gravité. Ils vont hésiter, taire certains aspects, même mentir – notamment pour ne pas inquiéter leurs familles. Dans un sens moral, le *bon* leur semble ici préférable au *vrai*.

> Enfin, ma chère Sylvanie, je te dis tout maintenant, j'ai pas voulu te le dire à la première pour ne pas te vexer, mais je vois que je suis obligé de t'aviser de ma situation. (Léon Hugon, *P* : 32)

> Voilà le baptême du feu, c'est chose tout à fait agréable, tu peux le croire, mais je préférerais être bien loin d'ici plutôt que de vivre dans un vacarme pareil. C'est un véritable enfer. [...] [L]es Boches nous envoient quelques bombes peu redoutables ; nous sommes à deux cents mètres des Boches, ils ne sont pas trop méchants. [...] Il ne faut pas se le dissimuler, nous sommes en danger et on peut prévoir la catastrophe ; sois toujours confiante malgré cela parce que tous n'y restent pas. (Alphonse, *P* : 18 s.)

> Je lui ai écrit une carte où je lui dis qu'il est dangereusement blessé, ça la préparera un peu. (Jules Gillet, *P* : 107)

Il y a donc Léon Hugon qui avertit sa femme peu avant de mourir, après lui avoir caché sa grave blessure ; Alphonse qui, également juste avant sa mort, fait des assertions divergentes sur sa situation, comme s'il voulait à la fois la dramatiser et minimiser pourtant le danger qu'il court ; Jules Gillet qui admet qu'il a menti à la femme d'un ami tué d'un coup en lui disant qu'il était blessé pour la préparer à cette mort.

Dans les carnets, on compte diverses tentatives visant à manipuler son véritable état d'âme pour se donner du courage, tenir debout et chasser les « mauvais » sentiments comme la lâcheté en ayant recours aux lieux communs patriotiques.

> Je vais faire tout ce que je pourrai pour quitter cette compagnie [...], je suis vraiment trop exposé ! [...] Je ne suis pas, je ne veux pas être lâche, mais [...] je suis pris d'un tremblement d'angoisse qui me tord ! Et pourtant il faut marcher. Tant pis, je suis parti, ça y est, je ne peux plus revenir ! [...] Allons, ne nous amollissons pas. Que diable ! Pour un Français ! ! Que diraient nos nobles dames [...] ! Allons, soyons gai, courageux, confiant ! (Maurice Maréchal, *P* : 13)

C'est le résultat d'une constellation caractéristique de la guerre où les instincts de survie individuels rentrent en conflit permanent avec les idées reçues de devoir national, associées à ce qui est éthiquement correct, voire impératif. Pour cela certains poilus les répètent, même s'ils ont perdu la foi en ces idéaux et se mentent à eux-mêmes ; tandis que d'autres les critiquent sévèrement, ceux-là s'y attachent – plus encore dans les lettres que dans les journaux bien sûr, car l'attitude patriotique, c'est la « bonne » attitude en public, devant les autres. À cet égard, les lettres-testaments se révèlent être particulièrement intéressantes :

> [N]ous devions accomplir notre devoir entièrement malgré tous les sacrifices [...], il faut chasser les barbares, les massacreurs de femmes et d'enfants, ceux qui ont détruit l'héritage artistique de nos aïeux et qui ont voulu rabaisser l'homme au niveau des sauvages ; il faut chasser tout cela de notre belle France, et pas un Français n'est de trop. Tous nous devons avec résignation donner notre vie à la Patrie tels les Anciens et nos aïeux de 89, restons dignes d'eux. (Julien Christol, *P* : 163)

> Dieu m'aura fait l'honneur de m'accorder la sacrée mort que je pouvais souhaiter, celle du soldat et du chrétien. (Jacques Froissart, *P* : 164)

> [J]e serai tombé comme tant d'autres pour une belle idée, un grand idéal. C'est une mort utile et heureuse que celle-là. Je suis fier d'être votre fils et d'avoir hérité de vos solides qualités morales [...]. (Marius Sauchaz, *P* : 169)

On ne peut bien sûr pas simplement dire que ces phrases-là vont contre la conviction des témoins respectifs ; mais il y a quand même dans ce genre spécifique de la lettre-testament un amoncellement frappant de ces lieux communs du devoir, de l'honneur, de la patrie, etc., qui s'observe beaucoup moins dans les autres textes. C'est qu'il s'agit en premier lieu de consoler la famille, de donner un sens à la mort individuelle – tandis que tous les jours les soldats voient mourir de nombreux camarades lors d'opérations inutiles et durant une guerre qui n'évolue guère malgré tous les sacrifices. Voilà qui semble être une raison suffisante pour préférer les formules toutes faites à la représentation de la réalité vécue.

Et pourtant, nous trouvons également nombre de témoignages qui montrent que l'expérience de la guerre provoque justement l'annihilation de ces valeurs chez les témoins. John Horne écrit à ce propos : « *Les pertes, l'impossibilité de* réussir l'offensive mais l'impossibilité de gagner sans elle, tout cela non seulement définit le terrible ordre du jour de la Grande Guerre, mais remet en question des valeurs profondes, jusqu'au sens du devoir, du courage et même de la masculinité » (Horne, 2013, p. 9). En effet, au quotidien, les poilus constatent que toutes les belles idées qu'on leur a inculquées ne comptent pas, qu'ils vivent dans l'empire de la barbarie et du matérialisme. Dans cet environnement, ils perdent toute orientation morale, ou ont même l'impression que « le bon » s'efface en eux : « Et puis je crois que l'esprit, tellement occupé par le travail, est devenu matérialiste [...] ... Je sens le bon qui était en moi disparaître peu à peu, et il me semble devenir chaque jour de plus en plus positif. » (Roland Deflesselle, *P* : 130) D'autres réagissent avec cynisme et ironie, en parlant des horreurs de la guerre comme autant de spectacles esthétiques et dignes d'intérêt : « J'ai vu de beaux spectacles ! [...] [C]e sont les cadavres à moitié enterrés montrant, qui un pied, qui une tête ; d'autres, enterrés, sont découverts en creusant les boyaux. Que c'est intéressant la guerre ! On peut être fier de la civilisation ! » (Pierre Rullier, *P* : 62 s.) Enfin, il y en a certains comme le poilu Fernand qui – contrairement au cas des testaments– explique à ses parents qu'il a perdu ses illusions à la guerre, alors que toutes les valeurs s'inversent ou se révèlent fausses, ce qui le mène vers le nihilisme et l'indifférence :

> Il est inutile que vous cherchiez à me réconforter avec des histoires de patriotisme, d'héroïsme ou choses semblables. Pauvres parents ! Vous cherchez à me remettre en tête mes illusions d'autrefois. Mais j'ai pressenti, j'ai vu et j'ai compris. Ici-bas, tout n'est que mensonge, et les sentiments les plus élevés, regardés minutieusement, nous apparaissent bas et vulgaires. À présent je me fiche de tout, je récrimine, je tempête, mais dans le fond cela m'est complètement égal. (Fernand, *P* : 121)

Quand on dispose d'un certain nombre de textes du même soldat écrits au fil du temps, on peut suivre l'évolution de ses pensées. Souvent, l'enthousiasme initial dans l'euphorie générale du début de la guerre se transforme en désenchantement et déception totale :

> Premier jour de la mobilisation générale. Hier matin j'ai pris la résolution d'agir en Français. Je rendais mes cartons à la Musique, quand je me suis retourné machinalement sur la ville, la cathédrale vivait, et elle disait : « Je suis belle de tout mon passé. Je suis la Gloire, je suis la Foi, je suis la France. Mes enfants qui m'ont donné la Vie, je les aime et je les garde. » [...] [J]e serai du service armé et si on touche à la France, je me battrai. (2 août 1914, *P* : 11)

> Horribles gens qui avez voulu cette guerre il n'y a pas de supplices dignes de vous ! (7 septembre 1914, *P* : 39)

> Ah, que c'est long et monotone et déprimant. Voilà 15 jours que nous restons sur place. [...] Pour la malheureuse infanterie, la tâche est bien facile

> à résumer : « Se faire tuer le moins possible par l'artillerie. » Pour cela on marche la nuit, les mouvements se font au petit jour et au crépuscule [...] ; puis on se terre dans les tranchées et on attend. [...] Et voilà l'héroïsme de nos jours : se cacher le mieux possible. [...] Mais on entend des râles, et c'est le spectacle hideux, indigne d'être raconté, de 7 ou 8 bonhommes au milieu desquels est venu éclater, avec un gros bruit bête, l'obus [...]. Il fait froid, les mains gèlent sur le guidon, et on ne sait pas bien, oh non vraiment, si on a fait quoi que ce soit d'utile pour la Patrie ! On n'a pas agi ! ! (27 septembre 1914, *P* : 44 s.)

Comme cet exemple de Maurice Maréchal le montre, la dégradation a lieu même assez rapidement face au contraste entre la glorieuse guerre pour la patrie imaginée avant et la guerre réelle : entre l'ennui et l'atrocité, la guerre ne sert nullement la patrie et les propres gouvernants deviennent les pires ennemis des soldats. Ceci est l'un des points forts des carnets et lettres : ils permettent d'observer ce développement pour ainsi dire en direct, et non pas par le biais d'une rétrospective comme dans les mémoires.

En conclusion, il apparaît que même dans des genres apparemment simples comme le carnet et la lettre, la guerre surgit comme phénomène esthétique. Les procédés stylistiques sont loin d'y être anodins, et créent certains effets esthétiques qui peuvent être employés intentionnellement, notamment dans les lettres adressées à d'autres personnes.

De la même façon, la question du « vrai » – que Norton Cru associe au « bon » – n'est pas simple. Il y a bien une majorité de témoins qui affirment vouloir dire la vérité. Toutefois, non seulement ils font face à la difficulté de décrire une réalité « indicible » ; mais ils hésitent aussi parfois, ils mentent ou se taisent parce qu'ils pensent que c'est mieux pour eux ou leurs familles. Parfois, ils ont perdu toute foi dans les valeurs morales, et dans les concepts de bon ou de vrai.

Enfin, si la thèse de Norton Cru – selon laquelle les genres dits artistiques comme le roman seraient généralement beaucoup moins crédibles et authentiques que les lettres et carnets – n'est pas nécessairement fausse, il faut en revanche lire ces témoignages immédiats avec un regard critique quant à leur éthique et esthétique[2].

2 Un autre aspect important duquel tenir compte, mais que nous ne pouvons pas analyser dans le cadre de ce travail, est la sélection des témoignages par l'éditeur qui peut suivre certains critères subjectifs, objectifs didactiques ou stratégiques.

Pour finir, le grand effet de ces documents sur le lecteur est lié à ce caractère immédiat, il est dû non seulement au caractère authentique des impressions représentées, mais aussi au destin souvent tragique des auteurs : à la différence des romans ou mémoires qui sont écrits le plus souvent après la guerre, c'est-à-dire toujours par des survivants, nous sommes ici face à des textes écrits par des soldats qui trouvèrent la mort peu après, et dont les rêves de retour et de retrouvailles familiales furent détruits de manière brutale. Henry Lange écrit le 9 septembre 1918 à sa sœur : « Après quatre *ans d'angoisse, mêlée* d'espérance, tu vois enfin apparaître les signes avant-coureurs de la félicité que tu as si bien méritée. » (Henry Lange, *P* : 157) Il sera tué le jour suivant, quelques semaines avant l'armistice (Guéno, Laplume, 1998, p. 157).

Johannes KLEIN
Université de Regensburg

BIBLIOGRAPHIE

ANONYME, *La Victoire de Lorraine. Carnet d'un officier de dragons*, Paris, Librairie Militaire Berger-Levrault, 1915.

BÉNECH, Géraud, LOISEAU, Laurent, « Avant-Propos », *Carnets de Verdun*, BÉNECH, Géraud, LOISEAU, Laurent (éd.), Paris, Librio, 2006.

FRÉMEAUX, France Marie, *Écrivains dans la Grande Guerre*, Paris, Express Roularta, 2012.

GUÉNO, Jean-Pierre, « Préface », *Carnets de Verdun*, BÉNECH, Géraud, LOISEAU, Laurent (éd.), Paris, Librio, 2006.

GUÉNO, Jean-Pierre, LAPLUME, Yves (éd.), *Paroles de poilus. Lettres et carnets du front 1914 – 1918*, Paris, Librio, 1998.

HORNE, John, « Préface », *Lectures de poilus 1914-1918*, GILLES, Benjamin, Paris, Autrement, 2013.

MESNARD, Philippe, *Témoignage en résistance*, Paris, Stock, 2007.

NORTON CRU, Jean, *Du témoignage*, Paris, Allia, 2008.

REMARQUE, Erich Maria, *Im Westen nichts Neues*, Köln, Kiepenheuer & Witsch, 1998.

WIEVIORKA, Annette, *L'ère du témoin*, Paris, Hachette, 2002.

GUERRE ET ESTHÉTIQUE DU DÉGOÛT CHEZ CÉLINE

L'expérience *esthétique* implique aussi bien le monde sensible et sa représentation que le jugement du sujet par rapport au beau ou au laid. Une réflexion sur l'esthétique permet de délimiter, d'un côté, les phénomènes agissant sur la sensibilité et, de l'autre, les idées qu'ils font naître dans l'intellect. Or, certains objets représentés dans les arts et la littérature bousculent cette frontière, tant leur impact sensible est fort. Parmi eux, la Grande Guerre fait surgir, à sa simple évocation, des images dont l'horreur excite immédiatement la sensibilité et provoque un mouvement de détournement : c'est le *dégoût*. Ce détournement marque le refus de l'entendement de concevoir l'objet dégoûtant, tabou de l'expérience esthétique. Au niveau psychologique, le dégoût est un mécanisme de défense évitant la représentation indésirée d'un objet dérangeant. Que faire alors quand l'importance historique de cet objet, la Grande Guerre, l'impose avec force à l'esprit universel ? Nombre d'écrivains-combattants ont usé du réalisme sensationnel par intention pacifiste. Les scènes canoniques montrant des blessés ou des cadavres utilisent la relation esthétique suivante : la représentation exceptionnelle de l'horrible (souffrance insupportable ou laideur du corps maltraité) provoque une sensation brutale de dégoût qui doit mener le lecteur au refus de la guerre.

Céline bouscule ce rapport esthétique du fait que, dans son œuvre, la laideur n'est pas exceptionnelle mais omniprésente :

> Tout lecteur de Céline a tôt fait de remarquer que l'errance de Bardamu se situe dans l'univers du laid [...]. L'auteur se livre à une entreprise d'enlaidissement systématique de ce qu'il est convenu de nommer la « réalité » [...]. Tout y est soumis à l'œuvre de défiguration par la souillure (Verdaguer, 1988, p. 31)

L'efficacité poétique de son esthétique ne bénéficie donc pas de l'effet de contraste entre la beauté équivalant à la paix et la laideur équivalant à la guerre. Chez Céline, la laideur est universelle et intemporelle. Cette permanence du laid dessine une *esthétique du dégoût* propre à Céline, car l'émotion violente que fait naître le dégoût, « une des plus fortes affections du système de perception humain » (Menninghaus, 1999, p. 7[1]), apparaît si régulièrement dans le récit qu'elle en devient un des moteurs essentiels.

Dans *Voyage au bout de la nuit*, ce qui est laid ou repoussant est aussi vrai : « la vérité de ce monde, c'est la mort », écrit-il, mort omniprésente et semée par la guerre et la maladie, « ces deux infinis du cauchemar » (Céline, 1981, p. 418[2]). Bien que la guerre ne soit pas l'unique matière du récit, elle a un statut particulier dans l'œuvre : le récit du front occupe à peine quarante pages[3] du roman et celui de l'expérience de convalescence à l'arrière une soixantaine[4]. Si Céline témoigne, ce n'est qu'en passant[5]. Pourtant, le souvenir de la Grande Guerre irrigue toute la suite du livre et même de l'œuvre : à l'exception de *Mort à Crédit*[6], il n'est pas un seul des sept autres romans de Céline qui ne mentionne à de nombreuses reprises la Grande Guerre. Selon Henri Godard, elle est le « primum mobile » (Godard, 2015, p. 327) de l'œuvre. Le *Voyage* suit un trajet qui va d'un dégoût à l'autre : des premières pages à la scène finale de l'assassinat de Robinson, tout est placé sous le signe de la répugnance. Quel que soit son degré d'importance thématique dans les romans, la guerre est toujours une donnée fondamentale du rapport à l'humanité et à l'Histoire. Selon Marie Hartmann, chez Céline « la guerre fonctionne comme une sorte de révélateur et d'amplificateur des grandes faillites idéologiques et historiques du siècle » (Hartmann, 2006, p. 6).

L'originalité de Céline tient dans sa volonté première de faire œuvre de littérature par-delà le témoignage et le plaidoyer. La représentation de la guerre dépasse le simple récit : elle est le lieu de création de l'éthique du narrateur. Notre propos est de montrer que la vision esthétique du

---

1 « eine der heftigsten Affektionen des menschlichen Wahrnehmunngssystem » [trad. TP].

2 Dorénavant abrégé en *V.*

3 Pages 11 à 48.

4 Pages 49 à 110.

5 « Céline n'a pas pour projet essentiel de décrire, ou de se raconter, mais d'énoncer des “vérités”, de prendre position, d'élaborer des images synthétiques qu'il puisse présenter en disant : la guerre, c'est ça […]. » Bellosta, 1990, p. 39.

6 La raison est chronologique : le roman décrit des événements antérieurs à 1914.

monde prime chez Céline et qu'à partir d'une *esthétique du dégoût* il construit une éthique pessimiste, laquelle, par renversement dialectique, fait naître un rire qui est la porte de sortie éthique au pessimisme. Ce rire est souvent un rire méchant, satirique : Céline se moque de ce qui le dégoûte, mais il dépasse ce dégoût stérile par un rire qui replace le récit du côté de la vie. Analysant un concept proche du dégoût, *l'abject*, Julia Kristeva montre la dualité de l'écriture célinienne qui provoque chez le lecteur l'attirance et le rejet : « ces thèmes [l'horreur, la mort, la folie, l'orgie, les hors-la-loi, la guerre, la menace féminine, les délices épouvantables de l'amour] ont toujours chez Céline une position au moins double, entre le dégoût et le rire, l'apocalypse et le carnaval » (Kristeva, 1980, p. 161). C'est cette articulation même qui donne une grande force de frappe à l'écriture de Céline car il vise en premier lieu la sensibilité du lecteur. Céline prend le dégoût physique comme paradigme : il est le critère de sélection entre ce vers quoi je peux aller et ce dont je dois me détourner. Ce paradigme est étendu à la sphère morale : le dégoût moral est révélé par un rire satirique.

LAIDEUR, DÉGOÛT ET RÉVÉLATION

Nous affirmons que Céline moraliste[7] est d'abord un esthète déçu : c'est parce qu'il n'a vu que de la laideur dans la guerre qu'il condamne le monde sur le plan éthique.

L'enthousiasme de Bardamu pour la guerre, ainsi que sa première désillusion, sont d'ordre esthétique. Dans le prologue de *Voyage*, Bardamu se prétend poète : il a composé une « prière vengeresse » intitulée « les ailes en or[8] ». Après l'avoir récitée, il suit un colonel bien « gentil »

---

7 « La "question" que pose *Voyage* est donc celle de *Macbeth* et de Dostoïevski, la question métaphysique [...] "la bonne question, la vraie" (V., p. 378) : celle du mal. » (Bellosta, 1990, p. 35).

8 Cette prière est la première parodie présente dans le livre. Elle reprend un discours de propagande de M. le chanoine Coube, *Les Ailes d'or de la Victoire*, Paris, P. Lethielleux, 1916 (cité dans Bellosta, 1990, p. 37 : « La victoire [...] veut des ailes en or pour survoler l'ennemi, des ailes d'or pour entraîner nos soldats jusqu'à la frontière, des ailes d'or pour emporter la France [etc.] ».)

et surtout la *musique* du régiment. « Gentil » n'est pas ici un trait de caractère, il faut prendre la définition du Littré : « gentil » signifie *joli*, c'est un mot touchant à l'esthétique (Céline évoque Littré dès le prologue de *Voyage* : « Littré le dit, qui ne se trompe jamais »). Le tableau idyllique est complété par les civils lançant des fleurs, image d'Épinal de la mobilisation. Puis « la musique s'est arrêtée » (*V* : 10) et l'esthète s'aperçoit qu'en fait d'expérience artistique la musique est celle du *Joueur de flûte de Hamelin* (en allemand : *der Rattenfänger*, l'attrapeur de rats). Cette prise de conscience conclut la première section de *Voyage* : « On était faits, comme des rats ». La dés-esthétisation subite de l'expérience guerrière se poursuit avec l'arrivée d'un cavalier de liaison comparé à Bélisaire (*V* : 16), et qui fait autant référence à la figure mythologique qu'à sa représentation picturale par Jacques-Louis David en 1781. Mais la peur le transforme en un « ignoble cavalier ».

C'est tout à la fois le baptême du feu, la vue du premier mort, la première et seule véritable « scène de combat » de *Voyage* à la page 17, qui est l'occasion pour le héros d'une révélation fondamentale : la vue des deux corps mutilés lui fait découvrir la vision biologique du monde qui l'amène au dégoût de l'être humain : « [...] le cavalier n'avait plus sa tête, rien qu'une ouverture au-dessus du cou, avec du sang dedans qui mijotait en glouglous comme de la confiture dans la marmite. Le colonel avait son ventre ouvert, il en faisait une sale grimace [...] » (*V* : 17). La révélation se fait pour Bardamu à un niveau infra-intellectuel qui la rend, selon la vision du monde médicale de Céline, encore plus valide.

La guerre cause la blessure, et l'ouverture des corps, l'exposition de l'intérieur vers l'extérieur. L'éviscération constitue une impudeur physiologique, ce qui pour Céline est une faute morale : c'est « l'aveu biologique » (*V* : 113) ou comme le dit Jean-Pierre Richard : « La grande maladie du corps célinien [...] c'est le manque de *tenue* ». (Richard, 2008, p. 9)

L'esthétique du dégoût qui parcourt toute l'œuvre de Céline se précise à l'occasion d'une deuxième expérience : Bardamu assiste à une distribution de viande sur le front, en pleine nature, scène de boucherie au sens propre :

> Sur des sacs et des toiles de tentes largement étendues et sur l'herbe même, il y en avait pour des kilos et des kilos de tripes étalées, de gras en flocons jaunes et pâles, des moutons éventrés avec leurs organes en pagaïe, suintant

> en ruisselets ingénieux dans la verdure d'alentour, un bœuf entier sectionné en deux, pendu à l'arbre sur lequel s'escrimaient encore en jurant les quatre bouchers du régiment pour lui tirer des morceaux d'abattis. [...] J'ai eu le temps encore de jeter deux ou trois regards sur ce différend alimentaire, tout en m'appuyant contre un arbre et j'ai dû céder à une immense envie de vomir, et pas qu'un peu, jusqu'à l'évanouissement. (*V* : 20-21)

La manifestation du dégoût est physiologique : c'est la nausée qui fait « céder » le narrateur. On peut noter la confusion du vocabulaire militaire et de celui de la boucherie : la « pagaye » (ou pagaïe) est un terme de marine, « s'escrimer » signifie manier l'épée, « abattis » rappelle « abattre », et le manuscrit original portait « carnage » au lieu de « différend alimentaire[9] ». Céline clora la métaphore par une définitive identification bouchère : « [...] nous autres *[les soldats]* nous les viandes destinées aux sacrifices. » (*V* : 97)

De plus, ce que l'expérience de la guerre révèle, c'est l'ampleur des mythes qu'elle a fait naître en même temps que leur fragilité face à l'expérience. Bardamu reconnaîtra plus loin une certaine utilité au mensonge, dans un paragraphe qui semble faire le point sur le rapport entre esthétique et vérité :

> Toute la jeunesse est allée mourir déjà au bout du monde dans le silence de vérité. Et où aller dehors, je vous le demande, dès qu'on a plus en soi la somme suffisante de délire ? La vérité, c'est une agonie qui n'en finit pas. La vérité de ce monde, c'est la mort. Il faut choisir, mourir ou mentir. Je n'ai jamais pu me tuer moi. (*V* : 200)

Au dégoût physique succède le dégoût de l'existence. Ce paragraphe de confession, adressé au lecteur (« je vous le demande »), montre le caractère intenable du nihilisme causé par la guerre. La révélation du mal universel mène à un désespoir dont la seule issue est le suicide ou le « délire », c'est-à-dire l'illusion volontaire, l'acceptation du grand carnaval qu'est l'existence, et en conséquence, le rire célinien.

Par la littérature, Céline a « le devoir d'attester ce qu'il [...] a découvert [dans la guerre] » (Godard, 2015, p. 326) et cette découverte, c'est la bassesse de l'être humain, dans toutes les circonstances de la vie biologique, sociale et morale : « La guerre abaisse la vie morale à son

---

9 On expliquera cette modification atténuante par la volonté de Céline de ne pas trop forcer le trait.

étiage, ne tolère de sentiments qu'élémentaires et grossiers » (Kaempfer, 1998, p. 221), ce que corrobore Bardamu : « Qui aurait pu prévoir, avant d'entrer dans la guerre, tout ce que contenait la sale âme héroïque et fainéante des hommes ? » (*V* : 14). Ces découvertes, Céline se fait un devoir de les communiquer au monde par la littérature, et c'est en ce sens qu'il est l'héritier des moralistes : « [...] Faudra raconter tout sans changer un mot, de ce qu'on a vu de plus vicieux chez les hommes [...]. Ça suffit comme boulot pour une vie tout entière » (*V* : 25).

Cependant, Céline joue aussi sur cette notion de « révélation » et s'en moque pour ne pas s'ériger en messie nihiliste. Si la révélation est le processus de dévoilement d'un mystère, Céline met en scène une mystique positiviste que ses contradictions internes rendent grotesque. Pour cela, il tourne en dérision les discours bellicistes qui faisaient de la guerre le révélateur de la vertu et leur donne la forme (et donc la validité) d'un discours scientifique prononcé par le psychiatre Bestombes (que Bardamu gratifie du terme de « Maître » à chaque réplique) :

> La guerre, voyez-vous, Bardamu, par les moyens incomparables qu'elle nous donne pour éprouver le système nerveux, agit à la manière d'un formidable *révélateur* de l'Esprit humain ! Nous en avons pour des siècles à nous pencher, méditatifs, sur ces *révélations* pathologiques récentes [...]. Dès les premières *révélations*, le devoir du psychologue et du moraliste modernes ne fit, pour moi Bestombes, plus aucun doute ! (*V* : 93, nous soulignons)

La rhétorique de Céline est d'ordre esthétique : son propos est bel et bien de dénoncer les vices de l'humanité et l'horreur de la guerre. Mais il ne le fait pas par une série d'arguments rationnels s'adressant à l'entendement du lecteur et visant à le convaincre logiquement. Il le fait par l'image. La force littéraire de Céline réside dans l'utilisation de cette esthétique du dégoût pour montrer plutôt que démontrer. Céline frappe d'abord la sensibilité du lecteur, si besoin jusqu'à la nausée, pour lui faire intérioriser le rejet de la guerre et du mensonge éthique. L'esthétique est au service de l'éthique.

La guerre n'a même pas besoin d'être vécue pour faire naître le dégoût de l'existence. Ainsi, dans l'épisode où Bardamu enseigne l'anglais au psychiatre Baryton, une simple lecture de « l'histoire de l'Angleterre par Macaulay » et des guerres menées par « Monmouth le Prétendant » suffisent à ce que Baryton soit pris « à son tour de vertige » (*V* : 437) et que, dans son discours d'adieu fait à Bardamu, il dise ressentir « un définitif dégoût », et explique vouloir « essayer d'aller [s]e perdre l'âme, comme on va pendre son chien galeux, son chien qui pue, bien loin, le compagnon qui vous dégoûte » (*V* : 439). Céline met en abyme et en perspective la littérature guerrière que constitue l'*Histoire de l'Angleterre* autant que le *Voyage.* De même, dans la conclusion de *Voyage au bout de la nuit*, le dégoût est le moteur principal des dernières actions de Robinson, c'est-à-dire de son refus de suivre Madelon. Le verbe « dégoûter » est conjugué sept fois dans les pages 492 à 494, les mots « dégueulasse » et « dégoûtant » sont répétés plusieurs fois et le champ lexical est complété par « pourri », « cochon », « ignoble », « chiottes ». Les dernières paroles de Robinson constituent la maxime de la position nihiliste dans laquelle il s'est, depuis la guerre, enfoncé, alors que Bardamu choisissait tant bien que mal de la surmonter par le rire : « Tout absolument... Et bien, c'est tout, qui me répugne et qui me dégoûte à présent ». De cette formule, Madelon l'amoureuse éconduite tire les conclusions et trois coups de pistolet sur son amant.

Le dégoût et le rire alternent dans la démonstration du narrateur : « rire est une façon de placer ou déplacer l'abjection », écrit Kristeva (1980, p. 15). La dialectique dégoût-rire parodique permet à Céline de tourner en dérision les mythes propres à la guerre, ceux de la patrie, des héros, et du sens de l'Histoire.

RIRE, DÉGOÛT ET SALVATION

Céline formule de nombreuses définitions de la guerre dont la première, célèbre, ouvre le récit guerrier : « La guerre en somme, c'était tout ce qu'on[10] ne comprenait pas » (*V* : 12). Puis, Céline fait dériver cette définition grave vers le rire dans les monologues intérieurs de Bardamu. La deuxième définition de la guerre comme une « immense, universelle moquerie » (*V* : 12) indique au lecteur que le roman va poursuivre la satire de la guerre, dont la parodie est une modalité.

10 Comme dans la citation suivante, le pronom impersonnel « on » donne un caractère général aux assertions.

La parodie, en tant qu'imitation à charge, est une pratique intertextuelle[11] particulière que Céline applique à des textes antérieurs (dont les récits de guerre) ou aux discours bellicistes de l'époque exaltant le patriotisme, l'héroïsme et l'honneur. Il les détourne pour montrer leur caractère intenable ou incohérent. Pour Marie Hartmann, l'ironie « constitue plus qu'une figure de style dominante de ce texte, elle en est le mode de fonctionnement » (Hartmann, 1996, p. 8). Céline se moque des discours, fait ainsi tomber la crédulité du lecteur et renforce la démonstration en exposant le caractère dégoûtant du mensonge. L'ironie permet aussi, selon Pierre Schoentjes, « de dénoncer ce que la guerre comporte de ridicule sans glisser dans le moralisateur » (Schoentjes, 2009, p. 78).

La guerre tourne surtout, vue de l'arrière, à la comédie : « Nous jouions tous en somme dans une pièce où il avait choisi lui Bestombes le rôle du savant bienfaisant. » (*V* : 90). Bardamu et ses camarades de convalescence parodient les discours patriotiques pour s'attirer la bienveillance des infirmières en reproduisant les clichés sur le soldat : « [...] il est bien entendu qu'un soldat est aussi brave qu'insouciant, et grossier plus souvent qu'à son tour, et que plus il est grossier et que *[sic]* plus il est brave » (*V* : 91). La subversion du courage prend des allures de théâtre : « Il fallut une bonne semaine et même deux de répétitions intensives pour nous placer absolument dans le ton, le bon » (*V* : 90).

Le détournement du discours suit souvent la même stratégie rhétorique : Céline place une parodie de discours dans la bouche d'un personnage, signal, pour le lecteur, du parti-pris de la dérision. Il s'agit presque à chaque fois de tirades à l'argumentation incohérente que Bardamu écoute en se contentant d'approuver (discours de Princhard, de Bestombes et de Baryton). La seule exception se trouve dans le premier chapitre : c'est Bardamu lui-même qui prononce une parodie de discours de gauche accusant « les maîtres » d'envoyer au front les « soldats gratuits[12], héros pour tout le monde » (*V* : 8) :

---

11 La forte composante intertextuelle est la troisième caractéristique du récit de guerre selon Jean Kaempfer.

12 Le concept de « soldat gratuit » est repris et explicité plus tard dans le discours de Princhard : « [Dumouriez] fut notre dernier mercenaire... Le soldat gratuit ça c'était du nouveau... Tellement nouveau que Goethe, tout Goethe qu'il était, arrivant à Valmy en reçut plein la vue. Devant ces cohortes loqueteuses et passionnées qui venaient se faire étripailler spontanément par le roi de Prusse pour la défense de l'inédite fiction patriotique, Goethe eu le sentiment qu'il avait encore bien des choses à apprendre. "De

> Alors ils mettent leurs chapeaux haut de forme et puis ils nous en mettent un bon coup de la gueule comme ça : « Bandes de charognes, c'est la guerre ! qu'ils font. On va les aborder, les saligauds qui sont sur la patrie n° 2 et on va leur faire sauter la caisse ! Allez ! Allez ! Y a de tout ce qu'il faut à bord ! Tous en chœur ! Gueulez voir d'abord un bon coup et que ça tremble : *Vive la Patrie n° 1 !* [...] » (*V* : 9)

Céline montre aussi que la guerre est une expérience indicible et que toute littérature épique qui voudrait en faire le récit est condamnée par avance au mensonge. Il en fait la démonstration par l'absurde dans le combat d'imagination auquel Bardamu et son voisin de chambrée Branledore se livrent afin d'être celui dont le récit sera mis en vers puis déclamé au cours d'une soirée à la *Comédie Française* (Céline vise à dessein l'institution, organe de propagande d'un État meurtrier). Céline conclut ainsi : « Nous vivions un grand roman de geste, dans la peau de personnages fantastiques, au fond desquels, dérisoires, nous tremblions de tout le contenu de nos viandes et de nos âmes » (*V* : 99).

Céline étend la satire au terrain politique avec une autre parodie, qui n'est pas cette fois une parodie de discours, mais ce qu'on pourrait appeler une « parodie d'objet ». C'est l'épisode du « Stand des Nations », moment charnière du récit : « C'est même à partir de ce moment-là, je crois, que ma tête est devenue si difficile à tranquilliser avec ses idées dedans. » (*V* : 59). Bardamu est pris d'une première crise de terreur et d'hallucinations, croyant qu'on lui tire dessus comme au front alors qu'il est en sécurité à l'arrière. La crise a lieu après qu'il est passé devant un stand de tir de fête foraine qui possède, parmi ses cibles « criblées de petits points blancs », un « militaire [...] qu'on avait dû tuer bien des fois[13] ». À la première lecture, métaphorique, du stand de tir comme monde en réduction grotesque, de la guerre comme fête funèbre et jeu de foire, de la mort payante où tuer le plus possible peut rapporter un lot, succède une deuxième, transposée, codée : « [D]errière ce "*Stand des Nations*" apparaît enfin l'ombre satirique et monstrueuse d'une "Société des nations" aux semblables initiales : S.D.N. » (Pagès, 1991, p. 207). La S.D.N., pour laquelle Céline a travaillé épisodiquement en tant qu'hygiéniste dans les années 20, a été fondée après la Grande Guerre dans le but de prévenir

---

ce jour, clama-t-il, magnifiquement, selon les habitudes de son génie, commence une époque nouvelle !" » (*V* : 69-70)

13 Céline annonçait cette métaphore quelques pages plus haut lors de l'apparition de Robinson : « Je me souviens encore bien de ce moment-là, sa silhouette sortant des herbes, comme faisaient des cibles au tir autrefois dans les fêtes, les soldats. » (*V* : 41).

les conflits armés. Céline, par cette transposition malicieuse, fait de l'organisation politique internationale un anodin divertissement forain et désuet où la guerre, comme la paix, ne sont que des jeux.

Dans un registre proche de la parodie, on trouve aussi dans *Voyage* une série d'images grotesques au sens propre du terme (images extravagantes, ridicules, invraisemblables) : la guerre est ainsi caractérisée comme une « monstrueuse entreprise » (*V* : 35). Parmi ces images, les soldats cuirassiers comme Bardamu « tout vêtu de cymbales » sont explicitement désignés comme « grotesques » (*V* : 36). Mais cette dénonciation se fait aussi par le détournement du discours sur l'Histoire. En convalescence, Bardamu rencontre Princhard, soldat en attente de Conseil de guerre pour avoir volé de la nourriture. Avant de disparaître définitivement du roman car rappelé sous les drapeaux, Princhard tient un long discours mêlant considérations historiques et sociales. La logorrhée exclamative de quatre pages se laisse difficilement résumer, mais le lecteur y voit mentionnés Louis XIV, Louis XV, Diderot, Voltaire, Dumouriez, Goethe, Bismarck, Napoléon et Barrès. Princhard adopte la même esthétique du dégoût que Bardamu pour dénoncer le sacrifice inutile des soldats, et le mensonge de l'héroïsme ou de l'honneur :

> Et quand je serai mort, est-ce l'honneur de ma famille qui me fera ressusciter ? [...] Cependant qu'à trois pieds dessous, moi papa, ruisselant d'asticots et bien plus infect qu'un kilo d'étrons de 14 juillet pourrira fantastiquement de toute sa viande déçue... Engraisser les sillons du laboureur anonyme c'est le véritable avenir du véritable soldat ! (*V* : 68)

Le « 14 juillet » et les « sillons » sont des échos de la *Marseillaise*, à demi parodiée ici. Bardamu condamne pourtant ce discours comme « un truc de cabotin » (*V* : 71), car Céline s'en prend à l'intellectualisme ratiocinant contre l'instinct et l'émotivité, voies d'accès à une forme de connaissance sensible et authentique. Mais le lecteur rit de ce discours et du personnage de Princhard, même s'il sait que les circonstances et l'inefficacité rhétorique du discours le condamnent à retourner au front : « Le rire célinien est une exclamation horrifiée et fascinée. Un rire apocalyptique » (Kristeva, 1980, p. 240).

Cependant, la forme parodique et l'esthétique du dégoût ne sont pas les deux seuls modes de discours que Céline produit sur la guerre. Dans quelques passages, il se livre à une esthétisation de l'horreur.

SPECTACLE, DISTANCE ET ESTHÉTISATION

Céline s'autorise rarement à esthétiser l'horreur dans *Voyage*. Quand il le fait, il adopte ce que l'on pourrait appeler une *esthétique de la distance*[14] : ce qui est beau est éloigné et en train de disparaître. La guerre est dégoûtante quand elle est proche, et cela correspond à la définition du dégoût par Menninghaus comme « expérience d'une proximité non désirée » (Menninghaus, 1999, p. 7).

Le beau spectacle guerrier qu'il décrit, transformé en tableau, est vu de loin, qu'il s'agisse d'une distance géographique réelle ou d'une distance d'imagination et de délire fiévreux. Jochen Mecke a noté cette nécessité de l'éloignement :

> Si les soldats peuvent admirer le spectacle insolite de la beauté de la guerre, cela est justement dû aux nouvelles armes qui permettent d'attaquer l'ennemi à longue distance. C'est cet éloignement qui donne au combattant une position d'observateur qui lui permet de prendre du recul par rapport aux événements, recul qui est la condition de la transformation du combat en spectacle et de la naissance d'un regard esthétique. (Mecke, 2014, p. 127)

Le premier tableau présent dans *Voyage* est celui des villages que les soldats perdus dans la nuit voient brûler et dont ils se servent d'abord comme points de repère. Passé ces considérations pratiques, Bardamu se laisse aller à la contemplation esthétique, « en spectateur », mais « à dix, douze kilomètres ». D'abord carnavalesque (« on était entourés, comme par un très grand cercle d'une drôle de *fête* de tous ces pays-là qui brûlaient », « c'était *gai* », nous soulignons), la représentation devient plus picturale à mesure que Bardamu contemple le spectacle. La laideur de la journée devient beauté dans la nuit et la destruction :

> Un petit hameau de rien du tout qu'on apercevait même pas pendant la journée, au fond d'une moche petite campagne, eh bien, on a pas idée la nuit, quand il brûle, de l'effet qu'il peut faire ! On dirait Notre-Dame ! Ça dure

14 Je reprends l'idée de distance à Nietzsche qui définit un *pathos de la distance* comme « volonté d'être soi-même » au § 37 des « Incursions d'un inactuel » dans *Le crépuscule des idoles*.

> bien toute une nuit à brûler un village, même un petit, à la fin on dirait une fleur énorme, puis, rien qu'un bouton, puis plus rien[15]. (*V* : 29)

Le deuxième tableau apparaît plus loin dans le roman, lors de l'épisode africain. C'est une réminiscence traumatique du front, causée par une poussée de fièvre paludique. L'hallucination transforme le coucher de soleil en toile :

> Les crépuscules dans cet enfer africain se révélaient fameux. [...] Tragiques chaque fois comme d'énormes assassinats du soleil. Un immense chiqué. Seulement c'était beaucoup d'admiration pour un seul homme. Le ciel pendant une heure paradait tout giclé d'un bout à l'autre d'écarlate en délire, et puis le vert éclatait au milieu des arbres et montait du sol en traînées tremblantes jusqu'aux premières étoiles. Après ça le gris reprenait tout l'horizon et puis le rouge encore, mais alors fatigué le rouge et pas pour longtemps. Ça se terminait ainsi. Toutes les couleurs retombaient en lambeaux, avachies sur la forêt comme des oripeaux après la centième. (*V* : 68)

Le tableau dénote une confusion de plusieurs thèmes : le coucher de soleil est guerrier (« assassinats », « éclatait », « paradait », « reprenait », « lambeaux »), théâtral (« tragiques », « chiqué », « oripeaux après la centième[16] »), expressionniste par ses touches de couleurs franches (« écarlate », « vert », « gris », « rouge »). Ce passage est aussi l'occasion de mettre au jour un rapport intertextuel que Céline entretenait avec Gabriel Chevallier. À la question que pose Jean Kaempfer, à la page 246 de *Poétique du récit de guerre* : « Céline aurait-il lu Chevallier ? », on peut répondre affirmativement tant cette description d'un coucher de soleil semble une paraphrase d'un extrait de *La Peur*, celui où le héros découvre le paysage du front :

> Nous fûmes tirés de cette torpeur par un embrasement du monde. Nous venions de franchir une crête, et le front, devant nous, rugissait de toutes ses gueules de feu [...], des soldats là-bas luttaient contre la tempête de fer, le rouge cyclone qui incendiait le ciel et ébranlait les assises de la terre. [...] On eût dit que sur l'horizon inondé d'essence on avait posé une allumette, que quelque génie malfaisant entretenait ces diaboliques flammes de punch et ricanait dans la nue pour fêter notre destruction. Et pour que rien ne manquât à cette fête macabre, pour qu'une opposition en accentuât mieux le tragique, on voyait monter de gracieuses fusées, comme des fleurs de lumière,

15 Les citations précédentes concernant cet épisode sont à la même page.

16 C'est-à-dire comme des costumes usés après la centième représentation d'une pièce.

> qui s'épanouissaient au sommet de cet enfer et retombaient, mourantes, avec une traînée d'étoile. (Chevallier, 2008, p. 50-51)

Beaucoup d'éléments concordent : le « ciel » et l'« enfer » sont répétés, l'« assassinat » répond au « macabre », l'« écarlate » au « rouge », les « traînées tremblantes » à la « traînée d'étoile », et c'est le même mouvement d'élévation qui finit par « retomber ». On peut remarquer que Céline reprend, dans l'extrait des villages qui brûlent, la même métaphore de la « fleur ». Si Céline esthétise l'horreur, c'est indirectement, par le truchement de l'intertextualité ou de l'hallucination.

L'épisode de la distribution de viande donnait déjà lieu à une picturalisation de la mort, forte en couleurs et en mouvements (les gras « flocons jaunes » et les rigoles de sang rouge au milieu de l'herbe verte) et surtout à une paraphrase du *Bœuf écorché* de Rubens (1665) ou de sa reprise par Soutine (1925) (« un bœuf entier sectionné en deux, pendu à l'arbre »).

Un tel traitement esthétique de la guerre est donc rare dans les écrits de Céline sur la Grande Guerre, ce qui confère à ce traitement son statut particulier de traumatisme révélateur de sa vision du monde. En revanche, pour la Deuxième Guerre mondiale, à laquelle Céline consacre ses quatre derniers livres, la mise en spectacle des bombardements sera systématique.

À travers cette esthétique baroque, il faut voir le rire comme signe d'une vie renaissante après l'apocalypse : « [Céline] est de ces écrivains qui savent, non sans efforts parfois, faire sortir du fond des plus extrêmes misères ce premier signe d'un goût de vivre retrouvé : le rire. » (Chevallier, 2008, p. XII) Si le rire est moins franc dans *Voyage* que dans les œuvres qui viendront après la Deuxième Guerre mondiale, c'est parce que ce roman est le récit du moment du renversement, de l'ébranlement de la raison. Avant la Grande Guerre, l'Histoire et le monde ont encore un sens. Après cette expérience de perte du sens, le rire fou est la dernière manifestation de vivacité que la vie peut encore se donner. Dans ses trois derniers livres, Céline jette parfois un regard sur son œuvre passée : « Sérieux est mort, Verdun l'a tué ! Amen ! (Céline, 1974, p. 43) », ou encore « [...] la raison est morte en 14, novembre 14... après c'est fini, tout déconne... » (*ibid.*, p. 457). Céline, en ce sens héritier des humanistes, achève ses considérations sur la guerre par un *éloge de la folie*.

CONCLUSION
Ce que peut la littérature

La force du texte célinien tient dans le lien consubstantiel qui existe entre éthique et esthétique et que l'application au thème de la guerre rend particulièrement efficace. En exploitant le dégoût du narrateur, Céline veut provoquer l'adhésion infra-intellectuelle de son lecteur à une éthique pessimiste qui pour autant n'exclut pas la valorisation de la vie et le refus de la guerre. Par l'usage du rire parodique, il montre aussi la nécessité du doute comme méthode de combat intellectuel contre toutes les formes de mystification. Céline ajoute à une éthique de l'authenticité un vouloir-rire salvateur, symbole d'une vie renaissante après l'apocalypse.

Timothée PIRARD
Westfälische Wilhelms-Universität
Münster

BIBLIOGRAPHIE

CÉLINE, Louis-Ferdinand, *Voyage au bout de la nuit* (1932), *Romans I*, édition présentée, établie, et annotée par Henri Godard, Paris, Gallimard, coll. « Bibliothèque de la Péliade », 1981.

CÉLINE, Louis-Ferdinand, *D'un château l'autre, Romans II*, édition présentée, établie, et annotée par Henri Godard, Paris, Gallimard, coll. « Bibliothèque de la Pléiade », 1974.

CÉLINE, Louis-Ferdinand, *Nord*, *Romans II*, édition présentée, établie, et annotée par Henri Godard, Paris, Gallimard, coll. « Bibliothèque de la Pléiade », 1974.

CÉLINE, Louis-Ferdinand, *Voyage au bout de la nuit, « seul manuscrit »*, édition établie, présentée et annotée par Régis Tettamanzi, Québec, éditions Huit, 2016.

BELLOSTA, Marie Christine, *Céline ou l'art de la contradiction, lecture de Voyage au bout de la nuit*, Paris, PUF, 1990.

CHEVALLIER, Gabriel, *La Peur*, Paris, Le livre de Poche, 2008 [1930].

GODARD, Henri, « Céline. Au commencement était la guerre », *in* Romain Vignest et Jean-Nicolas Corvisier (dir.), *La Grande guerre des écrivains : études*, Paris, Classiques Garnier, 2015, p. 325-330.

HARTMANN, Marie, *L'Envers de l'histoire contemporaine. Étude de la « trilogie allemande » de Louis-Ferdinand Céline*, Paris, Société d'études céliniennes, 2006.

KAEMPFER, Jean, *Poétique du récit de guerre*, Paris, José Corti, 1998.

KRISTEVA, Julia, *Pouvoirs de l'horreur, essai sur l'abjection*, Paris, Seuil, 1980.

MECKE, Jochen, « Une esthétique agonale de la Grande Guerre », *Cahiers d'Études Germaniques*, n° 66, 2014, p. 117-134.

MENNINGHAUS, Winfried, *Ekel, Theorie und Geschichte einer starken Empfindung*, Frankfurt am Main, Suhrkamp, 1999.

PAGÈS, Yves, *Les Fictions du politique chez L.-F. Céline*, Paris, Seuil, 1994.

SCHOENTJES, Pierre, *Fictions de la Grande Guerre*, Paris, Éditions Classiques Garnier, 2009.

VERDAGUER, Pierre, *L'Univers de la cruauté : une lecture de Céline*, Genève, Droz, 1988.

DEUXIÈME PARTIE

LA GRANDE GUERRE EN IMAGES

MOTIFS EMBLÉMATIQUES
ET MODALITÉS DE REPRÉSENTATION

LE TUEUR TIMIDE

Le tueur timide, oui – car il n'est pas facile à débusquer, il n'est pas en première ligne, dans ce qui est ici mon objet général, le « roman de 14-18 », un artefact heuristique où se dépose tout ce qui se dégage de commun – de typique, de topique – du vaste ensemble de textes consacrés, depuis cent ans et plus, à l'évocation de la Première Guerre mondiale.

Ce qui domine, dans ce vaste ensemble, c'est plutôt la désolation générée par la guerre de matériel, les cadavres qu'elle abandonne en masse dans des paysages suppliciés. Voici un exemple : « [...] je regardai la plaine. Horreur nouvelle, pire : la plaine était bleue. La plaine était couverte des nôtres, mitraillés, butés le visage en terre, les fesses en l'air, indécents, grotesques comme des pantins, pitoyables comme des hommes hélas ! » (Chevallier, 2010, p. 95)

On trouve cela dans *La Peur* (1930) de Gabriel Chevallier. La considération des cadavres laissés au sol, après la bataille, constitue un tableau mélancolique, où la part du spectateur impliqué est forte. À sa description, Chevallier joint une note – c'est rare, je n'ai rencontré cela que chez lui – pour signaler l'« effet de raccourci » dont résulte la formule « la plaine était bleue ». Vue d'avion, cette plaine n'aurait pas été bleue, mais tachée de bleu. De même, vu de loin, un bombardement peut offrir un spectacle curieux, voire amusant. Mais ce spectateur, « avancez-le d'un kilomètre, placez-le dessous, sa façon de juger diffère étrangement ». Aussi, conclut Chevallier, « [o]n ne devrait donc pas s'étonner si l'émotion entraînait certaines déformations, mais se dire qu'aucune exagération, aucune invention ne saurait dépasser en horreur la réalité. (Note de l'auteur.) » (Chevallier, 2010, p. 95)

Nous sommes ici, avec cette situation et ce commentaire, dans le climat humain et esthétique dominant des récits de 14-18. La guerre usinière fait des morts au hasard, et en nombre ; elle exclut l'implication personnelle dans le combat ; elle commande un récit subjectif, où la part de l'émotion conduit à l'invention déformante, hyperbolique.

Dartemont, le héros du roman de Chevallier, se trouve engagé ensuite dans l'offensive du Chemin des Dames, au printemps 1917. Pendant plusieurs jours, terré dans un abri, il subit le pilonnage de l'artillerie. Ce « bombardement dans le fond d'un abri », dont il fait maintenant l'expérience, c'est exactement la situation qu'il se donnait tout à l'heure par hypothèse. « Je ne connais rien de plus déprimant que ce martelage sourd qui vous traque sous terre, qui vous tient enfoui dans une galerie puante qui peut devenir votre tombe. » Peu à peu la peur s'installe, envoûte l'imagination, et l'on roule « au fond du gouffre de soi-même, au fond des oubliettes où se cache le plus secret de l'âme, et c'est un cloaque immonde, une ténèbre gluante ». (Chevallier, 2010, p. 292)

Antoine Compagnon, dans la préface de son anthologie (Compagnon, 2014, p. 25), retrouve, pour caractériser cette veine dominante du « roman de 14-18 », une catégorie générique proposée alors par Albert Thibaudet : ces récits sans héros marquants, fatalistes et victimaires, ce sont des « romans de la destinée ». À l'opposé, Thibaudet place les « romans de la volonté », dont le centre est occupé par un héros solaire, énergique et déterminé. Ce genre a-t-il un avenir lorsqu'il s'agit d'évoquer la Grande Guerre ? Le « roman de 14-18 » connaît-il de ces moments toniques ? C'est ce que je veux examiner ici, les occurrences de ce héros décidé qui peut dire, à la suite de Cendrars : « J'ai tué[1] ».

Mais il faut à celui-ci des circonstances favorisantes. J'en vois deux en particulier, des situations topiques l'une et l'autre : c'est la montée à l'assaut, d'une part. J'y viens tout à l'heure. Et c'est d'autre part le premier temps de la guerre, les mois mouvementés d'offensives et de contre-offensives qui précédèrent l'enterrement dans les tranchées. Alors, les conscrits fraîchement enrôlés, partis dans l'enthousiasme (« À Berlin, à Berlin ! »), pouvaient se flatter de l'illusion d'être quelqu'un : la rencontre espérée de l'ennemi les galvanisait, la mort au combat leur apparaissait comme une aventure individuelle.

Voici un de ces épisodes toniques, au début de *Clavel soldat* (1919), de Léon Werth. Les troupes ennemies sont proches l'une de l'autre : « le

---

1 La plupart des passages auxquels je vais m'intéresser ont été commentés dans Schoentjes, 2008 : *Fictions de la Grande Guerre. Variations littéraires sur 14-18* ; l'une de ces variations, le chapitre « Il a tué » (p. 111-140), est consacrée en effet au motif que je reprends ici. On lira donc ce qui suit comme une variation ajoutée, …où le lecteur bienveillant voudra voir peut-être une variation nouvelle, dès lors que la tonalité est changée, les accents placés différemment.

régiment occupe une partie du bois. Les Allemands, l'autre[2]. » L'action s'engage : « Le commandant envoie une patrouille dans le bois. [...] Voici cinq hommes qui marchent entre deux rideaux de feuillage et courent leur risque. » Puis la mort vient, en voisine prévisible et brutale, « dans l'odeur des feuilles et de la terre mouillée » : « le caporal tombe la tête en avant. Les autres se couchent. Il a une balle dans la tête, il a piqué en avant, d'un coup ». Mais la patrouille repart : « Le sifflement des balles est ininterrompu. Ils se cachent derrière des troncs d'arbres. [...] Bientôt on distingue quelques Allemands entre les arbres ». À la droite de Clavel, « les Allemands, à sa gauche, les Français, qui fuient également, qui s'éloignent les uns des autres... ».

Le récit de Werth est mené d'un train allègre ; les phrases sont courtes, factuelles. Il se place à l'unisson d'une escarmouche locale, limitée, dont l'esprit peut aisément prendre la mesure. Mais si les balles fusent de partout, elles restent sans origine mentionnée : aucun tireur n'est en vue, côté allemand ; et côté français, on ne tire pas, semble-t-il.

Cela change dans un épisode comparable – même période, automne 14, bataille de la Marne – figurant dans *Krieg*, de Ludwig Renn. *Krieg* a paru en 1928, c'est, avec *Im Westen nichts Neues* de Remarque, paru l'année suivante, l'un des *best-sellers* allemands des romans de la Grande Guerre. À juste titre, tant impressionne le parti pris d'objectivation de Renn ; *Krieg* a beau être écrit à la première personne, c'est un récit sans émoi et sans pathos, qui rapporte des faits, sobrement, ne les interprète pas. Nous sommes dans le voisinage de la « Neue Sachlichkeit » (de la « nouvelle objectivité »), qui connaît alors sa plus grande expansion. Cela vaut également pour *Im Westen nichts Neues*, d'ailleurs.

Mais voici l'épisode, chez Renn, que je souhaite mettre en regard avec celui figurant dans *Clavel soldat*. Le narrateur fait partie de l'arrière-garde, avec mission d'arrêter les Français. On les attend plusieurs heures, que le narrateur met à profit pour se reposer sous un arbre : « Il y a dans l'air une odeur de résine fraîche. Le ciel, à travers les pins, brille azuré. Je songe que dans mes montagnes le ciel est ainsi[3]. » (Renn, 1929, p. 105) Puis les Français arrivent et s'approchent de la hauteur où les Allemands sont postés.

---

2 Werth, 1993, p. 66-68, pour les citations figurant dans ce paragraphe.

3 « Es roch nach frischem Harz. Der Himmel zwischen den Fichten war tiefblau und glänzend. Solchen Himmel gab es auch zuhause auf unserem Berge. » (Renn, 1932, p. 106)

> Du bois, les hommes sortent toujours plus nombreux.
> – Visez chacun un homme et armez ! chuchote Ernst. [...]
> Je couche en joue un Français qui monte lentement, l'arme au bras.
> – Feu à volonté ! glapit Boehm.
> Je presse la détente. La fusillade crépite. Mon homme est tombé. Quelques-uns courent encore et se jettent à terre. Je tire sur le premier à droite.
> On entend de grands fracas. [...]
> Quelques balles sifflent au-dessus de nos têtes. Nos mitrailleuses font rage[4]. (Renn, 1929, p. 106)

Mais bientôt la fusillade s'estompe, cesse ; et c'est l'ordre de retraite. Encore plus que chez Werth, le récit se résorbe dans le constat de ce qui arrive. Aucun arrière-monde de pensées ou de réflexions n'est convoqué – un souvenir, oui, mais sans halo. Le moment où le narrateur, par deux fois, se fait tueur s'intègre naturellement dans la continuité bruyante des mitrailleuses qui font feu et des obus qui éclatent. La mort volontairement infligée est un événement de la guerre parmi d'autres, et ne s'en distingue pas. Cette retenue axiologique peut surprendre, dans le contexte d'échauffement pacifiste qui caractérise majoritairement le « roman de 14-18 ». Mais en inventant le brave soldat Renn, et en ne lui offrant guère autre chose que le behaviourisme comme possible narratif, on peut imaginer que l'auteur – de son vrai nom Arnold Vieth von Golssenau : il fit la guerre comme officier – avait une haute idée de son lecteur, et voulait laisser à celui-ci le soin de conclure.

Je vais maintenant changer brièvement de focale, passer du particulier au général, et évoquer quelques contraintes – le besoin de juger en est une – qui déterminent le « roman de 14-18 ». Prenons la plus évidente, la contrainte *thématique* : au cœur de ces récits, il y a toujours la mort violente, la mort volontairement infligée. En quoi ce genre est cousin d'un autre, qui émerge au même moment, le roman noir américain, « *hard boiled* », des années 20 et 30. Si le rapprochement me paraît intéressant, c'est parce qu'il permet de faire apparaître, sous la figure du soldat, un autre rôle thématique, celui du meurtrier. Or cette surimpression

4 « Aus dem Wald kamen etwa zehn Mann unregelmässig verstreut, immer mehr. / "Jeder einen Mann aufs Korn nehmen und entsichern !"rief Ernst ganz leise. [...] / Ich legte an auf einen, der das Gewehr unter dem Arm langsam heraufstieg. / "Schützenfeuer !"rief Boehm gellend. / Ich drückte ab. Das Feuer knatterte. Mein Mann lag. Ein paar rannten noch und warfen sich hin. Ich schoss auf den ersten rechts. / Es waren Geräusche von schwerem Krachen. [...] / S ! S ! zirpten ein paar Kugeln über uns weg. Unsere Maschinengewehre ratterten. [...] » (Renn, 1932, p. 108)

– l'assassin, derrière le soldat en service commandé – hante le « roman de 14-18 » comme une inquiétude, comme une vérité refoulée. Puis vient, toujours commune aux deux genres, une contrainte que je dirai *esthétique*, au double sens de ce terme : contrainte *thymique* d'abord, la représentation de la mort violente est prise dans un réseau d'affects qui la passionnent ; mais aussi, contrainte *rhétorique*, d'incarnation dans une langue, un style, chaque auteur trouvant le diapason qui lui paraît convenable pour régler sa représentation. Enfin, une troisième contrainte s'ajoute, à laquelle j'ai déjà fait allusion, c'est la contrainte *éthique* : la mort volontairement infligée tombe, comme l'inceste par exemple, hors du champ du symbolique (à preuve, le cinquième commandement, qui la proscrit). Aussi demande-t-elle une accommodation humanisante, dont l'empan est vaste : de la répétition intransigeante de l'interdit à la justification patriotique, en passant par divers considérants destinés à comprendre et à expliquer le scandale de la mort délibérément donnée.

Muni de cette table d'orientation, je passe à la seconde situation que j'annonçais, de loin la plus propice à la promotion du soldat tueur. C'est la scène d'assaut : un groupe de soldats reçoit l'ordre de sortir de sa tranchée, pour aller prendre la tranchée adverse, voilà le schème général. Ces scènes sont rares, guère plus d'une par roman, d'habitude ; dans la pauvreté événementielle de la guerre de tranchée, elles se démarquent ; le romanesque, soudain, fait irruption...

Il y a une de ces scènes – la scène *princeps* du corpus, pourrait-on dire – dans *Le Feu* de Barbusse, prix Goncourt 1916. Elle est le point éminent et fortement intrigué de ce roman étale, où il ne se passe pas grand-chose ; le récit de l'assaut occupe un long chapitre, le chapitre 20, désigné démonstrativement à l'attention par son titre : *Le Feu*, le même que celui du roman tout entier – comme si Barbusse nous signifiait que notre longue patience allait être maintenant récompensée. En effet, si nous avons fait ample connaissance avec l'escouade du narrateur, nous l'avons connue surtout immobile, terrée dans les tranchées. Mais voici qu'elle va être plongée dans l'action. N'attendons rien de martial, cependant. Car les camarades de l'escouade, « [c]e ne sont pas des soldats : ce sont des hommes. Ce ne sont pas des aventuriers, des guerriers [...]. Ce sont des civils déracinés. » Et c'est sans passion qu'ils s'apprêtent à endosser « cette espèce de rôle de fou imposé à tout homme par la folie du genre humain ». (Barbusse, 2007, p. 280)

Le bataillon dont ils font partie s'ébranle, subit un feu de barrage, passe une première tranchée, abandonnée ; les Allemands sont derrière la suivante : « On distingue [...] de petites calottes grises [...] à une cinquantaine de mètres, au-delà d'une bande de terre noire sillonnée et bossuée » (*Ibid.*, p. 288). Une brèche permet aux Français de l'investir. Mais il ne reste, dans cette nouvelle tranchée, qu'« un mince rideau de défenseurs [qui] s'est émietté dans les trous où on les prend comme des rats ou bien on les tue » (*Ibid.*, p. 292). La frustration s'empare des hommes de l'escouade, ils voudraient aller de l'avant. Le narrateur ne les reconnaît plus. « Ils se secouent comme des drapeaux, portant comme de la gloire leur chance d'avoir survécu, implacables, débordants, enivrés d'eux-mêmes. » (*Ibid.*, p. 293) Et tandis que la garde s'organise dans la tranchée occupée, le narrateur retrouve le caporal Bertrand, une figure de sagesse et de prophétie, qui toujours parle d'or. À quelques pas d'eux, un soldat raconte ses exploits de tout à l'heure : « Moi, i's étaient quat' dans l'fond du trou. J'les ai appelés pour les faire sortir : à mesure qu'un sortait, j'y ai crevé la peau. J'avais du rouge qui me descendait jusqu'au coude. J'en ai les manches collées. » Bertrand s'afflige de ces propos : « Ah ! nous étions tous comme des bêtes quand nous sommes arrivés ici ! » (*Ibid.*, p. 297) Des hommes explicitement définis par leur inaptitude à l'enthousiasme guerrier se sont mués, dans le feu de l'action, en tueurs exaltés : voilà le contraste que ces pages imposent à l'imagination sensible des lecteurs. (Constat comparable, pour la scène d'assaut relatée dans *Im Westen nichts Neues* : « Nous sommes devenus des animaux dangereux. [...] La fureur qui nous anime est insensée ; nous ne sommes plus couchés, impuissants, sur l'échafaud, mais nous pouvons détruire et tuer, pour nous sauver... pour nous sauver et pour venger[5]. » – Remarque, 1929, p. 122-123)

Mais cette brutalisation morale, s'il faut en prendre acte, peut-on lui trouver une explication, voire une signification ? Pour Remarque, la fureur meurtrière n'a rien de noble, elle est la réponse réflexe à une détresse ultime : « nous ne combattons pas, nous nous défendons contre la destruction[6] » (*Ibid.*, p. 122). Le caporal Bertrand, chez Barbusse, ne

5 « Aus uns sind gefährliche Tiere geworden. [...] [W]ir haben eine wahnsinnige Wut, wir liegen nicht mehr ohnmächtig wartend auf dem Schafott, wir können zerstören und töten, um uns zu retten, um uns zu retten und zu rächen. » (Remarque, 2013, p. 119)

6 « Wir kämpfen nicht, wir verteidigen uns vor der Vernichtung. » (Remarque, 2013, p. 119)

saurait en rester là : tout cela, opine-t-il, « il le fallait – pour l'avenir. » (Barbusse, 2007, p. 297) Pour l'avenir, qui effacera ce présent-ci, militariste, « comme quelque chose d'abominable et de honteux » ; en revanche « [p]endant nos jours actuels, en ces moments-ci », la vérité pacifiste « n'est presque qu'une erreur » (*Ibid.*, p. 298). Pour l'heure en effet, il faut en finir avec les impérialismes, et il est fatal que la multitude se méconnaisse patriotiquement dans la figure du combattant des tranchées ; mais cela changera, lorsque la lutte des classes, après la fin du conflit, se substituera à la guerre des races. Voilà le credo d'Henri Barbusse.

Cette interprétation idéologique des tueries de masse de la Grande Guerre n'est pas sans rapport avec les considérations de Jean-Patrick Manchette (qui a renouvelé de fond en comble la tradition française du roman policier, dans les années soixante-dix) lorsqu'il évoque le roman noir américain, dont il se réclame. Pour lui, ce genre parle d'un monde où le Mal est politique et social : la violence capitaliste règne, la lutte des classes est inexistante, ou débile. Seule subsiste l'action individuelle. Mais cela changera, Manchette (comme Barbusse un demi-siècle plus tôt) en est convaincu : « la reprise de l'offensive prolétarienne [est] à terme » (Manchette, 2003, p. 22).

Il y a la considération historico-mondiale d'un côté, et les destins individuels de l'autre : cette opposition structure aussi bien le roman noir américain que le « roman de 14-18 ». Le diptyque polyphonique de Jules Romains – *Prélude à Verdun* et *Verdun* (1938) – en est un bon exemple, où l'évocation du contexte économique et politique global alterne avec les récits personnels de quelques soldats placés en première ligne, dans la tourmente inintelligible de la guerre de tranchées.

Mais voici un autre exemple encore, beaucoup plus ramassé, c'est le « J'ai tué » (1918) de Blaise Cendrars. Les premières pages de ce bref texte constituent un petit « roman de 14-18 » à elles toutes seules, avec le départ au front en chantant, puis l'immobilisation dans les tranchées constamment bombardées. « Tout pète, craque, tonne, tout à la fois » (Compagnon, 2014, p. 135). La seconde partie du texte[7] est focalisée sur une scène d'assaut ; on y trouve les éléments référentiels obligés : le cri « En avant, en avant ! » d'abord, puis la traversée des feux de batterie, le franchissement des tranchées abandonnées et le nettoyage de la position

7 Compagnon, 2014, p. 138-139. Toutes les citations du paragraphe proviennent de ces 2 pages.

conquise, Cendrars revendiquant à cette fin « l'honneur de toucher un couteau à cran ». Nous sommes à pied d'œuvre, dans l'imminence du meurtre annoncé, lorsque le récit d'action s'interrompt. Une page inattendue le retarde, où Cendrars énumère les innombrables rouages interconnectés de la machine de guerre : « Des savants, des inventeurs s'ingénient. La merveilleuse activité humaine est prise à tribut ». Tout s'y engrène, l'économie, les sciences, « la mode, les arts, les superstitions » ... tout cela, pour aboutir à cet homme prêt à en découdre, « le couteau à la main, l'eustache de Bonnot » ! « Sur toute la surface de la terre on ne travaille que pour moi ». La disproportion est patente. À quoi s'ajoute l'ironie – celle du sort aussi bien que celle de Cendrars : car la souris dont accouche cette montagne de déterminations n'a rien de commun avec elle. Le tueur à l'eustache est, pour parler comme Zola, un cas d'innéité, un être neuf, « prêt à bondir dans la réalité [...]. Je vais braver l'homme. [...] J'ai tué le Boche. J'étais plus vif et plus rapide que lui. Plus direct. J'ai frappé le premier. J'ai le sens de la réalité, moi, poète. J'ai agi. J'ai tué. Comme celui qui veut vivre. »

Après le tueur par accident, dont la frénésie meurtrière s'explique négativement (il est dans un état second), voici donc le tueur innocent, qui agit dans la plénitude vitaliste. C'est Achille, le guerrier épique, qui cherche ici à revivre dans le milieu, qui lui est hostile, de la guerre usinière, impérialiste. Mais il est à la peine. On le rencontre rarement, dans le vaste corpus du « roman de 14-18 », et lorsqu'on le rencontre, l'air lui manque, il a le souffle court.

Il y en a un, de ces Achille-*would-be*, un psychopathe caractérisé en fait, dont je dis rapidement un mot, pour déblayer le terrain. C'est Alban de Bricoule, le héros du *Songe* – un méchant roman de Montherlant, paru en 1922. Alban, nous confie l'auteur, souffre d'un complexe d'infériorité : il est à la guerre et n'a pas tué. « Quoi ! cette occasion de la guerre passerait en vain ? » (Montherlant, 1983, p. 110) Mais bientôt, dans la tranchée, il se trouve face à un Allemand, bras levés et désarmé. Or que croyez-vous qu'en cette circonstance, Alban fit ? Eh bien, « à bout portant, en pleine figure, [il] lui tira dessus » (*Ibid.*, p. 115). Son forfait accompli, diverses émotions le traversent : ainsi, un trouble quasi-sexuel, qui se prolonge en jalousie possessive (il reste auprès du mort « comme une chatte auprès de la souris qu'elle a tuée ») ; des pulsions haineuses, anti-allemandes, le submergent ; puis il se rassérène : de cette « première œuvre de sang », il sort en effet avec « le sentiment d'un progrès, d'une plus haute virilité, d'une confiance en soi rajeunie[8] » (*Ibid.*, p. 116).

Mais quittons ce « tordu », sans autre commentaire. Et passons à Ernst Jünger, qui demande une considération plus sérieuse. Jünger lui aussi voudrait voir les âges homériques ou chevaleresques se poser, en surimpression glorieuse, sur la réalité de la guerre de tranchées moderne. Comment donne-t-il corps à ce désir ? Je propose de considérer quelques scènes empruntées à « Die große Schlacht », un chapitre de *In Stahlgewittern* (1920) que Jünger a repris et considérablement amplifié en 1925 dans un volume autonome : *Feuer und Blut. Ausschnitt aus einer großen Schlacht.* Contrairement à ce que peut laisser entendre ce sous-titre, « die große Schlacht » (la grande bataille) n'est pas un nom commun ; c'est ainsi que l'on désigne – on parle aussi de la « Kaiserschlacht » – la grande offensive allemande du printemps 1918.

Jünger y participe ; dans son récit, il fait état de quelques ennemis dont la mort, par grenade ou balle de pistolet, peut être portée à son compte. Voici par exemple qu'il avise quelques fuyards : « J'en abattis un au moment où il bondissait du premier abri[9] » (Jünger, 1970, p. 317). Cet Anglais, « un jeune garçon à qui ma balle avait traversé le crâne de part en part[10] » (*Ibid.*, p. 318) a droit, en 1920, à une oraison funèbre sans pathos : « Sentiment étrange, de regarder en face un homme que l'on a tué soi-même[11]. » Oraison corrigée, et « humanisée », à partir de 1961 :

> Il gisait là, le visage détendu. Je me contraignis à le regarder dans les yeux. Je suis souvent revenu en pensée à ce mort, et plus fréquemment d'année en

8 En 1959, pour l'édition du roman dans la Pléiade, Montherlant supprimera cette scène.

9 Le texte du « Livre de Poche », conforme à la version allemande de 1961, reprend la traduction d'Henri Plard procurée par Christian Bourgois en 1970. Le dispositif adopté par Helmuth Kiesel dans son édition critique du texte original allemand – sur la page de gauche, la première version (1920), sur celle de droite, la dernière version revue par l'auteur (1978) – donne parfois matière à des constats intéressants. Ainsi, en 1978, Jünger atténue son implication, en remplaçant « Ich schoss nieder », j'abattis, par « Ich traf », j'atteignis. (Jünger, 2013, p. 540-541) Pour une étude critique de ces repentirs rétrospectifs, voir Michel Vanoosthuyse, « De l'administration du souvenir, Ernst Jünger et la Grande Guerre », *in* Adler, Lemonnier-Delpy, Ott, 2019, p. 121-130.

10 Ici également, Jünger, en 1978, met une sourdine : non plus *ma* balle qui l'avait atteint en traversant son crâne (« den mein Schuss quer durch den Schädel getroffen hatte », mais *le* projectile qui avait traversé son crâne, (« dem das Geschoss quer durch den Schädel gefahren war »). *Cf.* Jünger, 2013, p. 540-541.

11 Ma traduction. « Ein merkwürdiges Gefühl, einen Menschen ins Auge zu sehen, den man selbst getötet. » (Jünger, 2013, p. 540).

> année. Il existe une responsabilité dont l'État ne peut nous décharger ; c'est un compte à régler avec nous-mêmes. Elle pénètre jusque dans la profondeur de nos rêves[12]. (*Ibid.*, p. 318)

Dureté du guerrier ; sensibilité de l'homme. Jünger retrouve les deux types opposés de Barbusse. Mais chez lui, le guerrier est premier. L'homme vient ensuite, tardivement, dans les versions corrigées.

Mais voici d'autres fuyards encore ; ils sortent des tranchées « en grand nombre, les bras en l'air » et se hâtent « vers nos arrières, pour échapper à la fureur de la première vague [...]. J'assistai, pétrifié par l'attention, au premier choc » (*Ibid.*, p. 315). Jünger, à partir de 1961, se dépeint comme un spectateur stupéfait. Mais en 1925, lors de la réécriture de l'épisode pour *Feuer und Blut*, la fureur guerrière était loin de le pétrifier. Resongeant aux « images impitoyables » (Jünger, 2008, p. 483) dont il fut alors le témoin, Jünger précise : « sur le moment je ne les éprouve pas, bien sûr, comme impitoyables, mais comme justes et bonnes. » Car, ajoute-t-il, dans cette fièvre de meurtre, « c'est œil pour œil, dent pour dent. La monstrueuse énergie qui s'accumule lors de tels événements doit être libérée, et cette libération, dont nos civilisations établies ont tout à fait oublié la violence, ne s'accomplit que par le sang versé[13]. »

---

12 « Es lag da mit entspanntem Gesicht. Ich zwang mich, ihn zu betrachten, ihm ins Auge zu sehen. Nun hieß es nicht mehr : "Du oder ich". Oft habe ich später an ihn zurückgedacht, und mit den Jahren häufiger. Der Staat, der uns die Verantwortung abnimmt, kann uns nicht von der Trauer befreien ; wir müssen sie austragen. Sie reicht tief in die Träume hinab. » (Jünger, 2013, p. 541)

13 L'édition établie par Julien Hervier reprend la dernière version revue par Jünger, celle des *Œuvres complètes* de 1978, chez Klett-Cotta. De 1925 à cette dernière version, *Feu et sang* a connu cinq moutures. Toutes, observe Hervier dans sa Notice, vont dans le sens d'une atténuation de ce qui aurait pu paraître « scabreux », ou trop empreint de « sauvagerie », après l'accession de Hitler au pouvoir. Quelques variantes de ces éditions antérieures sont proposées en note, mais non toutes. Aussi faut-il recourir à l'édition critique de Kiesel (Jünger, 2016), pour se faire une idée exacte de l'inlassable travail de révision poursuivi par Jünger, sur plus d'un demi-siècle d'éditions successives. Ainsi des lignes citées ici (ma traduction), qui proviennent de l'édition de 1925, ont été supprimées dès 1933 et n'ont pas été reprises en note par Hervier. « Es sind unbarmherzige Szenen zu sehen, das heißt, ich empfinde sie in diesen Augenblicken natürlich nicht als unbarmherzig, sondern als gut und gerecht. [...] Hier heißt es Auge um Auge, Zahn um Zahn. Die ungeheuerliche Energie, die sich bei solchen Vorgängen speichert, muss sich erlösen, und diese Erlösung, von deren Gewalt wir inmitten einer gesicherten Zivilisation gar keine Ahnung mehr hatten, geschieht erst beim fließenden Blut. » (Jünger, 2016, p. 450).

L'état natif du guerrier, au moment de monter à l'assaut, c'est un « effréné désir de tuer[14] », que Jünger, dans *Feuer und Blut*, détaille ainsi : « Comme un éclair aveuglant s'impose un souvenir presque oublié : oui, l'ennemi est bien là-bas, un être humain est posté là, et nous allons bientôt être sur lui ! [...] Vite, mais vite ! Dans un instant nous allons regarder l'adversaire dans le blanc des yeux. » (*Ibid.*, p. 469) Mais en 1925, après « vite, mais vite ! », le texte se poursuivait fort différemment (je traduis) : « Le moment de tuer est venu ! Il n'y a plus qu'une libération, qu'un accomplissement et qu'un bonheur : le sang qui coule[15]. »

Cet enthousiasme guerrier est aux antipodes de l'atmosphère dominante, dans le « roman de 14-18 ». Les poilus qui le peuplent y verraient sans doute un exemple de plus de cette jactance mensongère dont les « bourreurs de crâne » emplissent les gazettes patriotes... Aussi Jünger a-t-il éprouvé le besoin de s'expliquer. En 1922, il publie *Der Kampf als inneres Erlebnis*, un essai entrecoupé de récits où il donne un cadre réflexif à son expérience du combat. Le poilu y figure, sans surprise, en repoussoir ; en lui s'incarne le « type en fin de compte prédominant dans les armées nationales, cette expression militaire de la démocratie » : autant de « petits-bourgeois égarés sous les armes, [...] épiciers ou gantiers, plus ou moins dégrossis à l'école du soldat[16] » (*Ibid.*, p. 573). À l'opposé se détache, comme d'« une tout autre race », le lansquenet. Ni Achille, donc, ni le chevalier médiéval, mais le reître de la Renaissance, le soudard brutal – voilà le modèle dont Jünger se réclame : « Il n'y a que deux soldats : le mercenaire et le volontaire. Le lansquenet était les deux à la fois[17]. » (*Ibid.*) Mais ces soldats rêvés, spontanément, on les supposerait récessifs, dans des tranchées remplies de petits-bourgeois... Pas du tout, dit Jünger, ils sont même portés, dans ce contexte, au sommet de leur vertu. Qu'on en juge à ces lignes :

---

14 Ma traduction. « Der übermächtige Wunsch zu töten » : l'expression figure dans la première édition (1920) des *Orages d'acier*. *Cf.* Jünger, 2013, p. 518.

15 « Wie eine fast vergessene Erinnerung blitzt es blendend auf : Dort ist ja der Feind, dort sitzt ja der Mensch, und gleich werden wir bei ihm sein ! [...] Schnell, nur schnell, jetzt muss getötet werden ! Jetzt gibt es nur eine Erlösung, eine Erfüllung und ein Glück : Das fliehende Blut. » (Jünger, 2016, p. 433-434).

16 « [...] den in Waffen gesteckte Spießbürger, in Volksheeren zuletzt überwiegenden Typ. Das waren Krämer oder Handschuhmacher, mehr oder minder soldatisch überschliffen [...]. » (Jünger, 2016, p. 80)

17 « Es gibt nur zwei Soldaten : den Söldner und den Freiwilligen. Der Landsknecht war beides zugleich. » (Jünger, 2016, p. 80)

> Le style de la bataille de matériel et du combat des tranchées, qu'on livrait de manière plus implacable, sauvage et brutale qu'on ne l'avait jamais fait, engendrait des hommes tels que le monde n'en avait point encore vu. C'était une race toute nouvelle, l'énergie incarnée, chargée de force au suprême degré. [...] Saltimbanques de la mort, maîtres ès flammes et explosifs, fauves splendides, tels ils fonçaient à travers les tranchées. À l'instant du choc, ils étaient quintessence de toute l'agressivité guerrière que le monde a jamais portée, un amalgame exacerbé du corps, de l'intellect, du vouloir et des sens[18]. (*Ibid.*, p. 555)

Le lecteur qui prend connaissance d'*In Stahlgewittern* dans les éditions assagies de 1961 ou 1978 y rencontre un héros certes plus tonique et heureux de combattre que nombre de ses semblables, mais dont le réalisme testimonial, en gros, le convainc. Ce lecteur peut souscrire sans reste à l'opinion autorisée d'André Gide : « Le livre d'Ernst Jünger, *Orages d'acier*, est incontestablement le plus beau livre de guerre que j'aie lu[19]. »

Mais ce même lecteur, s'il prend connaissance ensuite de *Feuer und Blut*, ou s'il parcourt *Der Kampf als inneres Erlebnis*, découvre, non sans effroi, les harmoniques d'*In Stahlgewittern* : c'est-à-dire, tout un apparat de réflexions qui valorisent le meurtre militaire ; et surtout, cette race de fauves splendides dont l'émergence est saluée avec un lyrisme échevelé. Qui aurait imaginé cela ? Jünger, ce témoin de bon aloi, veut être un lansquenet : son achèvement idéal-typique, il le rencontre dans une horde d'athlètes de la mort. Mais sa grandiloquence va à fin contraire : on ne peut lire aujourd'hui, me semble-t-il, la page que j'ai citée sans être sensible à son humour involontaire...

« J'ai tué » : le fait de la mort volontairement infligée, pendant la Grande Guerre, fut patent. Mais comment dire ce fait ? Simplement, constativement – et c'est *Krieg*, de Ludwig Renn. Ou provocativement – et c'est Cendrars. Puis on peut tenter des explications, des explications élémentaires souvent : sauver sa peau. Enfin, on peut rêver que malgré les obus, Homère, l'épopée, sont de retour. Mais Jünger, qui fit

18 « Der Geist der Materialschlacht und des Grabenkampfes, der rücksichtsloser, wilder, brutaler ausgefochten wurde als je ein anderer, erzeugte Männer, wie sie bisher die Welt nie gesehen. Es war eine ganz neue Rasse, verkörperte Energie, mit höchster Wucht geladen. [...] Jongleure des Todes, Meister des Sprengstoffes und der Flamme, prächtige Raubtiere federten sie durch die Graben. Im Augenblick der Begegnung waren sie der Inbegriff des Kampfhaftesten, was die Welt tragen konnte, schärfste Versammlung des Körpers, der Intelligenz, des Willens und der Sinne. » (Jünger, 2016, p. 61)

19 On lit ce jugement au dos de l'édition du Livre de Poche.

ce rêve, doit à la vérité de le décaler dans le temps : en 1914, ce ne sont pas les hoplites ou les chevaliers qui investissent les tranchées, mais les mercenaires brutaux et ivrognes du XVIe siècle. Si, pour être chantée épiquement, la Grande Guerre n'offre pas d'autre matériau que celui-là, alors il vaut peut-être mieux renoncer à la chanter ; et se contenter de la dire, comme Renn, Remarque, Werth ou Chevallier.

Jean KAEMPFER
Université de Lausanne

BIBLIOGRAPHIE

ADLER, Aurélie, LEMONNIER-DELPY, Marie-Françoise, OTT, Herta-Luise (dir.), *Figurations épiques et contre-épiques de la Grande Guerre*, Rennes, Presses universitaires de Rennes, coll. « Interférences », 2019.

BARBUSSE, Henri, *Le Feu. Journal d'une escouade*, Paris, Gallimard, coll. « folioplus classiques », 2007.

CHEVALLIER, Gabriel, *La Peur* (1930) Paris, LGF, coll. « Le Livre de poche », 2010.

COMPAGNON, Antoine, *La Grande Guerre des écrivains. D'Apollinaire à Zweig*, (choix et présentation des textes), Paris, Gallimard, coll. « folio classique », 2014.

JÜNGER, Ernst, *In Stahlgewittern, Historisch-kritische Ausgabe*, hrsg. von Helmuth Kiesel, Stuttgart, Klett-Cotta, 2013.

JÜNGER, Ernst, *Orages d'acier*, Paris, LGF, coll. « Le Livre de Poche biblio », s. d., [1970].

JÜNGER, Ernst, *Krieg als inneres Erlebnis. Schriften zum Ersten Weltkrieg*, hrsg. von Helmuth Kiesel, Stuttgart, Klett-Cotta, 2016.

JÜNGER, Ernst, *Journaux de guerre, I. 1914-1918*, Julien Hervier éd., Paris, Gallimard, coll. « Bibliothèque de la Pléiade », 2008.

MANCHETTE, Jean-Patrick, *Chroniques*, Paris, Rivages, coll. « Rivages/noir », 2003.

MONTHERLANT, *Le Songe*, Paris, Gallimard, coll. « Folio », 1983.

WERTH, Léon, *Clavel soldat*, Paris, Viviane Hamy, 1993.

RENN, Ludwig, *Krieg*, Frankfurt am Main, Societäts-Verlag, 1932.

RENN, Ludwig, *Guerre*, Paris, Flammarion, 1929.

REMARQUE, Erich Maria, *À l'Ouest rien de nouveau*, Paris, Stock, 1929.

REMARQUE, Erich Maria, *Im Westen nichts Neues*, Köln, Kiepenheuer & Witsch, 2013.

SCHOENTJES, Pierre, *Fictions de la Grande Guerre. Variations littéraires sur 14-18*, Paris, Classiques Garnier, 2008.

« MON CHEVAL, CE GRAND MALHEUREUX »

Le cheval comme figure de réflexion éthique dans les textes littéraires de l'entre-deux-guerres

LES CHEVAUX DANS LA GRANDE GUERRE

Les chevaux de la Première Guerre mondiale sont le point de mire des recherches historiques depuis quelques années. Dans le cadre de ce qu'on appelle les « *human-animal studies* », qui sont actuellement populaires dans les sciences humaines et qui essaient de rendre visible l'apport des animaux à l'histoire culturelle (Roscher, 2015, p. 81), sont parues plusieurs monographies sur le sujet[1]. Selon ces ouvrages, environ 1,8 million de chevaux ont été utilisés à des fins militaires entre 1914 et 1918 (Milhaud, 2017, p. 7), soit dans le commandement et dans la cavalerie, soit dans la construction des tranchées et dans le ravitaillement de denrées alimentaires et de munitions (Saint-Bastien, 2014, p. 18-21)[2] ; à peu près 60 % d'entre eux sont morts (Milhaud, 2017, p. 7) en raison de mauvaises conditions de vie (Baratay, 2013, p. 61-91), de maladies ou de blessures par projectiles ou d'attaques au gaz (Herwig, 2016, p. 307). Les champs de bataille sont à cet égard, comme le formule Jean-Louis Andreani (2014, p. 198), « de gigantesques cimetières de chevaux ».

---

1 Entre autres : *Bêtes des tranchées* d'Éric Baratay (2013), *La Grande Guerre à cheval* de Jean-Louis Andreani (2014), *Les animaux dans la Grande Guerre* de Jean-François Saint-Bastien (2014) et *1914-1916. L'autre hécatombe* de Claude Milhaud (2017).

2 Bien que l'armée ait de plus en plus de voitures à sa disposition, les chevaux restent le moyen de transport principal, puisque la demande de véhicules motorisés est loin d'être satisfaite (Altieri, 2016, p. 257-276) et puisque beaucoup de routes sont en si mauvais état que seuls les chevaux arrivent à passer (Popp, 2016, p. 234).

Mais la Grande Guerre n'atteint pas seulement un point culminant quant à « l'usure » quantitative des chevaux, elle constitue également un tournant décisif dans la qualité de leur instrumentalisation pour des intérêts humains. Les innovations technologiques de l'artillerie industrielle, l'implantation de la guerre des tranchées et des immenses batailles de matériel et les morts massives et anonymes qui déromantisent fondamentalement l'expérience du combat (Becker, 2004, p. 37 et 40-41) ont aussi des répercussions sur le rôle des chevaux : dans la mesure où les luttes d'homme à homme et les attaques surprises deviennent obsolètes, ils sont de moins en moins impliqués directement dans les conflits armés, et apparaissent plutôt à l'arrière, remplissant des fonctions logistiques (Andreani, 2014, p. 10 et 176). Je me propose ici de montrer que cette reconversion des chevaux de guerre va de pair avec un changement du discours sur eux et, par la suite, avec un changement des conventions de leur représentation littéraire. Progressivement débarrassés des anciennes connotations belliqueuses, ils peuvent alors connaître un renouvellement sémantique. Partant des idées reçues sur les chevaux qui circulent à l'époque, le but de la contribution est de démontrer que les chevaux fonctionnent – surtout dans les œuvres de l'entre-deux-guerres qui se caractérisent, si on les compare à celles de la période antérieure, par un plus haut degré d'éléments fictionnels et une plus grande tendance à la symbolisation (Schoentjes, 2009, p. 43) – comme accélérateurs de la réflexion éthique sur la guerre.

LA MISE EN DISCOURS DES CHEVAUX DE GUERRE

Au plus tard depuis le Moyen Âge, les chevaux sont inextricablement liés à la guerre (Hyland, 1994, p. 148) et y représentent non seulement un moyen de déplacement, mais aussi une arme secrète (Clauss, 2009, p. 52). Puisque les chevaliers sont, à l'époque, beaucoup plus opérationnels et incisifs que les fantassins (Oeser, 2007, p. 82), le nombre et la qualité de leurs animaux décident de l'issue des combats (Raber/Tucker, 2005, p. 11). Il n'est donc pas étonnant que ceux-ci soient associés à la politique. Comme le démontre le fait que les rois apparaissent lors des occasions représentatives ou sur des tableaux toujours à dos de cheval (Schumacher, 1994, p. 43), ils contribuent à la consolidation idéologique du pouvoir : maîtriser son animal équivaut, au niveau symbolique, à être capable de remplir le contrat social et de protéger ses sujets en cas de conflit, c'est-à-dire à posséder une légitimité en tant que souverain (Grange, 2009, p. 323-325). D'ailleurs, cette logique fonctionne aussi à l'inverse, de sorte que les chevaux sont parfois les véhicules de la critique des dirigeants : lorsqu'ils apparaissent dans des textes et sur des gravures dans un état négligé et décharné, ils indiquent un abus de pouvoir ou un règne illégitime (Raber/Tucker, 2005, p. 12).

Une deuxième connotation traditionnellement appliquée aux chevaux est leur élan aristocratique. Celui-ci est dû au fait qu'au Moyen Âge, ainsi qu'au début de l'époque moderne, seuls les nobles ont les moyens d'acheter et d'entretenir un cheval, et de risquer de le perdre lors d'une bataille (Hyland, 1999, p. 28). L'animal exprime donc une certaine distinction, qui est soulignée discursivement par sa mise en relation systématique avec les valeurs chevaleresques et courtoises (Kelenka, 2009, p. 336). Dans de nombreux documents officiels et littéraires, il est décrit comme intrinsèquement noble, honnête, courageux et belliqueux (Roche, 2011, p. 11) et les dresseurs font de grands efforts pour que ses postures et mouvements correspondent à cette image (Grange, 2009, p. 323-325). Les intérêts aristocratiques sont donc projetés sur les chevaux et indissociablement reliés à eux dans l'imaginaire social.

Cette fusion conceptuelle du cheval et du cavalier devient topique et persiste au-delà de la pacification des guerriers aristocratiques à la Renaissance (Roche, 2011, p. 273) et de l'importance croissante de l'infanterie depuis l'implantation progressive des armes à feu au XVIIe et XVIIIe siècle (Kernic, 2001, p. 160-169), et (aussi anachronique que cela puisse paraître) elle continue d'être constitutive de l'identité de l'armée, même au début de l'ère de la guerre industrielle (Bresky/ Homeier, 2013, p. 37). Un coup d'œil jeté sur les traités d'équitation[3], destinés à

3 Une discussion vive sur la question du dressage des chevaux pour le contexte militaire apparaît à partir de 1830 après la publication du manuel *Cours d'équitation militaire*, et les publications se multiplient autour de la guerre franco-allemande (Roche, 2015, p. 49). Parmi les traités les plus importants, on compte : *Méthode d'équitation* de François Baucher (1842), *Développement d'une question équestre relative au dressage des chevaux* d'Alexis d'Abzac (1852), *Traité d'équitation illustré* d'Antoine-Henri-Philippe-Léon Cartier d'Aure (1870) et *Questions équestres* d'Alexis L'Hotte (1906). Les manuels sont consultés ici,

l'apprentissage du dressage dans un contexte militaire[4], montre que la vision du rôle des chevaux sur les champs de bataille n'a pas grandement changé. D'après le *Traité d'équitation illustré* du Comte d'Aure (1870), les dirigeants associent toujours le succès militaire à la cavalerie :

> Le ministère de la guerre a prouvé qu'il ne reculerait devant aucun sacrifice pour assurer la remonte de sa cavalerie. [...] Qu'il ne se préoccupe pas des ressources qu'offre le pays ; qu'il achète bien, qu'il fasse faire des acquisitions régulières, qu'il n'entrave pas les opérations de la remonte par des règlements méticuleux, et il peut être certain que le pays ne lui faillira jamais ! (Cartier d'Aure, 1870, p. 127).

Même après la défaite de 1871, qui est aussi perçue comme un désastre parce que la collision de mitrailleuses et de chevaux a entraîné de considérables pertes du côté de la cavalerie (Andreani, 2014, p. 16), le gouvernement décide d'investir davantage dans la cavalerie en tant qu'arme offensive et de surprise[5] et réintroduit même la lance comme arme obligatoire pour les dragons en 1890 et pour les chasseurs à cheval depuis 1912 (Demory, 2008, p. 27[6]). Les chevaux restent donc une affaire politique.

En outre, la connotation aristocratique est toujours perceptible, non seulement par le fait que la plupart des auteurs des traités sont issus de familles nobles, mais aussi parce que l'idée perdure, par exemple dans *Méthode d'équitation* de François Baucher, que « devenir des gens de cheval » est « complètement indispensable à l'éducation des jeunes gens de famille » (Baucher, 1842, p. 149). Aussi, les valeurs associées aux animaux

---

puisqu'ils unissent l'expérience empirique et l'idéal de l'équitation, et transmettent ainsi la valorisation des chevaux sous forme pure, mais ces idées circulent évidemment aussi dans d'autres genres comme les journaux des soldats, des articles de presse ou des textes littéraires.

4 Cette intention est parfois explicitée, comme chez François Baucher qui dit que « l'espoir d'être un jour utile à mon pays en perfectionnant dans l'armée l'instruction des hommes et des chevaux, était le stimulant le plus puissant qui encourageait mes efforts » (Baucher, 1842, s. p.) ; parfois elle est exprimée indirectement, quand les textes plaident pour une équitation dénuée d'artifices et adaptée « aux besoins et aux usages de l'époque » (Cartier d'Aure, 1870, p. 193-194).

5 Cet argument se trouve chez le général L'Hotte qui est chargé de donner une nouvelle orientation à l'équitation militaire après la guerre franco-allemande (L'Hotte, 1905, p. 375).

6 La réintroduction de ces armes n'a pas que des raisons nostalgiques, elle est aussi due au fait que le galop, l'allure principale de la cavalerie à l'époque, rend impossible l'emploi précis d'armes à feu (Bresky/Homeier, 2013, p. 36).

restent les mêmes, les auteurs mentionnent le « courage », l'« ardeur » et la « force » (Sans auteur, 1830, p. 232-233) naturelle des chevaux, leur « vertus » et leur « bonne discipline » (Cartier d'Aure, 1870, p. XVII). On les dote ainsi d'attributs fondamentalement combattifs, souvent associés à un ton pathétique qui invoque la gloire et l'héroïsme. On peut donc considérer les chevaux, comme le fait Rainer Pöppinghege, comme les reliques d'une forme de guerre largement démodée qui possèdent un potentiel identificatoire, même à l'époque de la guerre industrielle (Pöppinghege, 2009, p. 238[7]).

Cela étant, c'est pour certains un véritable choc lorsque la Première Guerre Mondiale, avec ses combats statiques contre un ennemi sans visage, ses immenses dégâts matériels et ses pertes humaines et animales, leur fait prendre conscience que l'esprit cavalier et l'idée de s'intégrer dans la longue lignée de combattants glorieux sont irréalisables (Andreani, 2014, p. 34). Surtout après la fin de la guerre de mouvement à la fin de l'année 1914 qui aurait pu être, en principe, une occasion pour la cavalerie de se couvrir de lauriers[8], une certaine désillusion et la panique s'installent, notamment dues à l'expérience de la vulnérabilité accrue des cavaliers et de leurs chevaux se déplaçant en dehors des tranchées (Andreani, 2014, p. 137). Elles deviennent perceptibles dans les témoignages des soldats, qui intègrent de plus en plus de passages non-épiques sur les chevaux de l'armée. Au début, ceux-ci se trouvent surtout dans les écrits des adversaires[9], mais les sources françaises laissent également toujours plus de place aux misères des animaux, de sorte que le général Chambe écrit : « Je regardais nos chevaux devenant peu à peu méconnaissables, efflanqués, mornes, abattus, le poil terne, les salières enfoncées, les côtes en cerceaux, la plupart bientôt incapables d'un effort sérieux » (Général Chambe, 1979, p. 80) tandis que l'artilleur Lintier déplore : « Les chevaux sont encore plus las que les hommes. Beaucoup ont été légèrement blessés dans les combats de lundi et de mardi. Leurs plaies suppurent. Personne ne les soigne » (Lintier, 1916, p. 178). Plus

7 L'usage des chevaux dans la guerre ne dépend donc pas uniquement du progrès de la motorisation, mais est également motivé par des raisons culturelles.

8 Cette occasion de lancer une attaque surprise n'est pas saisie (Andreani, 2014, p. 127).

9 Le général anglais Clouthing raconte, par exemple, l'histoire d'un « cheval devenu fou, frappant sa tête contre les murs avant qu'on mette fin à ses souffrances. C'était horrible à voir ! » et le général Spears admet : « Jamais plus belle force de cavalerie ne fut plus inutilement gaspillée » (cit. d'après Baratay, 2013, p. 174 ; Demory, 2008, p. 26).

détachés encore du ton héroïque sont les chevaux de traits, qui suscitent souvent beaucoup de compassion, comme dans la lettre que Maurice Drans écrit le 21 mai 1917 à sa compagne :

> Avant-hier soir, étant de corvée de soupe avec Nicolas Leroux, je passais ma main sur l'échine pelée d'une des pauvres haridelles de notre « roulante ». Pauvre bête, disais-je, lamentable qui cache une âme pacifique avec ton grand œil mélancolique fixé sur quelque rêve de prairie, tu ressembles à tes frères les hommes de la tranchée ! Tu peines et tu es condamnée. Je l'ai revue ce matin, ayant terminé son temps sur la terre, les quatre fers en l'air et baignant dans son sang (Guéno, 2012, p. 108).

J'ai reconstruit en détail ce changement du discours des chevaux dans le contexte de la guerre industrielle, parce qu'il est indispensable de le prendre en considération si l'on souhaite comprendre l'effet qu'ils ont sur les soldats et, par conséquent, leur valeur expressive dans les textes littéraires. Vu sous cet angle, un cheval mort – par exemple – est plus qu'un cadavre et peut signifier à la fois une remise en question des nombreuses attentes idéologiques qui reposent sur cet animal. Dans ce qui suit, je vais démontrer dans quel sens les chevaux sont, dans ce contexte, justement prédestinés à susciter l'identification du lecteur, à critiquer des dirigeants et à propager le pacifisme, en un mot : à instruire le lecteur normativement.

LA FONCTION ÉTHIQUE DES CHEVAUX DANS LES TEXTES LITTÉRAIRES DE L'ENTRE-DEUX-GUERRES

LE CHEVAL, PROMOTEUR DE L'IDENTIFICATION

Les textes littéraires sur la Grande Guerre recourent à maintes reprises à la longue tradition du cheval comme surface de projection du cavalier, bien qu'ils contrarient et inversent souvent les valeurs qui lui sont communément attribuées. Ceci se remarque, par exemple, dans *Le Grand Troupeau* de Jean Giono, où un cheval apparaît lors d'une description d'un champ de bataille après l'attaque : « Tout le pays est déblayé devant eux. Rien que des morts, de la terre déchirée, des villages en feu. Un cheval fou tout empêtré dans ses guides dans un pré » (Giono, 1931, p. 234). Le fait que le style impassible et elliptique, employé dans de nombreux témoignages sur la guerre (Kessler-Claudet, 2005, p. 13), ne permette pas de valorisations subjectives, fait du cheval un instrument de représentation de l'horreur de la guerre[10]. Il obtient donc la double fonction d'extérioriser des sentiments que le narrateur passe sous silence, parce qu'ils sont trop intenses pour être supportés et parce qu'il serait puni de les suivre, et de signaler, ou même de dénoncer, ce manque de repères et cette aliénation.

Cet effet s'intensifie lorsque les textes recourent au motif du cheval mort, comme dans la scène du roman *Le Grand Troupeau*, que je viens de traiter :

> C'est une batterie anglaise : des roues, des tronçons de tubes, des douilles vides, des obus comme des cocons de chenilles ; des chevaux éventrés, le cou tordu ; des hommes, la face contre la terre ; des visages noirs qui mordent le ciel ; une jambe, de la chair en bouillie, de la cervelle d'homme sur une jante de roue. [...] La route est comme un ruisseau mort. Elle est sous la pourriture de voitures, de chevaux crevés et d'hommes ; des canons dans les fossés, des mitrailleuses, des tôles éventrées, des tonneaux de bière, des caisses de galettes, des pains de sucre, des sacs de tabac (Giono, 1931, p. 235).

Ces énumérations asyndétiques et principalement elliptiques dirigent l'attention du lecteur sur la destruction universelle. Le récit mentionne des objets matériels, des animaux et des hommes d'une manière non-systématique, de sorte que les limites entre l'inanimé et l'animé, entre la nature et la civilisation, paraissent se dissoudre. Ceci est souligné par le fait que les objets sont représentés comme des entités vivantes (au moyen des comparaisons et des métaphores) et les êtres réifiés (par la formulation « de la chair en bouillie, de la cervelle d'homme sur une jante de roue », qui réduit le soldat à une viande). À cela s'ajoute que les éléments décrits n'existent qu'en tant que fragments (il n'est pas question d'un chariot, mais d'une roue, pas de tubes, sinon de tronçons de tubes, pas de cadavres, sinon de parties du corps etc.) et qu'il existe des incohérences quant au nombre grammatical des composants

10 Le motif du cheval fou est topique dans la représentation des guerres de la première moitié du XXe siècle et se trouve, par exemple, au centre de la composition de *Guernica* de Pablo Picasso.

mentionnés (« des hommes, la face contre la terre », « des visages [...] ; une jambe »). Le traitement rhétorique est le même pour les chevaux qui sont « éventrés, le cou tordu », donc ni des entités complètes, ni faciles à compter. En faisant ressortir ainsi la force dévastatrice de la guerre, le passage la fait paraître illégitime. Le cheval éventré possède dans ce contexte un rôle clef : d'une part, la douleur, l'impuissance et l'horreur que le « Je », s'accrochant à la focalisation externe, n'arrive pas à expliciter, se transmettent dans l'image de sa blessure et déformation, de sorte qu'elle devient palpable ; d'autre part, il expose au méta-niveau, justement, cette fonction expressive des chevaux consistant à tourner l'intérieur vers l'extérieur, créant ainsi, dans le même temps, une distance esthétique. L'animal jette donc un pont entre les émotions du « Je » et le message normatif du passage.

LE CHEVAL, VÉHICULE DE LA CRITIQUE

Les chevaux ne favorisent pas seulement une attitude de réception identificatrice, mais incitent également à la réflexion sur la condition et la dignité des soldats[11]. On peut constater ceci, par exemple, dans *Voyage au bout de la nuit*, où le narrateur affirme : « Les chevaux ont bien de la chance eux, car s'ils subissent aussi la guerre, comme nous, on ne leur demande pas d'y souscrire, d'avoir l'air d'y croire. Malheureux mais libres chevaux ! L'enthousiasme hélas ! C'est rien que pour nous, ce putain ! » (Céline, 1952, p. 43). La prétendue liberté vantée des animaux, qui est absurde du fait de l'instrumentalisation radicale dont ils souffrent et du fait qu'ils sont soumis en tant qu'innocents aux atrocités, devient le point de départ du cynisme typiquement célinien, qui est censé accentuer la différence entre l'attitude des dirigeants et celle des soldats à l'égard de la guerre[12]. Celle-ci apparait comme une obligation imposée par des fonctionnaires qui, obnubilés par leurs idéaux abstraits et leurs aspirations au pouvoir, restent indifférents au sort des soldats. De cette manière, le cheval permet l'expression indirecte d'une critique de la guerre et des autorités qui, autrement, serait éventuellement restée (auto-)censurée.

11 Cette fonction dénonciatrice des chevaux n'est pas une spécificité française mais se retrouve aussi dans les textes littéraires allemands et britanniques (Kropp, 2014, p. 133).

12 Cette connexion étroite entre une attitude apatriotique et anti-guerre et la colère envers les supérieurs est une constante de *Voyage au bout de la nuit* (Kessler-Claudet, 2005, p. 83).

Dans ce contexte moraliste, le motif du cheval blessé joue un rôle central, notamment parce qu'il représente l'inversion satirique de l'image du cheval majestueux et victorieux[13]. Dans *Voyage au bout de la nuit*, il est repris plusieurs fois, par exemple, quand le « Je » raconte la vie quotidienne dans la cavalerie :

> [...] mon cheval aussi pour qu'il ne souffre plus, parce qu'il n'en avait plus de dos ce grand malheureux, tellement qu'il avait mal, rien que deux plaques de chair qui lui restaient à la place, sous la selle, lares comme mes deux mains et suintantes, à vif, avec des grandes traînées de pus qui lui coulaient par les bords de la couverture jusqu'aux jarrets. Il fallait cependant trotter là-dessus, un, deux [...]. En montant dessus son dos, ça lui faisait si mal qu'il se courbait, comme gentiment, et le ventre lui en arrivait alors aux genoux. Ainsi on aurait dit qu'on grimpait sur un âne. C'était plus commode ainsi, faut l'avouer. On était bien fatigués nous-mêmes, avec tout ce qu'on supportait en aciers sur la tête et sur les épaules (Céline, 1952, p. 31).

Les mutilations de l'animal n'ont pas qu'une fonction référentielle[14], mais possèdent également un sens figuré. Le fait que la douleur soit décrite d'une manière hyperbolique (« il n'en avait plus de dos », « on en restait suffoqué », « le ventre lui en arrivait alors aux genoux »), avec un souci du détail qui vise à provoquer du dégoût (« grandes traînées de pus qui lui coulaient par les bords de la couverture jusqu'aux jarrets », « l'odeur qui lui sortait des blessures, ça sentait si fort ») et moyennant de nombreux mots de l'isotopie « douleur » (« souffre », « avait mal », « blessures », « ça lui faisait si mal qu'il se courbait ») tout comme le fait que l'animal soit traité comme « malheureux » et personnifié (par les comparaisons « comme mes deux mains » et « encore bien plus patient que des hommes ») favorise une attitude compatissante du lecteur envers le cheval[15]. Celle-ci entre en fort contraste avec le comportement du

13 Chez aucun autre auteur la désillusion face à la gloire perdue de la cavalerie n'est aussi perceptible que chez Céline, qui fait partie du très prestigieux 17e régiment des Cuirassiers qui ne sera utilisé pour aucune offensive pendant la guerre. Il est significatif que Céline soit blessé en combattant à pied et non à cheval.

14 Les blessures au dos sont très fréquentes pendant la Grande Guerre an raison de la surutilisation des chevaux (Baratay, 2013, p. 174). Ce n'est pas un hasard si Céline choisit une blessure d'usure et non, par exemple, une blessure par balle pour transmettre sa critique, puisqu'elle est éloignée de toute connotation héroïque.

15 Ce *becoming animal* virtuel contribue aussi à la confusion des catégories « homme » et « animal » et ne permet ainsi pas seulement que le lecteur se fasse une idée des expériences des chevaux de guerre, mais pousse aussi dans la direction d'une lecture symbolique.

« Je » qui, pleinement conscient de ses actes, exploite sa monture jusqu'à l'épuisement total. Les commentaires désinvoltes « comme gentiment », « c'était plus commode ainsi, faut l'avouer » ou « on était bien fatigués nous-mêmes » font preuve d'égoïsme ou même de sadisme et accentuent le caractère déshumanisant et amoral de la guerre. Il est de même possible d'interpréter ce message comme une critique des hommes politiques : si l'on tient compte du symbolisme du cheval en tant que miroir de la relation dirigeant-sujet, la scène devient une accusation muette de l'injustice qui force les soldats à se sacrifier pour ses objectifs, sans remplir leur part du contrat social. Les motifs abjects comme l'avidité étant inadmissibles comme motifs de guerre, ici aussi, la légitimité de l'action militaire est mise en doute.

LE CHEVAL, MOTEUR DU PACIFISME

Une troisième fonction que possèdent les chevaux dans les textes analysés est d'être les ambassadeurs d'un message pacifiste. Il est frappant de constater que, chaque fois que ceux-ci sont détachés du contexte belliqueux, ils aspirent à l'union harmonieuse avec leurs semblables, faisant ainsi preuve – contrairement à la tradition discursive – d'un caractère qui n'est aucunement batailleur. Dans *Voyage au bout de la nuit*, on trouve un passage semblable évoquant plusieurs chevaux allemands restés sans cavaliers :

> On semblait les chercher [les Allemands], mais on s'en allait plus loin dès qu'on les apercevait. À chaque rencontre, deux ou trois cavaliers y restaient, tantôt à eux, tantôt à nous. Et leurs chevaux libérés, étriers fous et clinquants, galopaient à vide et dévalaient vers nous de très loin avec leurs selles à troussequins bizarres, et leur cuirs frais comme ceux des portefeuilles du jour de l'an. C'est nos chevaux qu'ils venaient rejoindre, amis tout de suite. Bien de la chance ! C'est pas nous qu'on aurait pu en faire autant ! (Céline, 1952, p. 37)

Comparé au ton fataliste du reste du roman, cet extrait possède un caractère optimiste, presque utopique : après la mort de leurs cavaliers, les chevaux se trouvent en liberté, les étriers et les selles, instruments de leur domination et contrôle, ressemblent à des chaînes brisées. Les oppositions et confrontations syntactiques créées par la structure textuelle (« tantôt à eux, tantôt à nous », « leurs chevaux » vs. « nos chevaux ») sont surmontées par leur comportement social. Cette idée communautaire est stylistiquement accentuée par le fait que les passages qui évoquent des hommes utilisent des phrases plutôt courtes et fragmentées, qui iconisent la distanciation, alors que celles évoquant les animaux présentent un rythme fluide et dynamique, qui exprime une ouverture d'esprit. Ainsi se manifeste le fait que la guerre n'est pas un désir intrinsèque des chevaux, mais une obligation imposée par les hommes ou alors, en lecture symbolique : que ce sont les souverains et non les soldats qui la cherchent. De plus, le message affirmant que tous les chevaux sont égaux, puisque seul le matériel d'équitation varie, que ceux-ci arrivent à s'entendre si leurs écuyers ne l'empêchent pas, participe d'un concept universaliste de la compréhension interculturelle et promeut un message humaniste, qui rend superflue et illégitime l'action belliqueuse en soi, insinuant qu'un accord est possible par des moyens pacifiques.

D'autres animaux qui propagent la paix se trouvent dans *Le Grand Troupeau*, roman qui établit dès le début un contraste entre les chevaux de guerre et les chevaux agricoles. Tandis que les premiers sont morts, souffrants ou décharnés, les deuxièmes se caractérisent par leur vivacité, leur jeunesse et leur gaieté :

> Devant eux, trois chevaux lourds trottent dans l'herbe, des chevaux de labour échappés ; une petite jument nue et luisante dansote devant son poulain : elle voit les hommes, elle les attend. Elle vient, devant La Poule, baller de la tête, rire et trotter dans son pas. La poulaine dans de biais contre Olivier (Giono, 1931, p. 236).

Cette charge sémantique positive véhicule implicitement le message qu'une vie en liberté et sans guerre est préférable pour les chevaux (et au niveau symbolique pour les hommes). Ceci devient encore plus clair dans la scène où la paysanne Julia, qui vient d'apprendre que son mari a perdu une main à la bataille, s'enfuit à l'étable de sa ferme pour donner libre cours à ses larmes (*ibid.*, p. 161-164[16]). Une certaine complicité s'établit entre la femme et un cheval qui s'y trouve et qui semble répondre à son chagrin, s'intéresser à elle et la consoler[17]. Quand il est dit que

16 Le chronotope de l'étable fait penser à la naissance du Christ et souligne de cette manière le but utopique du passage au fait de montrer une alternative à la guerre et l'idée d'une vie en harmonie avec la création divine. Sur le rôle central du symbolisme chrétien pour la propagation du pacifisme, voir : Rieuneau (1974, p. 284 et 290).

17 Bien que la majorité des chevaux des agriculteurs – tout comme les chevaux de mine et de trait – soit recensés au début de la guerre et mis au service de l'armée, chaque ferme

« Le vieux cheval tourne la tête. Ce n'est pas son heure d'herbage. Il regarde la femme » ou « Le cheval frotte son front contre l'épaule de Julia » (Giono, 1931, p. 161 et 163), une sorte de focalisation interne est créée et suggère que l'animal comprend les sentiments de sa propriétaire et interagit avec elle. Cette impression d'un dialogue inter-espèces est renforcée par l'usage du discours direct[18] et par la reprise des lexèmes employés dans la caractérisation du beau-père de Julia quelques lignes plus haut, dans la description du cheval[19].

Par le biais de ce cheval, *Le Grand Troupeau* établit donc une certaine correspondance entre la nature et l'homme qui s'avère efficace eu égard à la catharsis psychologique de Julia[20]. Tandis que sur le champ de bataille la vie paraît dénuée de sens et désocialise les sujets, dans les lieux qui ne sont pas touchés directement par la guerre, l'accord de l'individu avec lui-même et avec son environnement reste possible[21]. Cette différence s'exprime aussi grâce à la mise en scène : tandis que les événements au front illustrent – par la sobriété de la description réaliste – l'isolement du soldat, la scène de l'étable évoque – par le biais de l'utilisation du discours indirect libre – une certaine subjectivité et immédiateté[22]. *Le*

---

est autorisée à garder au moins un cheval pour maintenir le fonctionnement rudimentaire de l'entreprise (Andreani, 2014, p. 52). La reprise de ce cheval dans le roman dirige l'attention du lecteur sur la vie au-delà de la guerre.

18 Julia parle au cheval, lui donnant des instructions, lui racontant le malheur de son mari, exprimant ses émotions et réagissant à ses gestes.

19 Le narrateur parle du « visage de terre » du beau-père et mentionne à la page suivante les « yeux verts et roux d'avoir toujours regardé la terre » du cheval (Giono, 1931, p. 161 et 162).

20 Cette union de l'homme et de la nature est aussi matérialisée dans les nombreuses comparaisons et métaphores animalisantes et naturalisantes : « [elle veut] comme une bête, se rouler par terre, se faire petite dans un trou de terre et rester là », « comme une petite bête », « comme une feuille », « ruissellement », « comme une prune », « en nid de fourmi » (*ibid.*, p. 161, 163, 164). Le fait qu'un personnage féminin réussisse à se consoler à l'aide du cheval répond à l'idéologie patriarcale de la proximité des femmes de la nature qui, dans le cas présent, est valorisée de façon positive.

21 L'importance de cet accord se concrétise avec l'affirmation de Julia dirigée au cheval : « Tu es heureux, toi ! » (*ibid.*, p. 162) ; deuxièmement, avec le fait que le cheval de l'étable porte un nom (Bijou), alors que ses homologues en guerre restent anonymes ; troisièmement, avec la description de l'animal, dans laquelle l'intérieur et l'extérieur se correspondent et créent une union idéale : « Il a de bons gros yeux verts et roux d'avoir toujours regardé la terre et les arbres, tout au long de sa vie. Il a les yeux pleins de choses douces et anciennes » (*ibid.*, p. 162). Bijou est donc montré comme un être heureux qui suit sa détermination créatrice.

22 Celles-ci sont transmises par les nombreuses questions, les répétitions de mots, la cohérence réduite de l'énonciation, le rythme dynamique des phrases, les éléments oraux tout comme par l'accumulation d'infinitifs et de points de suspension.

Grand Troupeau applique donc son principe de style général du montage parallèle de scènes de front et de scènes de la vie quotidienne pour créer des contrastes qui incitent à la réflexion sur les chevaux (Redfern, 1978, p. 74), et présente ainsi la guerre comme un événement contre-nature qui rend malheureux et éloigne de l'humanité, de la douceur et de la sagesse[23]. En ceci réside aussi l'intention moralisatrice du roman : les tueries technologiques et anonymes de la guerre industrielle, c'est-à-dire la distance interpersonnelle créée par la machine, empêche l'homme de vivre en harmonie avec lui-même et avec les autres créatures. Le cheval véhicule donc, par le biais de l'idée du « retour à la nature », le postulat que la guerre serait évitable, qu'elle n'était donc pas l'*ultima ratio* politique et qu'elle est, par conséquent, illégitime.

CONCLUSIONS

Les représentations des chevaux dans les textes littéraires de l'entre-deux-guerres laissent transparaître une éthique normative, qui présente la Grande Guerre comme illégitime. Ce potentiel expressif devient seulement pleinement évident, si l'on prend en considération leur construction culturelle, c'est-à-dire les connotations politiques, aristocratiques et héroïques qu'ils possèdent, et si l'on examine en quoi et comment les œuvres se distancent intentionnellement de ce discours établi. C'est seulement ainsi qu'ils deviennent reconnaissables en tant que miroirs du désarroi humain, en tant que symboles d'une remise en question des structures du pouvoir et de l'idéologie patriotique et en tant qu'ambassadeurs d'un message pacifiste[24]. En résumé, ils sont prédestinés à susciter des réflexions sur l'éthique de la guerre, et ce pour quatre raisons :

23 La représentation de la guerre comme « rupture avec l'ordre naturel » dans *Le Grand Troupeau* est approfondie dans : Rasson, 1997, p. 120.

24 Les chevaux sont les animaux les plus appropriés pour adopter ces rôles, puisqu'ils portent des connotations exclusivement positives et échappent ainsi au symbolisme péjoratif imputé dans de nombreux textes littéraires aux bêtes sauvages, aux rats ou aux insectes par exemple, dont la fonction expressive est de caractériser la guerre comme rechute dans un état naturel surmonté par le procès civilisateur (Rasson, 2008, p. 161-162).

1. Incarnant le discours épique et patriotique de la guerre, ils sont également aptes à indiquer sa décadence et sa contestation et passent, dans ce contexte, du statut de porteurs d'une idéologie belliqueuse au statut de figures éthiques ;
2. Apportant une perspective non-humaine, ils fournissent un regard extérieur sur le conflit armé et provoquent ainsi une mise à distance esthétique par rapport aux événements décrits ;
3. En tant qu'animaux, ils activent l'horizon d'attente générique de la fable et préparent le lecteur à la moralisation ;
4. Oscillant entre sens littéral et figuré, entre référentialité et expressivité, leur signification n'est pas fixée, mais reste ouverte et invite les lecteurs à se confronter de manière approfondie aux questions morales soulevées par la guerre.

Teresa HIERGEIST
FAU Erlangen-Nürnberg

BIBLIOGRAPHIE

ALTIERI, Riccardo, « Pferde im Zweiten Weltkrieg », *in* Frank Jacob (dir.), *Pferde in der Geschichte. Begleiter in der Schlacht, Nutztier, literarische Inspiration*, Darmstadt, Büchner, 2016, p. 257-276.

ANDREANI, Jean-Louis, *La Grande Guerre à cheval. Le rêve brisé de la cavalerie française*, Cuise-la-Motte, du Trotteur ailé, 2014.

BARATAY, Éric, *Bêtes des tranchées. Des vécus oubliés*, Paris, CNRS, 2013.

BAUCHER, François, *Méthode d'équitation*, Paris, Dondey-Dupré, 1842.

BECKER, Jean-Jacques, *La Grande Guerre*, Paris, PUF, 2004.

BRESKY, Stefan, HOMEIER, Hauke, *Der Erste Weltkrieg, 1914-1918*, Berlin, Dt. Historisches Museum, 2013.

CARTIER D'AURE, Antoine-Henri-Philippe-Léon, *Traité d'équitation illustré*, Paris, Dumaine, 1870.

CÉLINE, *Voyage au bout de la nuit*, Paris, Gallimard, 1952.

CLAUSS, Martin, « Waffe und Opfer – Pferde in mittelalterlichen Kriegen », *in* Rainer Pöppinghege (dir.), *Tiere im Krieg von der Antike bis zur Gegenwart*, Paderborn, Schöningh, 2009, p. 47-64.

DEMORY, Jean-Claude, *Essor de la motorisation 1914-1918. Du cheval de guerre au cheval vapeur*, Boulogne-Billancourt, E-T-A-I, 2008.

FLAUBERT, Gustave, *Dictionnaire des idées reçues*, Paris, Boucher, 2002.

GAYDIER, Anne-Marie, « L'écriture de la parole dans les évocations de la Grande Guerre », *in* Cathérine Milkovitch-Rioux (dir.), *Écrire la guerre*, Clermont-Ferrand, Presses Universitaires Blaise Pascal, 2000, p. 75-101.

GÉNÉRAL CHAMBE, *Adieu Cavalerie ! La Marne, bataille gagnée… victoire perdue*, Paris, Plon, 1979.

GIONO, Jean, *Le Grand Troupeau*, Paris, Gallimard, 1931.

GRANGE, Yves, « La mise en cour des chevaliers », *in* Patrice Franchet d'Espèrey, Monique Chatenet (dir.), *Les Arts de l'équitation dans l'Europe de la Renaissance*, Arles, Actes Sud, 2009, p. 318-337.

GUÉNO, Jean-Pierre, *Paroles de poilus* (vol. 1). *Lettres et carnets du front 1914-1918*, Paris, Fayard, 2012.

HERWIG, Holger H., *Marne 1914. Eine Schlacht, die die Welt veränderte*, Paderborn, Schöningh, 2016.

HYLAND, Ann, *The Medieval Warhorse from Byzantium to the Crusades*, Phoenix Mill, Sutton, 1994.

KELEKNA, Pita, *The Horse in Human History*, Cambridge, University Press, 2009.

KERNIC, Franz, *Krieg, Gesellschaft und Militär. Eine kultur- und ideengeschichtliche Spurensuche*, Baden-Baden, Nomos, 2001.

KESSLER-CLAUDET, Micheline, *La guerre de quatorze dans le roman occidental*, Paris, Armand Colin, 2005.

KROPP, Ruthild, *Konstanz und Wandel der Pferdedarstellung in der neueren deutschen Literatur*, Frankfurt, Lang, 2002.

KRUMEICH, Gerd, *Der Erste Weltkrieg. Die 101 wichtigsten Fragen*, München, Beck, 2014.

L'HOTTE, Alexis, *Un officier de cavalerie*, Paris, Plon, 1905.

LINTIER, Paul, *Ma pièce. Souvenirs d'un canonnier 1914*, Paris, Plon, 1916.

MILHAUD, Claude, *1914-1918. L'autre hécatombe. Enquête sur la perte de 1 140 000 chevaux et mulets*, Paris, Belin, 2017.

OESER, Erhard, *Pferd und Mensch. Die Geschichte einer Beziehung*, Darmstadt, WBS, 2007.

POPP, Stefanie, « Die literarische Darstellung des Pferdes in Michael Morpurgos *War Horse* », *in* Frank Jacob (dir.), *Pferde in der Geschichte. Begleiter in der Schlacht, Nutztier, literarische Inspiration*, Darmstadt, Büchner, 2016, p. 233-256.

PÖPPINGHEGE, Rainer, « Abgesattelt ! Die publizistischen Rückzugsgefechte der deutschen Kavallerie seit 1918 », *in* Rainer Pöppinghege (dir.), *Tiere im Krieg von der Antike bis zur Gegenwart*, Paderborn, Schöningh, 2009, p. 235-250.

RABER, Karen, TUCKER, Treva J., « Introduction », *in* Karen Raber, Treva J. Trucker (dir.), *The Culture of the Horse. Status, Discipline, and Identity in the Early Modern World*, New York, Palgrave Macmillan, 2005, p. 1-42.

RASSON, Luc, « 14-18. Le point de vue de l'animal », *in* Pierre Schoentjes (dir.), *La Grande Guerre. Un siècle de fictions romanesques*, Genève, Droz, 2008, p. 151-163.

RASSON, Luc, *Écrire contre la guerre. Littérature et pacifismes. 1916-1938*, Paris, L'Harmattan, 1997.

REDFERN, Walter D., « Against Nature. Jean Giono and *Le Grand Troupeau* », in Holger Klein, *The First World War Fiction*, Guildford, Billing/Sons, 1978, p. 73-83.

RIEUNEAU, Maurice, *Guerre et révolution dans le roman français. 1919-1939*, Paris, Klincksieck, 1974.

ROCHE, Daniel, *Connaissance et passion. Histoire de la culture équestre XVIe-XIXe siècle*, Paris, Fayard, 2015.

ROCHE, Daniel, *La gloire et la puissance. Histoire de la culture équestre XVIe-XIXe siècle*, Paris, Fayard, 2011.

ROCHE, Daniel, « Pour un art de la cavalerie, XVe-XXe siècle », *in* Daniel Roche (dir.), *Le cheval et la guerre du* XVe *au* XXe *siècle*, Paris, Association pour l'académie de l'art équestre de Versailles, 2002, p. 13-44.

ROSCHER, Mieke, « Geschichtswissenschaft. Von einer Geschichte mit Tieren zu einer Tiergeschichte », *in* Rainer Spannring, Karin Schachinger, Gabriela Kompatscher, Alejandro Boucabeille (dir.), *Disziplinierte Tiere ? Perspektiven der Human-Animal Studies für die wissenschaftlichen Disziplinen*, Bielefeld, transcript, 2015, p. 75-100.

SAINT-BASTIEN, Jean-François, *Les animaux dans la Grande Guerre*, Saint-Avertin, Sutton, 2014.

SANS AUTEUR, *Cours d'équitation militaire* (vol. 1), Saumur, Degouy, 1830.

SCHOENTJES, Pierre, *Fictions de la Grande Guerre. Variations littéraires sur 14-18*, Paris, Garnier, 2009.

SCHUMACHER, Birgit, *Pferde. Meisterwerke des Pferde- und Reiterbildes*, Stuttgart, Belser, 1994.

UN « SPECTACLE MAGIQUE ET TERRIFIANT »

Les zeppelins dans la littérature de guerre française entre 1914 et 1918

Le ballon dirigeable est un nouveau venu dans l'arsenal des moyens de locomotion militaires au début du XXe siècle. C'est donc aussi un objet neuf pour la littérature. Or, entre 1914 et 1918, les textes français qui représentent cet appareil relèvent d'une littérature pour l'essentiel populaire et propagandiste. Ils cherchent à mobiliser les esprits contre l'adversaire germanique. Ce sont donc des récits qui mettent en scène la guerre pendant la guerre, et non pas une fois celle-ci achevée, parfois bien des années plus tard.

La dimension propagandiste de ces fictions narratives en prose (mais parfois aussi versifiées) qui représentent des ballons dirigeables se révèle à travers des simplifications de la vérité historique. Ainsi, alors que l'armée française dispose en 1914 de ses propres ballons dirigeables, cette littérature de guerre en fait un appareil presque exclusivement germanique, le « zeppelin ». À ce titre, de tels appareils sont systématiquement dénigrés dans ces récits, qui sont bien souvent des récits d'aventures militaires.

Une seconde simplification intervient encore. Alors que les zeppelins assurent deux fonctions, une mission de bombardement mais aussi une mission d'observation, la littérature de guerre française ne retient que la première mission, en particulier lorsqu'elle s'exerce aux dépens des populations civiles, à Londres ou Paris. L'explication va de soi : une opération de bombardement donne davantage prise à la critique, nos récits dénonçant alors des actes de piraterie ignobles. De plus, cette activité se prête mieux à des représentations sensationnelles comme les affectionne la littérature populaire.

Quand on parcourt les épisodes de romans, les nouvelles ou historiettes qui mettent en scène des zeppelins, on se rend compte que ce corpus adopte deux approches contradictoires. Dans la première, ces appareils sont considérés comme criminels, et doivent donc susciter l'indignation du lecteur contre les procédés de guerre allemands. L'auteur de *La Chasse au zeppelin* décrit « des hommes [...] montés sur de gigantesques appareils [qui] viennent déverser, sur de paisibles villes endormies, des tonnes d'explosifs, histoire de faire le mal, pour tuer, déchirer, supplicier » (H. D., 1917, p. 19).

La seconde nous présente au contraire des appareils inoffensifs et vulnérables, de manière à rassurer l'opinion publique vis-à-vis de leurs incursions. Le roman pour la jeunesse *Du lycée aux tranchées* évoque ainsi l'inventeur de ces appareils, le comte Zeppelin : « N'en avait-il pas déjà inventé pour les grandes personnes, le persévérant constructeur de machines informes, et ses gigantesques saucisses furent-elles jamais autre chose qu'un jeu ridicule et à peine malfaisant ? » (Chancel, 2012 [1917], p. 101).

Dans les deux cas cependant, les récits que nous avons consultés ont un objectif commun. Ils transforment les interventions militaires des zeppelins en spectacles. Une scénographie se déploie dans les épisodes d'apparition de l'appareil. Les parties prenantes de ces scènes d'action sont transformées en acteurs ou spectateurs de ce qui devient une gigantesque attraction foraine, que nous décrirons dans un premier temps.

Nous observerons enfin, dans ce secteur de la fiction de propagande française, une solidarité sans faille entre esthétique et éthique de la guerre. Les ballons dirigeables allemands sont à la fois morphologiquement monstrueux et moralement criminels.

DU COMBAT AU SPECTACLE

Pour qu'il y ait spectacle, il faut une scène sur laquelle l'objet est exhibé (le ciel, *a priori* visible par tous) ; un sujet spectateur (des civils ou militaires français ou alliés) ; un objet à montrer, en l'occurrence le zeppelin. Or, beaucoup de nos récits expliquent que cet appareil aime l'obscurité, préfère se déplacer dans la nuit. Le zeppelin n'aime pas se donner en spectacle. C'est ce que nous indique un poème intitulé « L'empereur régicide » : « Le zeppelin, hideuse offense au firmament, / Dans la nuit, feux éteints, tourne sournoisement » (Aicard, 1915, p. 193). Le poème « Guillaumique ! "le

Zeppelin !" » signale le mimétisme entre d'une part la forme et la couleur du ballon dirigeable, et d'autre part la luminosité des nuages et du ciel nocturne : « Du nuage grisâtre il a la couleur terne ; / Au ciel sombre il s'unit » (Viculi, 1915, p. 4). De même, le poème « Zeppelin et chalutier » décrit l'appareil comme un « monstrueux oiseau de nuit, louche rapace / Redoutant l'aube et sa clarté » (Fabié, 1916, p. 308).

Dans ces conditions, il n'y a que deux manières pour le zeppelin d'être visible dans ses raids nocturnes. Dans le premier cas, l'appareil reflète la lumière extérieure. Les projecteurs de la défense anti-aérienne sont braqués sur lui, ce qui signifie qu'il est repéré et peut être pris en chasse par les avions militaires alliés ou par l'artillerie. Dans le récit *Londres sous les bombes*, une jeune Anglaise décrit le zeppelin bombardier sous les feux des projecteurs, « brillant dans la nuit comme un long poisson d'argent » (Henry, 1917, p. 7).

La seconde possibilité est celle où l'appareil est lui-même une source de lumière. Cela veut dire qu'il a été atteint par un projectile, qu'il est en flammes, et dans ce cas le zeppelin est condamné à mourir. Ainsi dans le roman feuilleton *Chantecoq* : « Mais soudain… c'est une lueur fulgurante… quelque chose comme un immense éclair de magnésium qui se prolonge. Le monstre boche vient de prendre feu » (Bernède, 1916b, p. 2). C'est pourquoi efficacité militaire et fonction spectaculaire du zeppelin sont largement incompatibles dans nos récits. Engendrer la lumière sur cet objet nocturne, qui idéalement se veut invisible, pour en faire un objet de spectacle, c'est neutraliser sa capacité de nuisance. Activer la fonction esthétique de l'appareil, c'est ruiner sa fonction guerrière et le condamner à terme.

La deuxième instance nécessaire à la constitution d'un spectacle, nous l'avons noté, est le spectateur. La même métamorphose de l'action en attraction s'y manifeste. Parmi ceux qui regardent l'engin de combat allemand, il y a d'abord les militaires français (ou alliés de manière générale). Face au zeppelin, et en particulier au zeppelin en flammes, condamné à mourir et donc devenu inoffensif, l'adversaire militaire suspend sa fonction guerrière et se transforme en spectateur. Cela est vrai à titre individuel. Ainsi pour un pilote de chasse français dans son avion : « Debout dans sa carlingue, risquant d'être précipité dans le vide, le "manche à balai" entre ses genoux, le capitaine fou de joie regarde par-dessus son plan supérieur. Le spectacle est magnifique, sublime, grandiose » (H. D., 1917, p. 13). Et le narrateur ajoute quelques pages plus loin : « C'est fini, il ne s'occupe plus de rien. Il ne voit plus qu'une chose, cette flamme qui monte, qui s'étale, qui envahit tout et qui lèche les nacelles » (*ibid.*, p. 17).

Cela est encore plus vrai à titre collectif, car un spectacle authentique est collectif, la contagion des réactions et des émotions y devenant possible. Le roman *La Mascotte des poilus* nous présente un fantassin, narrateur du récit, qui indique en parlant de son régiment : « Nous nous sommes précipités en avant pour assister à la chute du dirigeable » (Galopin, 1916b, p. 2). Le même phénomène est décrit dans le récit déjà mentionné *La Chasse au zeppelin* : « Dans la tranchée, c'est comme une secousse électrique. Tous les hommes sont au parapet et admirent, dans le demi-jour qui se lève, la chute illuminée du pirate » (H. D., 1917, p. 25).

Cette métamorphose de l'appareil affecte aussi les civils. Les citadins ne se perçoivent plus comme les cibles de cet engin militaire qui veut les terroriser, mais comme les spectateurs d'un divertissement. Il y a là un stéréotype littéraire exploité par le poème « Les sirènes » : « Enfin on descend dans la rue, / On grimpe où l'on verra le mieux ; / De la foule, sans cesse accrue, / Tous les nez pointent vers les cieux » (Pradels, 1917, p. 277). Dans le roman *Journal d'une petite Alsacienne* de même, un groupe de civils monte au « belvédère » de l'immeuble pour assister au spectacle et en invite d'autres, dont l'héroïne Francette et sa mère : « Venez-vous avec nous, Madame, et vous, Francette ? Nous montons au belvédère. La nuit est claire, l'air est doux. Nous allons pouvoir jouir d'un beau spectacle. Dépêchez-vous ! » (Cremnitz, 1917, p. 265).

Mais le développement le plus complet et le plus agressivement désinvolte de cette scène se trouve dans le roman *Chantecoq* :

> Il était une heure et demie du matin… Les Parisiens, prévenus, attendaient la visite des zeppelins… non point, comme pouvaient se l'imaginer les cuistres d'outre-Rhin, tremblants de peur, terrés dans les sous-sols et dans leurs caves, mais aux fenêtres, sur les balcons, dans les rues, sur les boulevards, sur les places, les promenades… gais, souriants, blagueurs, frondeurs, curieux, excités par cette attraction inédite… (Bernède, 1916a, p. 4).

Et le récit se poursuit en filant la métaphore théâtrale, avec un public qui se comporte comme des spectateurs venus assister à une pièce qui tarde à commencer. Il est question du « grand nombre de spectateurs, impatients de voir commencer la pièce. Des "titis" réclamaient déjà "rideau !" Les moins impatients trouvaient que c'était bien long… » (*ibid.*).

Dans le même esprit, et dans un texte qui parodie une notice scientifique portant sur une variété zoologique, Jean Cocteau contrecarre les objectifs des attaques de zeppelins en affirmant que ce n'est pas l'appareil qui fait peur aux citadins, mais l'inverse :

> Ses déjections sont fréquentes. On suppose que la peur doit en être le principal motif, car elles s'effectuent d'habitude au-dessus des villes. On en compte parfois jusqu'à cinquante par grande ville [...]. Elles tombent à petite distance les unes des autres, avec un bruit de porte-cochère [sic] et de trompettes. Les unes sont inoffensives, les autres détériorent soit un bec de gaz, soit un pot de fleurs (J. M. S. [Cocteau], 1915, p. 2).

Quand toutes les parties prenantes du spectacle sont réunies – zeppelin, ciel dégagé, public – se déploie une scénographie à ciel ouvert. L'intervention militaire s'est métamorphosée en un spectacle où dominent les contrastes de lumière (des projecteurs, de l'appareil en flammes) et d'obscurité – le zeppelin intervenant préférentiellement la nuit, alors que le couvre-feu est en vigueur :

> – Mais regardez, fit tout à coup M. Gabriel. Dans le ciel, comme sur un écran magique, se détache en transparence lumineuse un dirigeable qui semble tout en flammes.
>
> Des projecteurs le baignent dans un lac d'argent et des fusées d'or semblent, à tout instant, l'atteindre... (Cremnitz, 1917, p. 264).

Mieux encore, le zeppelin non seulement perd sa capacité de nuisance mais s'improvise salvateur involontaire. Le roman fasciculaire *Zizi, dit « le tueur de boches »* donne un exemple où l'appareil sauve à son insu la vie au héros. Zizi, et son acolyte le lieutenant Riley, ont été ligotés en face d'une bouche de canon. L'obus sera projeté lorsque le rayon du soleil allumera la mèche du canon par l'intermédiaire d'une loupe grossissante. Les deux protagonistes sont dans cette situation critique lorsque surviennent un zeppelin et un avion français qui s'affrontent. C'est alors la mise en scène usuelle de l'action militaire comme spectacle : « Dans les airs, à deux cents mètres du sol, un drame terrible allait se jouer, dont le hasard, évidemment, faisait Teddy Riley et Zizi [sic] les spectateurs impuissants... » (Allain, 1915, p. 534). Mais le volumineux zeppelin s'est interposé entre le soleil et la mèche du canon, comme aurait pu le faire un nuage. Il permet aux deux personnages de s'en sortir sains et saufs.

DE L'ESTHÉTIQUE À L'ÉTHIQUE

Comme tout spectacle, la mise en scène des zeppelins dans le ciel nocturne est configurée par des règles esthétiques. Dans notre corpus, celles-ci relèvent pour l'essentiel de la culture populaire. Une de ses manifestations est la pratique de l'excessif, qui est censée susciter des émotions fortes. C'est pourquoi l'objet zeppelin est présenté comme un moyen de locomotion à caractère tératologique. La métaphore de l'appareil comme « monstre » apparaît régulièrement sous la plume des auteurs.

L'anormalité du zeppelin tient d'abord à son gigantisme. Des métaphores comme « colosse » ou « géant » sont employées. Ainsi pour Marcel Allain évoquant « l'énorme ballon dirigeable, le mastodonte lourd et puissant » (1915, p. 535). Les proportions de l'appareil sont d'autant plus démesurées que ce monstre prétend évoluer dans l'air. Il y a une contradiction intuitivement perçue entre les caractéristiques monumentales du zeppelin et son milieu environnant, qui est un milieu fluide. Cette contradiction présage du destin de l'appareil, qui est inévitablement la chute et la mort. Comme tout monstre, le zeppelin n'est pas viable à terme. Cocteau explique malicieusement que « vers l'âge adulte le zeppelin éclate et sa peau molle tombe sur la terre. » (J. M. S. [Cocteau], 1915, p. 3). C'est ce qu'indique aussi un personnage du roman *Aventures d'un enfant de Provence* qui décrit avec mépris un zeppelin comme « une grande machine lourde et fragile tout à la fois, avec, comme ballon, une manière de long cigare grisâtre… un cigare "kolossal" bien entendu, mais que tout de même nos braves artilleurs sauront bien allumer… et fumer jusqu'au bout » (Colomban, 1915, p. 78).

L'anormalité du zeppelin tient aussi à sa plasticité, à sa capacité à changer de forme et, au bout du compte, à n'avoir pas de forme définie. Selon les critères traditionnels, une arme de guerre est idéalement rigide, compacte, inentamable. Les zeppelins surprennent à cet égard par leur polymorphie. Jules Chancel, comme Max Colomban dans notre citation précédente, en parle comme de « gigantesques saucisses », objets souples et malléables (2012 [1917], p. 101).

Cette malléabilité est encore plus grande lorsque l'appareil est atteint par un projectile. Sa métamorphose est alors le symptôme d'une pathologie à court terme mortelle : « Maintenant le zeppelin descend en tournant sur lui-même. Il a changé de forme. Au lieu d'être rectiligne, il s'est incurvé des deux bouts et forme un V gigantesque. » (Galopin, 1916, p. 2). Sa mort est une occasion supplémentaire de modification morphologique. Le zeppelin atteint alors une forme qui n'est plus descriptible, qui est littéralement informe. Faisant écho à Jules Chancel qui en parle comme de « machines informes » (2012 [1917], p. 101), Marcel Allain reprend le même qualificatif pour évoquer un appareil écrasé au sol :

> Là, devant eux… à cent mètres à peine, une chose informe, tordue, brisée, dévorée de flammes encore, gisait dans l'herbe d'un champ…
>
> C'était tout ce qui restait de l'armature métallique du zeppelin, de son enveloppe, du corps de ses passagers…
>
> En une chute vertigineuse, dans un tourbillon de débris projetés de tous côtés, cela s'était écrasé sur le sol… (Allain, 1915, p. 191).

Remarquons encore que les trajectoires aberrantes de l'appareil sont solidaires de cette polymorphie déviante. Absurde pour un moyen de locomotion, le déplacement hélicoïdal caractérise à deux reprises l'appareil qui chute. « Le zeppelin descend en tournant sur lui-même » (Galopin, 1916b, p. 2). Ou encore : « Subitement, vers l'est, une flamme a jailli dans la nuit et s'est mise à descendre en tournoyant. C'est un Zeppelin qui, pourchassé par un de nos avions, vient de s'abattre en flammes » (H. D., 1917, p. 25).

Mais la massivité pachydermique du zeppelin se perçoit mieux encore si elle est opposée à son adversaire, l'avion. Entre 1914 et 1918, le duel entre dirigeable allemand et aéroplane français est une scène convenue du récit d'aventures militaires. Cette confrontation met en place une opposition plastique binaire, comme aime en faire la littérature populaire, entre la massivité et la lenteur du zeppelin d'une part, et d'autre part l'agilité et la vélocité du petit avion tricolore. Ainsi dans cet épisode où un zeppelin allemand affronte un aéroplane français sous les yeux du héros Zizi :

> L'aéro, soudain, suspendait sa glissade vertigineuse. Avec une audace folle, une intrépidité sans nom, une habileté qui décelait un souriant sang-froid, le pilote français redressait son appareil, le faisait glisser sous le zeppelin embarrassé dans sa lente manœuvre… (Allain, 1915, p. 535).

Le dénouement de ces duels ne saurait faire de doute. Il consacre la victoire de la faiblesse apparente sur la puissance illusoire. Les images ne manquent pas pour décrire cette situation. Par exemple, le poème « L'Aviateur » évoque « l'aigle allemand vaincu par le moineau français », l'aigle étant l'emblème du Reich (Vogel, 1916, p. 112). Une référence biblique est exploitée dans *La Chasse au zeppelin* : « le petit oiseau de France qui poursuit ce colosse pour l'attaquer et tâcher de le descendre, donne l'impression de vouloir reconstituer le combat fameux de David, ce roi d'Israël, poète et prophète, contre le géant Goliath le philistin. » (H. D., 1917, p. 15).

Les procédés formels que nous venons de mentionner sont en phase avec une éthique sous-jacente, et quelquefois explicite. Dans la littérature populaire française des années 1914-1918, l'évocation du zeppelin traduit en effet une adéquation entre l'esthétique et l'éthique. Nous sommes dans une littérature de propagande. Celle-ci met en œuvre un manichéisme binaire qui veut que l'adversaire allemand ne puisse être ni beau ni bon. Sa représentation ne saurait donc être favorable ou même indulgente, ni esthétiquement ni moralement.

Le dispositif narratologique qui configure nos récits est au service de cette adéquation. Dans les scènes où figure un zeppelin, il fait du combattant français ou du civil français la seule source possible du point de vue sur lui. En revanche l'adversaire allemand dans son zeppelin ne peut jamais être cette source de point de vue.

Le lecteur français de ces récits adopte donc systématiquement le point de vue des personnages français, qui peuvent aussi être les narrateurs de cette histoire. Ainsi se trouvent disqualifiés narratologiquement le zeppelin et ses occupants allemands, qui sont toujours objets du point de vue, alors que les personnages de Français sont toujours sujets de ce point de vue. Cette dissymétrie dans le traitement des adversaires se vérifie dans la situation rare où ce sont des Français qui montent à bord du zeppelin, pour s'en emparer ou pour le saboter. Deux récits exploitent ce scénario : « Dans les griffes du lion » d'Henri Montpensier (1915) et *L'Espionne d'Èze* de H. G. Magog (1915-1916). La seule possibilité pour le lecteur de monter à bord d'un zeppelin est alors de suivre le héros français de l'histoire en adoptant son point de vue d'occupant de l'appareil. L'action convergente du dispositif scénique et du dispositif narratif fait que les aérostiers germaniques ne peuvent échapper à un statut d'objets, qui est une première étape dans leur déshumanisation.

Mieux encore, le protagoniste allemand du récit, l'objet de la perception française, est l'appareil beaucoup plus que ses occupants dont on déduit simplement la présence. Par son énormité, le zeppelin offusque toute présence humaine. Tout au plus peut-on distinguer les aérostiers qui s'agitent comme des figurines dans l'appareil en flammes : « le monstre s'est rapproché de terre et nous apercevons maintenant les aéronautes, pareils à des rats affolés, qui courent le long de la galerie extérieure envahie par le feu » (Galopin, 1916a, p. 2). Il n'y a qu'une possibilité pour les aéronautes allemands de prendre consistance en étant vus de près, c'est d'être morts. En romancier populaire averti, Arnould Galopin insiste alors sur le spectacle à la fois morbide et gratifiant de l'ennemi déchiqueté, une fois que le zeppelin a explosé au sol :

> Entre les débris du géant aérien, nous apercevons des corps affreux, recroquevillés, des têtes horribles avec leurs yeux grillés et leurs bouches grandes ouvertes.
>
> Un cadavre a été, par la force de l'explosion, projeté au sommet de cet amoncellement de décombres et il demeure debout, le bras droit tendu dans une attitude de commandement.
>
> Un officier encore coiffé de sa casquette, mais dont les habits ont été brûlés, se balance à l'extrémité d'une tige de fer qui lui traverse la poitrine de part en part (Galopin, 1916b, p. 2).

La littérature populaire évoque volontiers des situations catastrophiques et des émotions paroxystiques. La peur qu'éprouvent les personnages est une de ces émotions, et elle doit être transmise jusqu'à un certain point au lecteur. De fait, lorsque nos récits décrivent les impressions que provoque la vue du zeppelin sur des personnages de l'histoire, on remarque qu'il y entre presque toujours un sentiment de frayeur parmi d'autres différents voire opposés. Ainsi pour les protagonistes du roman de Marcel Allain qui ont assisté à la chute de l'appareil : « Aveuglés, ahuris, terrifiés, mais joyeux, Teddy Riley et Zizi se tordirent sous les liens qui les retenaient » (1915, p. 536). Il en est de même dans une scène du roman *Chantecoq* : « Cette fois, c'est la fin… l'agonie terrible et foudroyante. […] Après avoir traversé un véritable océan de brouillard, [le zeppelin] s'engouffre dans les flots. Le triomphe est magnifique. » (Bernède, 1916b, p. 2). Dans le récit *Londres sous les bombes*, Franck Henry rapporte ce que ressent une Londonienne face au spectacle du zeppelin : « C'était magnifique, mais terrible ! » (1917, p. 7). Mais c'est dans le roman pour la jeunesse *Journal d'une petite Alsacienne* que les sentiments du protagoniste sont les mieux précisés, et que la crainte est évoquée le plus abondamment. La jeune héroïne et narratrice rapporte la visite d'un zeppelin au-dessus de Paris :

> Quelle nuit étrange, fantasmagorique, sinistre et pourtant merveilleusement belle !... Que de sensations diverses !
>
> Quelle horreur et quelle admiration à la fois !... Ah ! j'épuiserais tous les substantifs et les qualificatifs, sans pouvoir donner une idée du spectacle magique et terrifiant dont nous fûmes témoins, la nuit dernière (Cremnitz, 1917, p. 264).

Associée à d'autres sentiments, cette peur est déterminée par le danger mortel qui plane dans les interventions de zeppelins, et qui accompagne l'émotion esthétique ressentie. Mais dans le cadre d'une intervention guerrière transformée en spectacle, c'est aussi une peur médiatisée, fictionnalisée, celle que l'on ressent pour le héros tragique dans un spectacle théâtral. Elle est à mettre en relation avec la fameuse « crainte » ou « terreur » qui pour Aristote est un sentiment que doit éprouver un spectateur de tragédie. Or, pour l'auteur de la *Poétique*, le sentiment de crainte est indissociable d'un autre sentiment, celui de la « pitié » à l'égard du héros tragique. Le fait est que dans nos textes de littérature de guerre on ne trouve pas ce sentiment de pitié, ce en quoi l'évaluation éthique du zeppelin rejoint sa représentation esthétique.

Il n'y a pas de pitié possible pour les protagonistes aviateurs ou civils français ou anglais, car ils sont toujours vainqueurs et ne meurent jamais à l'occasion de ces scènes de guerre. Et il n'y a pas non plus de pitié possible pour le zeppelin et ses occupants qui meurent, car le récit prend soin de les disqualifier techniquement et moralement. Daniel Couégnas note que dans le roman populaire s'opposent des « personnages-allégories du bien et du mal » (2008, p. 42). Dans nos récits, les Allemands sont l'incarnation du mal, il faut donc qu'ils périssent, et le lecteur doit se réjouir de leur mort. Cette condamnation morale est explicite dans le roman *Zizi* : le zeppelin, « revenant sans doute d'un raid de piraterie au-dessus de l'Angleterre, voulait jeter au sol le fragile aéro français qui s'était audacieusement précipité pour lui barrer la route, pour l'arrêter, – comme un honnête homme arrête un assassin en fuite... » (Allain, 1915, p. 535).

Le seul exemple de notre corpus où un héros éprouve de la compassion au spectacle des aérostiers en proie aux flammes apparaît dans *La Mascotte des poilus* : « Les cris de ceux qui le montent [l'appareil] nous parviennent très distinctement et je n'oublierai jamais ces clameurs de souffrance et de détresse » (Galopin, 1916b, p. 2). Dans cet exemple, la littérature populaire joue sur la violence physique et émotionnelle que subissent ou qu'engendrent les personnages de l'histoire. Mais la compassion du héros narrateur est immédiatement disqualifiée par le discours d'un artilleur qui rappelle qu'avec le zeppelin « on assassine de pauvres créatures qui ont droit à la pitié » (*ibid.*). D'où cette appréciation finale du protagoniste : « le brave adjudant a raison, et nul ne songe à plaindre les Boches qui viennent de trouver la mort dans le zeppelin » (*ibid.*).

Tous les récits qui racontent l'agonie et la mort d'un zeppelin sont associés à un discours d'escorte du narrateur ou d'un de ses personnages, discours qui vise à désamorcer toute velléité de pitié à l'égard de l'ennemi. Mais cette disqualification morale de l'appareil est également entreprise à travers la narration et la description. Comme pour la question du point de vue précédemment évoquée, les procédés de représentation du zeppelin participent d'une volonté de dénigrement, de sanction morale. Les mœurs nocturnes du zeppelin renvoient à la lâcheté et à la fourberie du peuple allemand. Le poème « Des représailles » explique que le zeppelin évolue « dans l'ombre qui se plaît à cacher l'infamie » (Ferrier, 1916, p. 6). Et il ajoute en s'adressant aux pilotes de l'appareil : « Cachez, car c'est là l'essentiel, / la noirceur du complot dans la noirceur du ciel ! » (*ibid.*). La présence même de cet appareil dans le ciel, associé conventionnellement à la pureté et à l'idéal, est une aberration morale, une « hideuse offense au firmament » (Aicard, *loc. cit.*). Les dimensions anormales de l'appareil sont aussi le symptôme d'une déviance morale que souligne régulièrement la satire propagandiste française. Pour elle, les Allemands ont un goût immodéré pour le gigantesque, le « kolossal ». Cette prédilection est la manifestation d'une folie des grandeurs, d'une hubris à caractère pathologique. À cet égard, la chute du zeppelin est inévitable, elle est un retour au rang naturel de l'Allemagne dans la hiérarchie morale des peuples, de même que la destruction par le feu des aérostiers réactive un châtiment traditionnellement religieux.

CONCLUSION

Durant la Première Guerre mondiale, la littérature française s'approprie cette innovation technologique qu'est le ballon dirigeable. Elle le fait sans difficulté, en faisant jouer les ressorts d'une esthétique de type populaire, basée sur les émotions fortes que suscite par exemple le récit d'une catastrophe. À cet égard, le traitement littéraire des zeppelins est le même que celui du paquebot Titanic qui sombre en 1912, et que reprennent par exemple Allain et Souvestre dans le dernier volume de la série des *Fantômas*. Mais incarnant l'adversaire allemand en temps de guerre, le zeppelin devient le support d'une attraction qui rappelle plus encore un spectacle tauromachique. Les contrastes des volumes et des couleurs, l'action palpitante, la présence de spectateurs, métamorphosent l'intervention militaire aérienne. Et comme le taureau de la corrida, le zeppelin doit mourir pour que la catharsis opère.

C'est sur ce point que l'éthique rejoint l'esthétique. Ce qui est beau et palpitant dans ce spectacle, ce n'est pas l'appareil, mais les péripéties de sa traque et de sa mise à mort, le spectacle de ce que le romancier Arthur Bernède désigne sous le titre capitulaire de « La chasse aux monstres » (1916, passim). Conçu et utilisé par l'Allemagne ennemie, le zeppelin donne en effet à voir les tares de son pays d'origine. Il est un monstre physique et moral. Gigantisme et hubris, arrogance et fragilité, sournoiserie et interventions nocturnes vont de pair dans les récits propagandistes qui le mettent en scène. Une morale immanente est donc mise en œuvre dans ces histoires. Le duel entre ballon dirigeable allemand et aéroplane français revêt un caractère ordalique, et son dénouement ne surprend guère. Sans compassion ni états d'âme, l'artillerie française, l'aviation française se doivent d'effectuer vis-à-vis du zeppelin leur « terrible et justicière besogne » (Allain, 1915, p. 536).

Daniel ARANDA
Université de Nantes, CREN

BIBLIOGRAPHIE

AICARD, Jean, « L'Empereur régicide », *Les Annales politiques et littéraires*, 7 février 1915, p. 193.

ALLAIN, Marcel, *Zizi dit « le tueur de Boches »*, Paris, Fayard, 1915.

ARISTOTE, *Poétique*, trad. Charles-Émile Ruelle [https://fr.wikisource.org/wiki/Po%C3%A9tique_(trad._Ruelle)/Chapitre_6]

BERNÈDE, Arthur, *Chantecoq*, *Le Petit Parisien*, 17 janvier 1916, p. 4.

BERNÈDE, Arthur, *Chantecoq*, *Le Petit Parisien*, 2 juillet 1916, p. 2.

CHANCEL, Jules, *Du lycée aux tranchées* [1917], Amiens, AARP & Encrage, 2012.

COLOMBAN, Max, *Les Aventures d'un enfant de Provence*, *L'Étoile Noëliste* du 1er janvier au 23 décembre 1915.

COUÉGNAS, Daniel, « Qu'est-ce que le roman populaire ? », *in* Loïc Artiaga (dir.), *Le Roman populaire*, Paris, Autrement, 2008, p. 35-53.

CREMNITZ, Mme, *Journal d'une petite Alsacienne*, Paris, Boivin, 1917.

FABIÉ, François, « Zeppelin et Chalutier », *Les Annales politiques et littéraires*, 12 mars 1916, p. 308.

FERRIER, Paul, « Des représailles », *La Quinzaine de guerre*, avril 1916, p. 6-7.

GALOPIN, Arnould, *La Mascotte des poilus*, *Le Petit Journal*, 16 août 1916, p. 2.

GALOPIN, Arnould, *La Mascotte des poilus*, *Le Petit Journal*, 17 août 1916, p. 2.

H. D., *La Chasse au zeppelin*, Paris, Rouff, coll. « Patrie », 1917.

HENRY, Franck, *Londres sous les bombes*, Paris, Rouff, coll. « Patrie », 1917.

J. M. S. [Jean Cocteau], « Nous voudrions vous dire un mot », *Le Mot*, 3 avril 1915, p. 2-3.

MAGOG, H.-J., *L'Espionne d'Èze*, *L'Éclaireur de Nice* du 30 juin 1915 au 12 février 1916.

MONTPENSIER, Henri, « Dans les griffes du lion », *La Croix d'honneur*, 25 juillet 1915, p. 10.

PRADELS, Octave, « Les Sirènes », *Les Annales politiques et littéraires*, 23 septembre 1917, p. 277.

SOUVESTRE, Pierre et ALLAIN, Marcel, *La Fin de Fantômas*, Paris, Fayard, coll. « Le livre populaire », 1913.

VICULI, Auguste, « Guillaumique ! "le Zeppelin" ! », *La Revue libérale*, 15 mars 1915, p. 4.

VOGEL, Charles, « L'Aviateur », *Les Annales politiques et littéraires*, 23 janvier 1916, p. 112.

CATHERINE COLOMB ET VIRGINIA WOOLF

« Raconter » la guerre à travers des métaphores

> Esthétique : du grec *aisthesis*, « *beauté/ sensation* ».

To the Lighthouse[1] [*La Promenade au phare*] (1926) et *Les Esprits de la terre*[2] (1953) ont plusieurs points communs, dont l'un se détache tout particulièrement : les deux romans reflètent la réalité historique des deux guerres mondiales. Dans l'expression de l'expérience de la guerre, Virginia Woolf et Catherine Colomb adoptent une posture particulière par rapport aux textes qui décrivent les combats et transmettent une morale de manière explicite. Avec les événements historiques en arrière-plan, leur fiction révèle la disparition, à travers le langage métaphorique, d'un monde ancien et de son héritage. Elles ne cherchent pas à mettre en scène des expériences du monde par la description objective de la réalité, mais dans une perspective subjective, focalisée sur le point de vue, la perception, le ressenti, qui permet au lecteur de voir les différentes facettes du monde auquel elles sont confrontées. En adoptant un langage et des modes et formes littéraires spécifiques, leurs écrits n'ont pas pour objet de représenter les événements historiques fidèlement, contrairement aux textes littéraires ou historiques basés sur l'expression objective et rationnelle des événements. Ni chez Woolf, ni chez Colomb, la réalité historique n'est saisissable dans son expression immédiate. Les écrivaines ne nous amènent pas en rapport intime avec « l'horreur » de l'époque ; elles décrivent la guerre loin du front et de manière implicite. C'est aussi

1 Désormais *L*.
2 Désormais *E*.

prendre le contre-pied des écrivains comme Guillaume Apollinaire, Louis Aragon et Henry-Jacques qui interviennent directement contre ou en faveur de la défense d'une cause éthique du conflit ou désignent un champ de bataille en particulier.

Catherine Colomb et Virginia Woolf livrent un combat contre la corruption par la littérature. Elles expriment un point de vue critique par rapport aux textes qui représentent la réalité du conflit sur « fond de décor » (Wittgenstein, 1971, 20.10.16) et incitent à un émerveillement indépendant des circonstances. Pourtant, bien qu'elles montrent de la résistance vis-à-vis de l'esthétisation de la guerre, les faits historiques sont métamorphosés dans leur fiction. Face aux conflits « sans précédents », dans *To the Lighthouse* (essentiellement dans la section « Le temps passe ») et *Les Esprits de la terre*, la réalité historique reste implicite, esthétisée. Elle est cachée sous les métaphores. Je pars de l'hypothèse que Woolf et Colomb se défient des mots, auxquels, à leurs yeux, peuvent être attribués des significations ambiguës, essentiellement à l'époque moderne, et je suggère que leurs positions éthiques se manifestent au travers de leurs stratégies esthétiques. À part mettre en lumière leurs messages éthiques, cette analyse illustre la vision ambivalente de Virginia Woolf et Catherine Colomb en ce qui concerne l'esthétisation de la guerre et offre une lecture de leurs romans dans le contexte de la réalité historique. Ceci afin de comprendre quelles alternatives Woolf et Colomb proposent aux modes de représentation du phénomène de la guerre ; quels médiums de l'art utilisent-elles pour exprimer les grotesqueries des deux guerres mondiales ; par quelles métaphores révèlent-t-elles des expériences des deux Guerres et communiquent-elles leurs messages éthiques ? Dans cette analyse, il semble important d'utiliser la méthode de la « comparaison différentielle[3] » permettant de découvrir, à partir de l'étude comparative des points communs, la différence au niveau des stratégies esthétiques de chacune de ces écrivaines.

La métaphore, d'après Paul Ricœur, non seulement « se fait selon l'analogie » (Aristote : 1457*b* 6-8), comme le disait Aristote, mais elle « porte une information, parce qu'elle "re-décrit" la réalité. » (Ricœur, 1975, p. 32.) ; alors que par l'esthétisation, les choses sont découvertes avec « le monde entier comme fond de décor » (Wittgenstein, 1971, 20.10.16). Ces deux notions : l'esthétisation et la métaphorisation se

3 Heidmann, 2017, p. 31-58.

confondent dans le contexte des conflits mondiaux, puisqu'aussi bien l'une que l'autre peut servir à masquer la réalité.

Catherine Colomb se montre critique envers les auteurs qui adoptent le langage qui permet de diffuser la conception idéaliste, sans laisser le choix d'interpréter la guerre comme un phénomène monstrueux. La romancière aborde la question du langage dans un contexte de conflits non seulement dans ses romans, mais également dans ses écrits non fictionnels. Si l'on se fonde sur l'une des lettres envoyées à son amie Lady Ottoline Morrelle – une connaissance de Woolf ayant de forts liens avec des membres du *Bloomsbury Group* – on découvre que Colomb se rebelle contre l'esthétisation de la guerre, comme elle le déclare dans cette lettre :

> Avez-vous lu le Journal des Goncourt ? C'est un excitant pour le cerveau, excepté le volume où il parle de 1870. Quelle puérilité, quel parti-pris dans la littérature de guerre ! Il est devenu impossible d'ouvrir une revue littéraire. Comment peut-on même tenter de faire de l'art avec une chose aussi peu civilisée, aussi enfantine, aussi atroce que la guerre ! (Colomb, 1927, p. 54.)

Colomb se réfère à l'« Année 1870 », article apparu dans le *Journal des Goncourt : Mémoires de la vie littéraire.* Dans la revue, les Goncourt décrivent la guerre comme un phénomène d'une « beauté particulière », qui se reflète dans « cette gaze bleue du ciel, ces grandes ombres, molles et noyées, ce brouillard laiteux, épandu et flottant sur tous les lointains » (Les Goncourt, 1870-1871, p. 66.). La lettre du 5 septembre 1928 indique que la fiction, aux yeux de l'écrivaine, ne doit pas faire émerger de la guerre quelque chose d'*artistique*, d'*esthétique.* Le roman *Les Esprits de la terre*, publié environ trente ans plus tard (en 1953), témoigne de l'expérience traumatique et des conséquences de la guerre, notamment de la Seconde Guerre mondiale et de la Shoah. Si Colomb exprime sa vision sceptique à l'égard de l'esthétisation de la guerre dans les années trente, plus tard elle cherchera à symboliser les effets de la guerre et à saisir cette expérience par l'emploi de métaphores. Toutefois, à la différence des Goncourt, elle évitera de rendre *beau* et d'attribuer une qualité d'*émerveillement* à « une chose aussi peu civilisée, aussi atroce que la guerre », par son travail artistique.

Virginia Woolf, comme Catherine Colomb, s'attaque au langage qui justifie la violence ou conduit les hommes à la guerre. La romancière estime que les mots de la langue ordinaire peuvent déformer notre vision de la réalité, en soutenant des illusions mensongères. Elle montre à plusieurs reprises que, par l'esthétisation du langage, le sens premier des mots passe inaperçu. Dans *Between the Acts* [*Entre les Actes*] (1941), elle est attentive au style, aux usages du pouvoir poétique de la langue. La romancière se réfère au danger qu'un « abus de langage » peut produire en faisant un parallèle entre le pouvoir de l'auteure et celui du dictateur. Plus précisément, ce roman montre la vulnérabilité du lecteur face à l'écrivain, et de l'audience face aux autorités politiques, qui embellissent la réalité pour faire passer leurs slogans et idées. La « corruption du langage », aux mains des « pères » et des « frères », est également thématisée dans *Trois Guinées* et *Une Chambre à soi*. Woolf explique que « *Before the war [...] the same things [...] would have sounded different*[4] » (Woolf, 1989, p. 12) et se focalise sur les effets catastrophiques provoqués par l'abus de langage dans le contexte de la guerre. Il y a des références aux mots du langage d'un système patriarcal dans *To the Lighthouse*. On lit que « *Mrs Ramsay did not quite catch the meaning, only the words, here and there... dissertation...fellowship...readership...lectureship*[5] » (*L* : 13). Si Mrs. Ramsay, « *could not follow the ugly academic jargon, that rattled itself off so glibly* » (*Ibid.*), c'est parce qu'il est réservé à l'usage exclusif des autorités patriarcales. La tentative d'inventer une langue à usage privé, aux yeux de Virginia Woolf, naît d'une volonté de déformer le sens des mots et, de cette manière, de cacher la vérité.

La résistance vis-à-vis de l'esthétisation de la guerre se dégage également du style particulier que Virginia Woolf et Catherine Colomb adoptent. Dans *To the Lighthouse*, les décès dans le contexte de la guerre n'y sont référés qu'entre crochets : « [*A shell exploded. Twenty or thirty young men were blown up in France, among them Andrew Ramsay, whose death, mercifully, was instantaneous*[6]]. » (*L* : 153) Par l'emploi des crochets, Woolf

---

4 *Une chambre à soi*, trad. de l'anglais par Clara Malraux, Paris, 10/18, 2016, p. 20 : « Avant la guerre, [...] on aurait dit exactement les mêmes choses, mais elles auraient eu une autre résonance. »

5 Woolf, *La Promenade au phare*, trad. de l'anglais par M. Lanoire, 1929, p. 19 : « Mrs. Ramsay ne saisissait pas entièrement le sens de ses paroles ; les mots ne lui parvenaient qu'isolés, çà et là... un mémoire... une chaire de fellow...une chaire de lecteur » ; « [...] ne pouvait pas suivre ce vilain jargon universitaire dont il se servait avec tant d'aisance. »

6 *Ibid.*, p. 158 : « (Un obus fit explosion. Vingt ou trente jeunes gens furent tués en France et parmi eux Andrew Ramsay, dont la mort, Dieu merci, fut instantanée.) » ; *ibid.* : « quelque voix géante eût poussé un tel hurlement de détresse »

se réfère au fait que la mort, dans le contexte de guerre, est indescriptible, inexprimable. Ce choix stylistique semble être également dû au refus à la négation de l'auteure d'esthétiser des expériences de la guerre. Chez Colomb, les multiples décès de jeunes personnes sont annoncés par une analogie : « …rien ne se perd, rien ne se crée, disait en 1910 le professeur qui ressemblait à Anatole France, rien ne se perd, pas même les noms des jeunes mortes qui tombent lentement à terre comme les volants d'autrefois. » (*E* : 140) On voit que si *To the Lighthouse* réfère aux décès des jeunes personnes dans la guerre mondiale par l'emploi de crochets, *Les Esprits de la terre* les indique en les limitant à leur seule fonction référentielle.

La méfiance de Virginia Woolf envers les pratiques de l'utilisation de la langue qui semble appartenir exclusivement aux hommes, s'exprime par le biais des stratégies esthétiques, stylistiques et linguistiques qu'elle adopte dans *To the Lighhtouse.* Contrairement au discours logique, le roman est basé sur les oppositions d'idées. La section « Le temps passe » est, en particulier, construite sur des oppositions : située au milieu du roman, elle fonctionne comme un intervalle qui sépare le passé de l'avenir, l'ancien et le nouveau monde, représentés dans la première et la dernière partie. Ce sont le chaos, la ruine et la mort qui y occupent le centre de l'action. Le chaos et l'anarchie remplacent l'ordre et l'harmonie de la section initiale. À l'opposition de « *the domesticity [which] triumphed* » (*L* : 36) ou « *The house [which] was all lit up*[7] » (*L* : 86), qu'on lit dans la partie « La fenêtre », les forces sauvages et l'obscurité reprennent formes dans celle intitulée « Le temps passe ». Aucun observateur n'assiste aux événements de cette dernière section. Dès lors, on lit plus le monde à travers la conscience humaine représentée dans la partie précédente. Une imagerie brutale la remplace. Une autre stratégie stylistique consiste à éviter d'utiliser les *fonctions* principales du langage. Plus précisément, Woolf n'emploie pas souvent le langage à des fins communicative et expressive. Les rapports entre les êtres humains sont explorés d'un point de vue interne, par les observations des personnages, plutôt qu'à travers l'échange de parole entre eux. L'écrivaine emploie le langage dans sa fonction de laisser percevoir le monde de l'introspection, plutôt que celui de l'action. La réaction au rationalisme, au discours logique se manifeste

7 *Ibid.*, p. 40 : « la discipline domestique [qui] triomphait » ; p. 94 « la maison était tout éclairée. »

également par la déconstruction du langage. Dans la section « Le temps passe », en particulier, les liens entre les mots sont coupés. On voit une multiplication d'images photographiques et un récit fragmenté, ce qui permet d'interroger l'impuissance de la langue à exprimer le caractère grotesque de la guerre. À ce propos, le texte dit que « *we should compose from [its] fragments a perfect whole or read in the littered pieces the clear words of truth*[8]. » (*L* : 146) De cette manière, Woolf conseille de tenir compte des significations et implications plus larges de son roman.

À cet effet, les événements qui se déroulent dans « Le temps passe » ne sont pas clairement inscrits dans le contexte de la Première Guerre mondiale. Pourtant, les mentions « *gigantic chaos streaked with lightning* » (*L* : 154), « *brows pierced by no light of reason* » (*Ibid.*), « *the universe [...] battling and tumbling, in brute confusion* » (*Idem.*) « *a giant voice [...] shrieked so loud in its agony* » (*L* : 152) témoignent des effets catastrophiques de la guerre. Ces événements désignent explicitement les effets du passage du temps sur la maison et sur les « *precesses of domestic life* » (*L* : 151). (La section est d'ailleurs intitulée « Le temps passe »). Pourtant, en choisissant une optique plus large, on pourrait les interpréter comme relatifs à des conflits mondiaux. La maison, vidée des personnes, pourra être une conséquence du passage du temps, mais le fait qu'elle soit hors de la réalité humaine, *hantée*[9] par des créatures malveillantes et fantomatiques dont l'origine est impossible à définir, invite bien davantage à identifier celles-ci comme des métaphores de régimes autoritaires, de forces brutales de la guerre. Il y a des références aux « *advance guards of great armies* » (*L* : 150), de « *flesh turned to atoms* » (*Ibid.*). On découvre, dans cette section, des effets de personification de forces armées : « *wide-eyed and watchful and entirely careless of what was done or thought by the beholders* » (*Idem.*) ; « *they entered the drawing-room, questioning and wondering* » (*L* : 144) ; « *it was impossible to resist the strange intimation which every gull, flower, tree, man, and woman, and the white earth itself seemed to declare*[10]. »

8 *Ibid.*, p. 152 : « que nous puissions [...] composer avec leurs fragments un tout parfait ou lire dans leurs morceaux dispersés les claires paroles de la vérité. »

9 La notion « hantée » en lien avec la maison a été utilisée par Woolf dans Virginia Woolf, *A Haunted House and Other Stories* (1943).

10 *La Promenade au phare*, 1929, p. 160 : « les écroulements d'un chaos gigantesque traversé d'éclairs » ; « dont le front ne laisse passer aucune lueur de raison » ; « l'univers tout entier se battait contre lui-même, se culbutait dans une brutale confusion, dans un déchaînement appétits. » ; p. 157 : « mécanisme de la vie domestique » ; p. 153 : « avant-gardes de grandes armées » ; p. 148 : « de chair transformée en atomes » ; « il demeurait les yeux

(*L* : 151). De cette manière, Woolf instaure un lien entre les forces de destruction, que « Le temps passe » thématise, et la folie de la guerre.

Le roman de Virginia Woolf s'inscrit donc dans le présent de la réalité historique, tout en embrassant un regard sur la guerre. Le témoignage de la Guerre mondiale, de la naissance des régimes totalitaires et de leurs effets puise son fondement dans les expérimentations esthétiques. L'emploi des métaphores pour la représentation de la guerre – qualifiée de phénomènes qui sont « difficiles à représenter » « inutilisables pour la légende » (Auerbach, 1968, p. 29) – met en évidence aussi bien la position sceptique de Woolf envers la littérature propagandiste et moralisatrice, que l'impuissance de la langue à exprimer l'enfer historique. Aux expériences de la guerre, l'écrivaine anglaise, mais aussi l'écrivaine Suisse, répondent en documentant les images de ruine, des lieux abandonnés, désertés, et la réalité fragmentée. Les textes de Colomb et de Woolf sont également chargés d'images symboliques et métaphysiques, une réalité métamorphosée par l'intégration des perceptions sensorielles et par des qualités nouvelles du temps et de l'espace. Le regard sur la guerre se manifeste également par l'enchaînement temporel de ces romans : dans *Les Esprits de la terre*, la chronologie est inversée et l'histoire remonte vers un temps plus heureux de la vie des héros ; en revanche, dans la partie intermédiaire de *To the Lighthouse*, le récit est beaucoup plus fragmenté et l'imagerie brutale remplace des observations humaines.

En outre, les choix artistiques de Catherine Colomb et Virginia Woolf impliquent de ramener le phénomène de la guerre à une échelle individuelle plutôt que mondiale. Dans les deux romans, la famille représente un microcosme de la société. Les écrivaines cherchent à trouver les explications à la brutalité de la guerre par l'exploration du conflit au sein de la famille. Les peurs et les angoisses de l'époque sont réduites à la taille de problèmes familiaux. À cet égard, au lieu de décrire la réalité de la guerre de manière conventionnelle, les romancières la traitent à travers les motifs de la mère « disparue » et de la maison en ruine. L'espace n'a plus un caractère homogène et devient hostile et compliqué, puisqu'il est repris par les forces du *mal* en l'absence de la

ouverts, attentive, entièrement indifférent aux faits et gestes comme aux pensées des gens qui l'observaient. » ; p. 150 : « …entrant dans le salon, questionnant, s'intriguant » ; p. 157 : « il était impossible de résister à l'étrange suggestion que semblaient faire toutes les mouettes, toutes les fleurs, tous les arbres, tous les êtres humains et la terre elle-même dans sa blancheur ».

mère dans *To the Lighthouse* et *Les Esprits de la terre*. La mort de celle-ci n'implique pas uniquement de la souffrance, mais elle provoque des effets destructeurs sur l'espace.

La ruine de la vie domestique et de l'habitat humain apparaît comme une métaphore de la ruine mondiale, des menaces qui pèsent sur la vie humaine sur Terre. La maison des Ramsays n'est pas qu'une simple habitation ; elle est le lieu de rencontre entre le passé et l'avenir, et de la transmission de la mémoire et des valeurs de l'époque. Tout au long de sa vie, Mrs. Ramsay cherche à maintenir les liens avec le passé et à transmettre l'idéologie victorienne concernant la domesticité et la féminité. Mrs. Ramsay étant encore en vie, « *the whole of the effort of merging and flowing and creating rested on her*[11] » (*L* : 126). Sa présence était une condition de l'unité et la stabilité de la famille des Ramsays. Une fois la figure maternelle « disparue », il est impossible de reprendre le contrôle des événements qui détruisent la maison. Sa disparition symbolise la fin de la force suprême dirigeant l'univers.

Dans *Les Esprits de la terre*, comme dans *To the Lightouse*, la mort de la figure maternelle devient la cause de la désunion de la famille ; le conflit fraternel pour obtenir l'héritage ressurgit durant son absence. Cette mort engendre, semble-t-il, aussi bien la passivité que la volonté de s'isoler du monde social. Entre une existence présente et une autre tournée vers le passé, César choisit la seconde. Il se détourne du présent, devenu impossible à vivre, pour se réfugier dans un monde de la mémoire. Son malheur, le « désintéresse[ment] du présent et de l'avenir », commence avec la mort de la mère. Pour César, mais aussi pour sa sœur Zoé, qui fait semblant d'être folle, l'absence de la mère provoque le nomadisme. Après le décès de la mère, ils n'arrivent plus à trouver ni leur place dans le monde extérieur, ni un logis habitable. Les orphelins, Zoé et César, restent sans demeure et se réfugient chez leurs frères et belles-sœurs.

La mort de la figure maternelle – surnommée, « tourterelle[12] » – a également des conséquences destructrices sur l'espace. Une partie de la maison – « la tour abolie » du château de Fraidaigue – est ruinée suite au décès. Les orphelins sont prédestinés à « marcher sur l'ombre de Madame, après avoir évité celle de la tour abolie d'où la tourterelle

---

11 *Ibid.*, p. 99 : « c'était à elle qu'incombait l'effort de fusion, de mise en train, de création. »

12 La tourterelle, un oiseau, étant également appelée colombe, renvoie au nom de famille de l'auteur – Colomb.

était tombée en voulant cueillir du capillaire » (*E* : 148). Fraidaigue représente un lieu de civilisation interrompue, un exil, car elle est habitée, après la mort de la mère, par une figure oppressante et tyrannique du nom de *Madame.*

César et Zoé restent fidèles à leurs valeurs « maternelles ». L'amour maternel les rend sensibles et tendres. Le cliché selon lequel un homme est puissant et autoritaire par nature est évité par l'invention d'un personnage comme César. Tandis qu'il porte le nom de l'empereur romain, celui de Jules César, il n'a pas sa virilité, ni son pouvoir. En élaborant un modèle contrasté, il apparaît que Catherine Colomb vise à condamner un code de virilité et une célébration des décès patriotiques liés à son époque. L'opposition aux valeurs « paternelles » y est suggérée par la tendance de rester un homme passif et de « renoncer au monde de rêve », plutôt qu'être « l'homme d'action ».

La mère de César n'apparaît que de manière fantomatique dans le texte, à mesure que son image physique est rappelée par le héros. Ayant trouvé la mort alors que César, l'aîné de la fratrie, était encore très jeune, la mémoire de son visage n'est pas saisissable. Malgré le fait qu'il ne reste que l'ombre de cette mère tant aimée, son souvenir devient une obsession, incarnée par la figure à la « pèlerine de laine noire ». Autrement dit, à l'obsession de cette figure maternelle une forme littéraire a été donnée : elle s'introduit par une métaphore – un vêtement.

Catherine Colomb va encore plus loin en invitant à réfléchir sur les autres significations et implications de l'histoire. Le récit de la violence domestique s'incarne et motive une lecture de l'histoire du continent sous la domination nazie. En effet, en parallèle de ces histoires – dit le texte – « c'était la guerre » (*E* : 136) ; on voyait le « cortège des enfants mutilés » ; des « orphelins de guerre » (*E* : 24) ; « des Supérieurs tout-puissants jouaient présentement avec les hommes comme naguère les dieux, les fées et les jésuites menaçants campés le long des frontières » et des Juifs étaient « renvoy[és] dans un wagon plombé » (*E* : 137). Les personnages Zoé et César nous rappellent les personnes déplacées et les victimes de la Seconde Guerre mondiale et de la persécution.

L'obsession de la mère « disparue » s'ouvre finalement sur l'histoire contemporaine. Le lien symbolique entre la terre et la mère « disparue » est confirmée par le texte. À plusieurs reprises, *Les Esprits de la terre* montre le désir de César d'accéder « au cœur de la terre » (*E* : 233). Il imagine « s'enfouir ses mains dans le sol humide », tout en sauvegardant les beaux souvenirs de sa mère, de ces moments lorsque « ses cheveux rouges [étaient] tendrement pressés contre la jupe de plumes grises » (*E* : 230). À la fin du roman, César pénètre dans la terre pour retrouver ce temps heureux de l'enfance. Au-delà du texte, c'est l'envie de rejoindre sa mère « disparue » qui en résulte. La nostalgie de César envers son passé est celle du monde de l'avant-guerre. D'abord, lorsque sa mère vivait encore, César s'était « pressé contre la jupe de plumes grises » ; plus tard, il devient l'un de ceux qui seront « serrés, pressés entre deux guerres ». À la base de ces évocations, on stipule que l'absence de la figure maternelle annonce l'absence de la paix sur la terre et le choc produit par la Guerre.

Les idées d'une ruine de la civilisation occidentale et de la fin de toute langue sont également matérialisées dans l'objet de la « tour abolie ». Ce matériau, qui tire ses origines de la Bible, est emprunté au « Prince d'Aquitaine à la tour abolie » de Gérard de Nerval. L'histoire de la tour de Babel apparaît à l'origine dans la Genèse. D'après cette histoire, les hommes ont voulu « bâti[r] une ville et une tour dont le sommet touche au ciel » (*Le livre de la Genèse*, 11 : 1-9), contre la volonté de Dieu. L'élément du « château bâti dans les nuées » (*E* : 137) est donc emprunté par Colomb au livre de la Genèse. Le nom de la tour, « Babel », a la même racine étymologique que « Babylone » dans la Bible. L'empire babylonien, historiquement connu pour avoir déporté et retenu captifs des Juifs de Juda et de Jérusalem, est incarné dans la maison des *Esprits de la terre*. Dans le roman, le château de Fraidaigue, une sorte d'empire babylonien, est assiégé par *Madame*, qui porte également le nom de Sémiramis – une reine de Babylone.

La tour abolie porte la signification symbolique d'une liberté d'expression restreinte dans *Les Esprits de la terre*. On peut se faire une idée du totalitarisme et de ses effets par une distribution du son et du silence. Dans le silence de César – mentionné par les initiales *D. P.*, c'est-à-dire, *Displaced person* – on reconnaît la réticence à s'exprimer des victimes de la persécution. Le silence des « habitants du village » renvoie à celui des masses dominées et fabriquées par les régimes totalitaires. En opposition avec ce silence, impliquant également la terreur, Madame/Sémiramis, avec ses rires et ses gémissements effrayants, surgit comme une figure oppressante. Quand elle rit, on entend « les vitres de l'écurie trembl[er] quoiqu'elle eût été construite très solidement » (*E* : 161). Devant elle, tout le monde, y compris Eugène, son mari, « se tai[t] » (*Ibid.*). Les autres ne peuvent pas s'exprimer sans être interrompus. Étant donné qu'elle seule peut « se mettre à rire et dévoiler ses dents jaunes de scaphandrier » (*E* : 134) et a le droit de « lev[er] pour imposer silence sa grande main blanche » (*E* : 199), on la voit comme une personnification du système totalitaire.

Dans sa seconde partie, *To the Lighthouse* désigne l'angoisse du monde pendant la Première Guerre mondiale. Cette expérience terrorisante se situe entre la certitude communément associée à l'époque victorienne et la crise et désunion du monde au lendemain du conflit. À la différence de *To the Lighthouse*, *Les Esprits de la terre* ne saisit pas l'horreur de la Première Guerre mondiale mais celle de la deuxième. Le roman ne cesse d'indiquer la disparition des valeurs anciennes pendant ce conflit et dans l'entre-deux-guerres. Comme Woolf, Colomb désigne également le bouleversement du monde et la disparition des valeurs du « monde d'hier ». Toutefois, si l'expérience traumatique de la guerre est visiblement surmontée dans la partie finale de *To the Lighthouse*, ce n'est pas le cas chez Colomb. Avec la paix revenue, la famille Ramsay – disparue pendant dix ans – revient et se réunit dans sa maison sur une île écossaise. À partir de ce moment, elle commence à retrouver l'équilibre perdu. En revanche, Colomb ne donne pas l'espoir d'une réparation. Les personnages principaux se suicident ou disparaissent, et l'espace devient déserté.

L'étude comparative des deux textes a montré que la mort d'une figure maternelle entraîne deux types de conséquences : le désordre et l'effondrement de la civilisation chez Virginia Woolf; la transformation de la maison en exil chez Catherine Colomb. J'ai essayé d'illustrer la vision ambivalente de Virginia Woolf et Catherine Colomb en ce qui concerne l'esthétisation de la guerre. Nous avons vu que malgré le fait que ces écrivaines se rebellent contre l'*esthétisation de la vérité*, leur fiction exprime la guerre par sa métaphorisation. Bien que Catherine Colomb et Virginia Woolf ne transmettent les messages éthiques que de manière implicite, leurs romans montrent leurs perspectives critiques envers la guerre. À première vue, leurs romans portent sur des histoires, des choses et des gens ordinaires. Ils évitent toute marque qui pourrait être interprétée comme *extraordinaire*. Toutefois, des perspectives contre la guerre se montrent par une attention portée à la vie et à l'espace de la famille. Il y a de la morale dans *Les Esprits de la terre* et *To the Lighthouse*, mais une morale tacite, puisqu'elle se cache dans des symboles et des images métaphoriques. Elle est certes moins évidente, mais elle est plus percutante, efficace et convaincante, à mon sens, que lorsqu'elle s'exprime à haute voix.

Tamar BARBAKADZE
Université de Lausanne

BIBLIOGRAPHIE

APPUHN, Charles, *Hitler par lui-même d'après son livre « Mein Kampf »*, Paris, J. Haumont, 1933.

ARISTOTE, *La Poétique*, 21, 1457*b* 6-8. Texte établi et traduit par J. Hardy, Paris, Les Belles Lettres, [1932] 2002.

AUERBACH, Erich, *Mimesis : the representation of reality in western literature*, trad. de l'allemand en français par Cornélius Heim, Paris, Gallimard, 1968.

BOST, Hubert, *Babel : du texte au symbole*, Genève, Labor et Fides, 1985.

COLOMB, Catherine, « Les Esprits de la terre », *Œuvres complètes*. Lausanne, éd. L'Âge d'homme, t. 1, 1993.

COLOMB, Catherine, lettres envoyées à Lady Ottoline Morrell, ms. Harry Ransom Humanities Research Center. Université du Texas, Austin, 1928.

GEINOZ, Philippe, « Le siècle de Catherine Colomb », *Catherine Colomb : une avant-garde inaperçue*, éd. Critique par Sylviane, Dupuis, Genève, MētisPresses, 2017, p. 61-76.

GONCOURT, Edmond, GONCOURT, Jules, « Année 1870 », *Journal des Goncourt : Mémoires de la vie littéraire*, 1870-1871, Paris, Bibliothèque-Charpentier, 1892, t. 4, p. 3-176.

HEIDMANN, Ute, « Pout un comparatisme différentiel », *in* Anne Tomiche (dir.), *Le Comparatisme comme approche critique. Tome 3 – Objets, méthodes et pratiques comparatistes*, Paris, Classiques Garnier, 2017, p. 31-58.

La sainte Bible : Ancien Testament, trad. nouvelle d'après le texte hébreu par Louis Segond, Genève, A. Cherbuliez, Paris, Sandoz et Fischbacher, 1874.

NERVAL, Gérard de, « El Desdichado », *Literary Imagination*, Oxford University Press, 2001, t. 3 (1), p. 136-137.

RICŒUR, Paul, *La Métaphore vive*, Paris, Seuil, 1975.

RIEBEN, Pierre-André. « Entre la porte d'ivoire et la porte de corne : l'univers imaginaire de Catherine Colomb », *Catherine Colomb : visages : trois lectures. Études de Lettres*, Lausanne, Faculté des Lettres, n° 3, 1973, t. 6, p. 41-69.

SHERRY, Vincent, *The Great War and the Language of Modernism*, Oxford, Oxford University Press, 2003.

TRANSUE, Pamela, *Virginia Woolf and the politics of style*, Albany, State Univ. of New York Press, 1986.

WITTGENSTEIN, Ludwig, *Carnets 1914-1916*, tr, G. G. Granger, Paris, Gallimard, 1971.

WOOLF, Virginia, *A Room of One's Own*, San Diego, Harcourt Brace Jovanovich, 1989.

Woolf, Virginia, *A Haunted House and Other Short Stories*, London, Hogarth Press, 1943.

Woolf, Virginia, *Between the Acts*, London, Hogarth Press, 1947.

Woolf, Virginia, *La Promenade au phare*, trad. de l'anglais par M. Lanoire, Paris, Delamain et Boutelleau, 1929.

Woolf, Virginia, *To the Lighthouse*, éd. critique par Julia Briggs, New York, A. A. Knopf, 1992.

Woolf, Virginia, *Three Guineas*, London, Hogarth Press, 1943.

Woolf, Virginia, *Une chambre à soi*, trad. de l'anglais par Clara Malraux, Paris, 10/18, 2016.

Zwerdling, Alex, *Virginia Woolf and the Real World*, Berkeley, University of California Press, 1986.

EN RIRE, MALGRÉ TOUT ?

Éthique d'un rire romanesque de la Grande Guerre

À Pierre Brunel.

> Au milieu des croix de bois il redresse sa taille de nabot et comme on peut le voir sur ce cliché, à contempler ce champ de désastres, il sent soudain la joie monter de son cœur à sa bouche, et, l'homme qui ne rit jamais, SE MET À RIRE !… (*L'Humanité*, 6 juin 1922)

Parmi les campagnes politiques de déstabilisation que connut la IIIe République, il en est une dont la modernité n'aura retenu qu'un surnom peu flatteur : « l'homme qui rit dans les cimetières ». Cet homme, surpris à esquisser un rictus là où seule la plus recueillie des gravités pouvait avoir cours, c'est Raymond Poincaré, ancien président de la République devenu Président du Conseil sous l'étiquette du Bloc national, une coalition de centre droit. Le 4 juin 1922, lors d'une visite au cimetière militaire du faubourg pavé, à Verdun, il est photographié souriant aux côtés de l'ambassadeur des États-Unis et subit, à la une de *L'Humanité*, des foudres mêlant l'injure aux exhortations vibrantes : « Qu'en pensez-vous, familles de Trinquard, de Capron, pauvres morts dont les noms apparaissent sur les premières croix, et vous tous qui avez perdu un être cher dont l'un des grands Responsables n'hésite pas à venir encore insulter la tombe par sa présence et par son rire ! » (*id.*) Son rire ? Le rire cynique de l'assassin, peut-être ; le rire sacrilège de l'embusqué, assurément, qui ne pouvait trouver pire lieu d'expression qu'un cimetière militaire, à l'heure où la France pansait ses plaies en sanctuarisant ces espaces de construction d'une mémoire apaisée, à la fois individuelle et collective. Hormis la profanation, quel geste, quelle attitude pouvait choquer davantage les contemporains que le recul, la désinvolture et l'irrespect dont le rire peut endosser l'apparence lorsqu'il s'agit d'évoquer la mort ?

La polémique, essentiellement relayée par les milieux communistes, ne tarde pas à s'éteindre. Mais le faisceau de questions qu'elle soulève, à l'unisson de cette société de l'immédiat après-guerre multipliant les gestes commémoratifs, n'en est pas moins crucial pour comprendre dans quelle mesure des considérations éthiques, des pressions du champ social eurent une influence sur la place que put tenir le rire dans la fiction. Pouvait-on y rire de la guerre[1], et comment les limites fixées par la société évoluèrent-elles ? La question de l'éthique de l'humour est rendue complexe par le nombre des instances opérant dans le schéma énonciatif du rire afin que ce dernier soit actualisé, et atteigne ou non son ambition pragmatique – celle-ci n'étant d'ailleurs pas toujours d'amuser. Interviennent en effet l'auteur (destinateur) du rire ou de l'humour (qui a le droit de rire et de faire rire de la guerre ?) ; l'objet / la cible du rire (qu'est-ce qui fait rire dans la guerre ?) ; et son destinataire, auxquels il faut ajouter trois paramètres : la forme que prend le rire ou le discours comique[2], son support et son contexte de production. Dans la reconstruction du rire de Poincaré par *L'Humanité*, on le voit, le flagrant déséquilibre en faveur de l'inadéquation, de l'indécence (puisque le rieur, son destinataire supposé – les objectifs de la presse bourgeoise – et le contexte de son rire concourent au sacrilège), devait tout naturellement justifier la polémique.

Il reste qu'en littérature, ce problème de l'éthique du rire paraît s'être posé bien autrement. Et pour cause : si l'on part des textes, le rire, bien loin de se trouver banni par des impératifs moraux, semble s'être immiscé dans une partie notable de la production romanesque, dès 1915 et jusqu'à la fin des années 1930. Pensons aux romans proprement comiques (*Sabres de bois* de Jacques Deval, *5 de campagne* de Marcel E. Grancher), aux saynètes humoristiques innombrables de *Gaspard* de René Benjamin et des *Croix de bois* de Dorgelès, aux textes de Pierre Chaine, Céline, Cendrars, Giraudoux (*Mémoires pour une ombre*, *Adorable Clio*), Mac Orlan (*Les Poissons morts*), Maurois (*Les Silences du colonel Bramble*)

1 Bien entendu, cette question n'est pas propre à la Grande Guerre. Voir par exemple Andréa Lauterwein (2009).

2 Nous nous concentrerons ici sur l'éthique du rire reçu par la société en tant que produit culturel et artistique, et non sur les problématiques éthiques soulevées par ses *objets* et la forme qu'il emprunte pour les cibler (rires violents, racistes, etc.).

ou Jean Galtier-Boissière (*La Fleur au fusil*, *Loin de la Rifflette*), qui ne cessent non seulement de représenter le rire des soldats, mais encore de solliciter celui du lecteur par le carnavalesque, le grotesque, la gouaille ou les traits d'esprit, afin de mettre en fiction l'expérience guerrière de leur auteur. Sans supplanter la domination évidente de l'inspiration réaliste et naturaliste, sans tirer le roman de 14 dans son ensemble vers la farce, le rire s'est imposé comme un moyen de répondre à la crise du langage et des représentations que subirent les témoins au moment de coucher sur le papier leur expérience de l'horreur. Comment expliquer ce paradoxe ? Comment comprendre le succès de ces rires au moment où grandissait en France l'influence des anciens combattants[3], protégeant jalousement leur image, au même titre que cet héritage sanglant conquis de haute lutte derrière leurs sacs de sable et leurs chevaux de frise ? Nous voudrions apporter ici quelques esquisses de réponses à ces vastes questions par une étude de la réception médiatique des textes de 14 et des seuils où les auteurs évoquent leurs rires, en tenant compte des évolutions du champ littéraire entre la guerre et les années 1930. Notre hypothèse pourrait être la suivante : afin de retrouver la sensibilité éthique qui dominait alors la réception, il convient de négliger tous les actants et circonstances de l'énonciation risible pour se concentrer sur un seul d'entre eux, à savoir les producteurs du rire, les auteurs. On constate ainsi que ces derniers se divisent durablement en deux pôles : les témoins, dont le rire romanesque est très largement admis, et les autres, dont les rares tentatives de se fondre dans les rires combattants rencontreront de sérieuses résistances dès la fin de la guerre. En essayant d'étayer cette idée, nous montrerons que contrairement à ce que pourrait laisser croire notre sensibilité contemporaine, le champ littéraire des années 1914-1930 a largement permis, voire entretenu et encouragé la possibilité de représenter les rires soldatesques, mais aussi celle de représenter la guerre sous un jour comique, du fait de nombreux facteurs sociétaux, politiques, esthétiques et éthiques, variables selon les époques, qu'il s'agira de passer en revue brièvement.

3 Voir Prost, 1977.

RIRES QUI CHOQUENT, DENTS QUI GRINCENT
L'humour problématique des non-combattants

Si la propagande œuvra volontiers, entre 1914 et 1918, à déréaliser la violence guerrière par le rire, en façonnant l'image type d'un poilu hilare sous la pluie et les balles, il est peu d'écrivains non-combattants qui osèrent après l'armistice tourner la guerre en dérision de façon trop ostensible, preuve s'il en fallait que la conjonction pour le rire d'un objet et d'une source inadéquats le condamnait de façon évidente[4]. Mais en 1923, paraît sous le nom de Jean Cocteau, connu pour son bellicisme rieur des années de guerre (*Le Mot*), un roman intitulé *Thomas l'imposteur*, récit fantaisiste des aventures militaires d'un jeune homme ayant usurpé le nom d'un général pour rejoindre le front. Plus encore que dans les recueils poétiques qui suivront, la guerre y est appréhendée sur le mode ludique[5] : comme le « Jean » du *Discours du Grand Sommeil*, Thomas perçoit la guerre comme une grande fête, il y entre librement, n'y voit guère d'enjeux que pour les autres, et y imprime son émerveillement poétique permanent qui le suivra jusque dans sa mort, narrée comme une consécration. Le burlesque y est omniprésent, dans la métaphore théâtrale irriguant le texte, les personnages d'intrigants lamentables qui trouvent dans la guerre un plaisir infini à se faire valoir, sous le regard ironique du narrateur, ou encore dans la représentation des officiers en baudruches stupides, mesquines et volontiers voleuses. Même leur dénonciation revêt ainsi des couleurs amusantes où le plaisir du verbe, de l'image drôle, prend nettement le dessus sur une charge critique très minime. Ses généraux ridicules, séniles, monomaniaques et incapables de comprendre toute réalité qui ne soit militaire, semblent ainsi tout droit issus du théâtre troupier :

> Ce général, qui avait mal compris le titre de Pesquel-Duport, et ne le croyait pas directeur de journal, mais de théâtre, le félicita sur sa troupe :

4 Il n'est que de voir l'évitement de la représentation guerrière dans les grandes fresques romanesques de Proust ou de Martin du Gard. Leur représentation de rires guerriers troublés ou encore leur prédilection pour l'ironie maintiennent à bonne distance toute tentation comique.

5 Voir Bianchi, 2019, p. 93-119. La tendance est bien moins dominante dans les poèmes, davantage marqués du sceau de la souffrance et du deuil.

> – Vous avez là, lui dit-il, une troupe excellente.
> – Mon général, rectifia doucement Pesquel-Duport, je suis un invité.
> – Moi aussi, que diable ! Moi aussi. Et je ne m'en plains fichtre pas. N'est-ce pas, mesdames ? s'écriait le général.
> Sa phrase n'avait aucun sens. Il appelait ce genre de phrases : l'esprit d'à-propos. (Cocteau, 1989 [1923], p. 128)

Si la plupart des critiques reconnaissent alors des qualités littéraires indéniables au jeune romancier, « l'humour qui traverse » le roman ne leur en paraît pas moins, ainsi que le note Léon Riegel « quelque peu indécent » dans sa consécration d'un héros qui joue à la guerre et sa mise en scène du triomphe ironique de personnages minables[6]. Un rapide regard sur la réception du texte suffit à nous en convaincre : le grand critique du *Temps*, Paul Souday, attire l'attention sur l'éthique de ce ludique : « mais est-ce bien le ton que l'on attendait ? et le règne de la guerre en dentelles n'est-il pas révolu[7] ? » Sont ainsi condamnés le ton et les dispositifs choisis, à l'unisson du journal *L'Humanité*, scandalisé par le silence bienveillant dont jouissent les choix éthiques présidant à la rédaction du roman[8]. Raymond Escholier, lui aussi, voit dans les libertés que prend Cocteau le résultat de son statut de non-combattant, qui aurait dû le conduire à se contenter, avec sa « langue sobre et rapide, imagée et poétique », de montrer ce qu'il était capable de montrer. L'auteur conclut ainsi, sévère : « Dommage que Jean Cocteau conduise son héros aux tranchées. La grande guerre, ça ne s'invente pas[9]. » Car l'enjeu est là : comme son protagoniste, Cocteau n'est allé à la guerre qu'en pointillés, avec des convois d'ambulances civiles, puis de la Croix-Rouge, auprès de fusiliers marins qu'il quitte à la veille d'une offensive qui condamnera la moitié de l'effectif. Gide, qui le rencontre à l'arrière en août 1914, se scandalise déjà dans son journal de son attitude rieuse et débonnaire, de ses bruitages pour imiter la guerre, ainsi que de ce semblant d'uniforme qui paraît exacerber son « brio » d'avant-guerre[10]. En 1930, dans *Opium*, le poète se justifie, dans un double mouvement

6 Riegel, 1978, p. 188.
7 Souday, 1923.
8 « Bibliographie », *L'Humanité*, 18 novembre 1923. La critique n'est toutefois pas unanime dans cette dénonciation : voir les comptes rendus de presse globalement élogieux que recense Serge Linarès dans sa « Notice ». Linarès, 2006, p. 983-984.
9 Escholier, 1924.
10 Gide, 1996, p. 846-847.

de *mea culpa* personnel et de légitimation littéraire de son expérience du front :

> Tous les critiques officiels ont dit que *Thomas l'imposteur* racontait une fausse guerre et qu'on voyait bien que je n'y avais pas été. Or il ne se trouve pas un seul paysage, une seule scène de ce livre que je n'ai habité ou vécue. [...] J'ai quitté la guerre lorsque j'ai compris, une nuit à Nieuport, que je m'amusais. Cela me dégoûta. J'avais oublié la haine, la justice et autres balançoires. Je me laissais porter par les amitiés, les dangers, les surprises, un séjour dans la lune. (Cocteau, 1930, p. 117)

Pour ne citer qu'un autre exemple de flagellation de rieurs non-combattants, mentionnons cette critique par Jean Galtier-Boissière, en juillet 1919, de la pièce de théâtre d'un ancien censeur, Paul Gsell, intitulée *Verdun*. Si la représentation paraît recueillir les faveurs – et le rire – du public, Galtier, témoin majeur de 14, y voit un « ridicule et prétentieux mélo », dont le principal travers n'est pourtant pas son mauvais goût :

> il a fait de tous ses personnages de grotesques fantoches. Sa pièce est une véritable provocation à tous les humbles et silencieux « bonhommes » qui se sont fait écharper sans déclamations... J'aimerais être sûr que M. Gsell qui passe pour intelligent, a écrit *volontairement* ce monument de bêtise, et ce chef-d'œuvre de mauvais goût, dans l'unique dessein de réaliser de fructueuses recettes, à l'occasion des Fêtes de la Victoire. Mais mes amis et moi ne lui pardonnerons pas de nous avoir fait assister à ce spectacle pénible et scandaleux d'une salle se pâmant de rire, tandis que sur la scène expirait un poilu. (Galtier-Boissière, 1919)

D'une façon absolument analogue, la représentation dans le roman de 14 de rires de civils sur la guerre repose de façon quasi systématique sur leur mise au ban, leur dénonciation[11] et leur parodie, si l'on excepte celui des personnages féminins, souvent plus ambigu du fait de son érotisme en puissance. Car le rire était ce qui appartenait en propre aux soldats, à leur identité combattante : rire de cette guerre absurde, rire d'eux-mêmes était un droit qu'ils avaient acquis au plus terrible prix, et l'appropriation par l'arrière de leurs parlers populaires, leur culture

11 Pensons au regard du narrateur de *La Peur* sur un général rencontré en permission qui rimaille et plaisante à propos du conflit devant un public mondain. Chevallier, 2010 [1930], p. 369-370.

commune ou leur humour relevait pour beaucoup du même sacrilège qui avait voué le rieur des cimetières aux gémonies. Francis Carco résume parfaitement ce sentiment en y ajoutant le refus des combattants de se voir caricaturer, par d'autres qu'eux-mêmes, en petits comiques :

> le combattant n'aimait pas que l'on plaisantât sur le tragique de la situation. Il détestait les facéties de très mauvais goût [...] où il était représenté comme un rigolo perpétuel, une sorte de Gaudissart casqué de la jovialité bourgeoise. Il ne se targuait point de la dignité de son rôle ni du danger incessant où il menait une vie si précaire. Mais l'appellation de « poilu » [qui provient de l'arrière] ne lui semblait jamais – et à juste titre – correspondre à la grandeur de sa mission. (Carco, 1921, p. 59-60)

Si certains critiques se montrèrent beaucoup plus ambigus quant au droit des civils à rire de la guerre[12], Galtier-Boissière, comme tant d'autres, façonna le concernant une infranchissable barrière éthique entre les mondes civil et soldatesque. La fiction répète chez lui ce que revendiquait déjà la critique : alors que tout se doit d'être accessible au rire de ceux qui ont vécu le pire, les anciens combattants devaient à ses yeux lutter pied à pied contre l'appropriation par d'autres de ce droit si chèrement acquis. C'est tout l'enjeu pragmatique de cette page assez stupéfiante de *Loin de la rifflette*, son récit satirique, qui montre des soldats s'amusant en cantonnement à revivre dans un cérémonial parodique les pires heures de leur dernier séjour au front :

> Invariablement, la soirée se terminait par une reconstitution vocale de la bataille. Au piano, Georget jouait d'une main la charge et de l'autre la *Marseillaise* ; Crémone, l'homme à la binette, imitait – à s'y méprendre – le hululement des obus, tandis que Philibert simulait les cris atroces des blessés : « À moi ! Maman !... Les copains, ne m'abandonnez pas ! » Mise en scène par d'autres, une aussi cruelle parodie nous eût assurément rendus furieux. Mais entre nous, nous trouvions une sorte de jouissance sadique à blaguer nos terreurs passées, avec cet épouvantable cynisme que seules peuvent provoquer et excuser les époques de grand bouleversement. La plupart des assistants revenaient de là-bas, certains y repartaient demain. Tous riaient à perdre haleine [...]. (Galtier-Boissière, 1921, p. 30)

---

12 Pensons, du côté de la droite, à Jacques Péricard, critique littéraire de *La Voix du combattant*, l'organe de la principale organisation d'anciens combattants dans l'entre-deux-guerres (l'U.N.C.).

LÉGITIMER SON RIRE DE GUERRE
Justification et réception du rire combattant

Dès lors, chacun s'expliquera l'usage des seuils que firent les véritables combattants qui choisirent de recourir de façon massive à la veine comique pour façonner leur expérience de guerre. Les préfaces et avant-propos, définis par Genette comme des lieux de *transition* et de *transaction*, lieux de pragmatique et de stratégie où l'auteur s'assure un meilleur accueil du texte et une lecture plus pertinente à ses yeux[13], furent ainsi largement mis à contribution pour légitimer le rire en le fondant sur l'expérience (c'est précisément ce que fait Cocteau) et/ou en réaffirmant sa qualité de combattant (ce qu'il ne peut pas faire). Nicolas Beaupré, prenant l'exemple de la publicité autour du *Feu*, centrée sur les citations au combat de Barbusse plutôt que sur son passé de poète ou sur les qualités du livre, avait bien montré qu'à partir de 1914, le champ littéraire situe la légitimité du roman de guerre dans l'éthique (fictions fidèles au vécu d'un témoin) et non plus seulement l'esthétique[14]. Ce renversement crucial, qui mettra du temps à s'estomper, se fait particulièrement sentir dans le cas du rire. L'avant-propos de *Sabres de bois* de Deval, publié en 1929, est un cas d'école de ces légitimations liminaires. Tout le roman, fondé sur l'autodérision, est d'ailleurs ponctué de justifications du protagoniste, fort contrarié, du fait de son statut d'auxiliaire[15], de ne pas avoir contribué autant que les autres à l'effort de guerre, et soucieux de rappeler régulièrement qu'il fut, comme ses camarades, exposé à la mort :

> La bonne humeur n'est pas un crime ; ce livre n'est pas un sacrilège. Je ne le dépose pas sur les autels de la patrie, mais sur les tombes auxiliaires de Bouvier Jean, de Chappuis Émile, et de Legrand Louis, tués par un obus à cinquante mètres de moi. Sabres de bois, fusils de paille…
> J. D. Service auxiliaire,
> 358e régiment d'infanterie, 71e division,
> scribe, cycliste et infirmier
> à Vingré, à Roucy, à Godewaerswelde. (Deval, 1929, p. 7)

13 Genette, 2002, p. 9-11 et 200 *sqq.*
14 Beaupré, 2013, p. 109-114.
15 Soldat malade ou handicapé qui n'était pas envoyé en première ligne.

La forme du texte est remarquablement soignée, alliant à un antipatriotisme assumé le ton solennel que créent, dans la première phrase, le présent de vérité générale très assertif, l'hypozeuxe, la double négation, ou encore le lexique hyperbolique du mal. Une masse de détails de service, mimant le style administratif (numéros d'unités, énumération des lieux de bataille qui, comme des médailles, font sens pour public d'anciens combattants…), vient façonner le contrat de lecture : c'est bien là un livre de souvenirs, ce qui autorise l'auteur, en tant qu'ancien, à utiliser le ton qu'il veut. Mais l'enjeu est ici également de réhabiliter l'expérience combattante des auxiliaires, exposés aux dangers malgré les railleries qu'ils subirent, en construisant l'empathie avec l'auteur sans laquelle le rire est impossible (on ne rit pas avec quelqu'un qui suscite notre colère par son manque de légitimité) : la douloureuse hypallage « tombes auxiliaires » est ainsi à lire comme une seconde dédicace (la première allait à l'humoriste Pierre Benoît) et une vive critique de cette époque où tous les morts ne se valaient pas. La disposition alphabétique des noms de camarades auxiliaires rappelle d'ailleurs celle des monuments aux morts[16].

Il reste qu'en la matière, l'exemple le plus célèbre est fort précoce et n'est pas un seuil ; il s'agit des regrets du narrateur des *Croix de bois*, qui se justifie longuement, à la fin du roman, d'avoir montré les rires des siens et d'avoir osé faire rire le lecteur de leur histoire :

> On a bien ri, au repos, entre deux marches accablantes, on a bien ri pour un peu de paille trouvée, une soupe chaude, on a bien ri pour un gourbi solide, on a bien ri pour une nuit de répit, une blague lancée, un brin de chanson… Un copain de moins, c'était vite oublié, et l'on riait quand même ; mais leur souvenir, avec le temps, s'est creusé plus profond, comme un acide qui mord… Et maintenant, arrivé à la dernière étape, il me vient un remords d'avoir osé rire de vos peines, comme si j'avais taillé un pipeau dans le bois de vos croix. (Dorgelès, 1996 [1919], p. 282-283)

On le voit, Dorgelès déploie ici des trésors de rhétorique pour figurer son émotion, et tirer vers le pathétique l'abondance de rires entrecoupant son récit de passages plus légers. Sa cadence majeure imagée, ses énumérations et parallélismes, les aposiopèses transcrivant son émoi, les déterminants

16 Pour un avertissement aux enjeux pragmatiques comparables mais bien plus revendicatif du fait de sa date de publication, voir par exemple Grancher, 1938.

possessifs et hypocoristiques (« mes pauvres gars »), ses adresses et questions oratoires[17] concourent ainsi à réorienter la réception du texte vers son sérieux, si souvent concurrencé par un humour dont l'auteur pouvait craindre qu'il ne soit mal reçu. Dans un entretien réalisé vingt ans plus tard, il expliquera d'ailleurs que s'il n'avait conçu aucune peine à mener l'un de ses protagonistes de papier jusqu'à sa mort diégétique, l'écriture de ses ultimes regrets l'avait, elle, réellement bouleversé : « [l]a minute d'intense émotion que je vécus, ce fut au dernier chapitre. Là, il me fut impossible de me dégager de la réalité encore si récente. Il me semblait les voir tous autour de moi… *…Et il me vint un remords d'avoir osé rire de leurs peines, comme si j'avais taillé un pipeau dans le bois de leurs croix* » (Dorgelès, 1938) L'ultime retour de cette image des croix de bois scandant l'ensemble de l'ouvrage[18] permet ainsi de rééquilibrer le texte en programmant non plus sa lecture à venir, comme le font les préfaces, mais le souvenir qu'il en restera au lecteur. À travers ces quelques lignes, l'auteur nous indique qu'il y a une mauvaise lecture des *Croix de bois* : celle qui consisterait à ménager le souvenir du « pipeau », à savourer ses aspects distrayants, au détriment du sentiment d'horreur que doivent lui inspirer les scènes les plus sombres du roman. En prévision des prix littéraires auxquels il s'apprête à postuler (Femina, Goncourt), Dorgelès s'assure ainsi du caractère inattaquable de son éthique romanesque.

Naturellement, ces justifications, symptomatiques d'une tendance globale, ne sont pas omniprésentes. Le roman si original de Pierre Chaine qui, dès 1917, se propose de raconter la guerre à travers le point de vue d'un rat de tranchées (*Les Mémoires d'un rat*), dépourvu de seuil, parodie dans ses premières pages la traditionnelle présentation du protagoniste avec d'hilarants accents de fierté. Du reste, là encore, les dates de parution et les évolutions du champ littéraire sont cruciales pour comprendre ce problème éthique. Une posture très différente se dégagera chez les auteurs les plus modernes par rapport au rire déployé au sein de leurs récits. À l'inverse de Dorgelès, Céline, comme Cendrars, adopte ainsi sur son risible un regard assuré, qui cherche dans la guerre, la mort elle-même, les conditions de possibilité de son rire, plutôt que d'interroger la position de sa propre énonciation. C'est de cette manière que la violence de son

17 « Reconnaîtrez-vous votre joie, mes camarades ? », Dorgelès, 1996 [1919], p. 282-283.

18 On en trouve une mention, plus ou moins développée, toutes les vingt pages environ. (Schoentjes, 2009, p. 72).

comique si novateur, qui aurait pu légitimer davantage de précautions oratoires que celui des *Croix de bois*, s'autojustifie :

> Chaque fois que l'image du « fatal trépas » s'impose dans mes livres, on y entend des gens qui s'esclaffent. Ma camarde, c'est un effet comique. Et aussi la réalité d'où elle sort, qu'elle éclaire ! …Une réalité cocassement agencée, avec mille détails encore plus burlesques que sinistres, et à la surface de laquelle s'agitent quelques milliards de nœuds d'atomes, qui à peine serrés commencent à se dénouer, après avoir crié vaniteusement leur nom d'hommes : y a-t-il rien de plus bouffon ?… Croyez-moi : le monde est drôle, la mort est drôle… (Poulet, 1971, p. 164-165)

PARADOXE, OU ÉVIDENCE ?
Un rire qui fait corps avec son temps

Si ces rires de guerre tiennent pour nous du paradoxe, il convient maintenant de leur donner quelques explications, en montrant pourquoi, alors même que beaucoup de témoins se sentirent l'obligation de s'en justifier jusqu'aux années 1930, ils s'imposaient, à certains points de vue, comme une évidence individuelle et collective, anthropologique et sociétale. Depuis la Seconde Guerre mondiale, peu de travaux d'historiens[19] ont été consacrés à cette question du rire de 1914-1918. Mais Lavisse prétendait déjà en 1920 que les tranchées françaises « furent blagueuses », et que nos « soldats s'esclaffaient [alors] devant l'éloquence patriotique des bourreurs de crâne. » (Lavisse, 1920, p. 549) Dans les faits, il va de soi que quatre années de combats ne virent pas prospérer que le sérieux, le tragique et le morbide dans lesquels tendent à les enfermer certaines fictions[20]. La promiscuité de jeunes hommes parfois enthousiastes et à peine sortis de la caserne, la variété des coutumes et usages linguistiques en présence, les petits conflits et les ridicules de la vie au front, l'absurdité, l'ironie quotidienne de la guerre moderne, les uniformes et accessoires, l'omniprésence de l'alcool, l'aversion assez

19 Voir tout de même Minois, 2000, p. 520 *sqq.*, Tholas-Disset et Ritzenhoff, 2015 et Hardier et Jagielski, 2014.

20 La place que tient le rire dans les témoignages les plus sérieux, ceux de Genevoix, Lintier ou Pézard, témoigne de l'importance qu'il eut naturellement au front.

consensuelle pour les bellicistes et les embusqués, ou encore les nombreux épisodes de détente et de divertissement auxquels purent se livrer les soldats, offraient autant d'objets et de moments au rire et à la plaisanterie, dont la littérature ne manque pas de se faire l'écho. Des rires plus noirs, de soulagement, de folie, de cruauté constituent d'ailleurs l'autre versant, plus spontané, de la réponse de l'homme à l'horreur que devait très naturellement constituer le rire[21]. Or le contrat éthique établi par le témoignage, non seulement rendait possible, mais exigeait la représentation de ces rires dont tous les témoins s'accordent à confirmer la présence massive dans les tranchées. Outre Giono, qui les mentionne dans ses *Écrits pacifistes*[22], ou Remarque affirmant que les siens seraient tous « crevés[23] » sans le rire, le médecin et écrivain Duhamel rappelle très justement qu'« au milieu de cette incroyable tragédie, le rire n'était pas complètement éteint », avant de voir là « une des particularités ou des grandeurs de notre race » ou, dans une intéressante épanorthose, « sans doute, plus généralement, un impérieux besoin de l'humanité entière. » (Duhamel, 1917, p. 217-218) Pierre Mac Orlan théorise cette importance des rires de camarades dans la littérature de 14, mais pousse le raisonnement plus loin, en laissant entendre que le meilleur moyen de les faire partager au lecteur restait de parvenir à le faire rire lui aussi, par la mise en scène théâtrale de ces innombrables personnages de rieurs, de loustics, qui peuplent ce corpus, l'animant ponctuellement de leur gouaille rieuse et de leur frondeuse débrouillardise[24] :

> La plupart des vrais souvenirs de guerre, ceux qui ne sont pas conventionnels, sont d'origine gaie. Il faut avoir recours au livre de Barbusse pour se rappeler les jours d'épouvante devant Souchez, mais il suffit de réveiller sa propre mémoire pour se rappeler les aimables couillonneries d'un loustic d'escouade ou de compagnie. Des personnages picaresques ou d'un ridicule qui touchait au grand art erraient comme des clowns sur un fond de bombardement. Une véritable pièce de théâtre sur la guerre devrait comporter un décor d'horreur

---

21 Voir sur ce thème, en littérature, la sous-partie « Rires féroces » de Pierre Schoentjes (2009, p. 56 *sqq.*).

22 Giono (1978).

23 « Ce que disent les journaux de guerre au sujet du magnifique humour des troupes, qui s'occupent d'organiser des danses, à peine sont-elles sorties de la zone du bombardement, n'est que stupidité. Si nous agissons ainsi, ce n'est pas parce que nous avons de l'humour, mais nous avons de l'humour, parce que, autrement, nous crèverions. » Remarque, 1978 [1929], p. 108.

24 Voir Bianchi, 2017, p. 253-275.

> dédié à la flamme et à l'asphyxie. Et devant ce décor de carnage et de désespoir, on apercevrait deux ou trois clowns s'exerçant et prononçant les mots définitifs qui marquent la mémoire d'un homme pour toute sa vie. (Mac Orlan, 1928, p. 54)

Mais il ne faut surtout pas se contenter de voir la faveur éthique dont profitèrent les rires de guerre de 14 à travers le seul prisme de cette agrégation de justifications individuelles. Le rire de la Grande Guerre, dépendant de l'expérience intime et des petites sociabilités des tranchées, est aussi un rire public, artistique, médiatique, qui appelle à être pensé à une échelle bien plus large. Car la tolérance et l'encouragement à l'endroit de ces rires ne trouvent pas leur source que chez les auteurs, mais chez bien d'autres acteurs du champ littéraire, tout au long de ce début de siècle. Si nous ne pouvons guère explorer ici en détail l'évolution des contextes sociétaux et leur influence sur notre question – qui fait l'objet de notre thèse de doctorat –, il convient de rassembler quelques pistes d'explication pour éclairer le phénomène. Notons pour commencer que dès avant 1914, le lien traditionnel entre guerre et représentation épique avait fini de se fissurer. Les naturalistes, avec leurs récits volontiers critiques et ironiques (*Les Soirées de Médan*), l'importance cruciale de la veine troupière dans le théâtre français (Courteline) ou encore l'ironie politique des antimilitaristes (Descaves) avaient ainsi contribué, dans le champ français, à faire des divers outils de la dérision des modalités parfaitement pertinentes de représentation de la chose militaire, voire de la guerre. De surcroît, ces productions sont concomitantes du développement massif de l'industrie du rire, qui connaît son apogée à la Belle Époque. Cette période de prospérité intellectuelle et commerciale pour les élites voit la fréquentation des cabarets battre son plein (*Chat noir*, *Lapin agile*, *Quat'z'arts*...), tandis que Paris devient la capitale mondiale de l'humour[25], propulsée par ses lieux emblématiques (Montmartre, Quartier latin). Les journaux humoristiques, et plus seulement satiriques[26], se multiplient (*Le Rire*, *Le Sourire*, *Fantasio*...), tandis que l'on voit naître plusieurs associations professionnelles d'humoristes. Bien entendu, beaucoup de futurs écrivains combattants fréquentent ces milieux avant-guerre (Dorgelès, Mac

---

25 Vaillant, 2016, p. 315 *sqq.*

26 Erre et Tillier, 2011, p. 426.

Orlan, Benjamin, Chaine), écrivent dans la petite presse comique ou participent à cette culture du canular promue par les avant-gardes : leur écriture s'en ressentira puisque le rire, au moment de mettre en mots leur expérience des tranchées, s'offrira naturellement à eux comme l'une des modalités familières de leur expression littéraire. Cette tendance, freinée par les prémices du conflit, reprend d'ailleurs de plus belle à l'arrière dès 1915, selon Francis Carco. Les illustrés comiques s'adaptent en devenant patriotiques, « l'arrière est rendu à ses habitudes. Après s'être imposé quelques mois d'apparente continence, il déchaîne des appétits que la proximité de la mort rend plus violents et plus sensuels. *La Vie parisienne*, *Fantasio* se font témoins de cette ardeur pour la jouissance, les satisfactions rapides, le besoin d'oublier et de s'étourdir », les types humoristiques de guerre se développent (poilu jovial, infirmière coquette...) et la vie sociale et artistique recommence à donner au rire une importance majeure (Carco, 1921, p. 54). Parallèlement, les « bourreurs de crâne » déploient partout une mythologie du soldat français dans laquelle le rire dispose d'une place tout à fait essentielle. Le député Lavedan, dans un article d'octobre 1914 qui nous semble absolument crucial en ce qu'il a programmé l'ensemble du discours officiel, donne le ton, à travers des envolées qui pousseront Henri Béraud à lui souhaiter de périr sous les coups de trique[27] : « Que ce soit dans les tranchées, au fond du val ou sur la crête, dans le bois ou par les sillons, en plein jour ou la nuit, à la belle étoile ou au cantonnement, si vous allez là où sont les soldats, VOUS ENTENDEZ RIRE... Le soldat français rit, partout. C'est une de ses manières. Il a commencé de rire le jour même de la mobilisation... » (Lavedan, 1914) Aussi caricatural que nous semble aujourd'hui ce discours, il fut parfaitement assimilé par le champ littéraire ; censure, éditeurs, auteurs, lecteurs et jury des grands prix, qui couronnèrent en 1915 un roman largement comique, *Gaspard* de Benjamin, dont le protagoniste de gavroche rieur et indiscipliné quoique courageux eut une influence majeure sur les témoignages romanesques qui suivirent. Sa première réception, contrairement à ce qu'affirma plus tard l'auteur en se justifiant[28], fut d'ailleurs particulièrement réussie, dans la presse[29]

27 Citation rapportée *in* Galtier, 1938.

28 Benjamin, 1926 [1915], p. II.

29 Voir par exemple Chevassu (1915), *Les Annales politiques et littéraires*, 19 décembre 1915 ; *Mercure de France*, 1er avril 1916 ou « Les Lettres françaises », *L'Œuvre*, 7 décembre 1915.

comme auprès du lectorat[30]. Il est une parfaite illustration de ce que le rire fut l'une des armes les plus fondamentales de cette « culture de guerre[31] » qui assit son emprise sur les discours publics dès les premières semaines du conflit. Les soldats accèdent en outre eux-mêmes au divertissement sur le front, et produisent des objets artistiques et médiatiques en grande partie humoristiques : les revues théâtrales organisées par les soldats[32] et les journaux de tranchées rédigés par leurs soins, médias de distraction qui ne diffusent qu'assez rarement la vision de la guerre sombre et pessimiste qu'un regard néophyte pourrait attendre d'eux. Ils assistent sur le front, ou en permission, à des spectacles comiques (théâtre, revue, chansons de cabaret) ou encore à la diffusion des films de Rigadin, de Max Linder ou de Charlie Chaplin, qui s'offriront comme des moyens efficaces de médiatiser leur expérience de guerre. Enfin, selon toute vraisemblance, la place accordée au rire dans la société ne s'effondre pas avec l'armistice. À très grands traits, les Années folles, n'écartant que peu à peu le rire patriotique (c'est un pan de la démobilisation culturelle), reprennent avec le cinéma, dans leur besoin cathartique de dépasser la guerre, la tendance humoristique à l'œuvre avant 1914, cherchant, selon Carco « à relier les joies de l'avant-guerre à celles de l'après-guerre » (Carco, 1921, p. 54). Il faut attendre les années 1930 pour voir s'effriter cette culture du rire, avec l'anticipation de la guerre suivante, la perception très noire de ce qu'on fit de l'héritage de 14 et la possibilité d'inscrire l'expérience testimoniale des combats dans des trames romanesques plus larges : en littérature, on observe alors le retour du grotesque (Céline) et d'une ironie plus mordante (Drieu, Chevallier, etc.), donnant parfois lieu dans le roman à une nostalgie des anciens combattants pour l'atmosphère d'Union sacrée et pour ses rires (chez Grancher[33] ou Mac Orlan) qui nous est désormais difficile à concevoir.

C'est donc très rapidement que le rire s'impose dans le roman de guerre comme une modalité valide éthiquement et esthétiquement

30 Voir les lettres, sans doute sélectionnées soigneusement mais dithyrambiques, que présente Pauline Bochant dans son édition : « Il est superbe, ce poilu, avec ses gestes et son langage d'une étonnante exactitude. [...] Ah ! qu'il est bien de chez nous [...] ! Et qu'il affirme supérieurement les droits de notre blague parisienne devant la douleur et la mort ! » Benjamin, 2014 [1915].

31 Voir sur la notion Audoin-Rouzeau et Becker, 2000.

32 Voir sur la question la très bonne analyse de Hardier et Jagielski, 2014, p. 89 *sqq*.

33 Voir la fin de Grancher, 1938, p. 248 *sqq*.

pour raconter son expérience du conflit – nous laissons ici de côté ses implications et usages politiques. Jean Norton Cru lui-même, dans *Témoins*, souvent présenté comme l'œuvre maniaque d'un critique sévère et pointilleux à l'excès, fait preuve d'une tolérance à cet égard qui a de quoi surprendre : pour peu que l'humour ne soit pas un obstacle à la vérité ni un artifice systématique, il est considéré comme un outil parfaitement adapté de représentation de l'expérience des témoins[34]. Alors que Gus Bofa n'attaquait Deval que pour sa faiblesse esthétique (et non son recours au rire), Cru s'en prend à ceux qui sont à ses yeux de *mauvais* humoristes (Mac Orlan, Giraudoux), pour les déformations qu'ils font subir à la guerre et leur ambition de retrouver, dans leur rire, de vieilles ficelles éditoriales inconcevables éthiquement au vu du sujet[35]. Il ne les critique donc pas pour leur recours à l'humour, parfaitement possible selon lui dans les meilleurs témoignages : « d'autres poilus ont su être sincères et quelques-uns ont su peindre la guerre avec un grand talent. Pierre Chaine, Cazin, Maurois, Roujon en particulier ont su parler de la guerre avec humour, mais leur humour n'est pas un parti-pris et il ne déforme pas la réalité. » (Cru, 2006 [1929], p. 155) Dernière preuve de cette ferveur pour le rire qui imprégnait alors les discours du champ littéraire : il n'est pas rare, dans les comptes rendus de presse, que quelque critique formule sa circonspection voire sa déception devant un roman de guerre trop austère à ses yeux, dans lequel il aurait apprécié un peu d'humour pour alléger la trame narrative. *Le Feu* de Barbusse, *Clavel soldat* de Léon Werth ou *À l'Ouest rien de nouveau* de Remarque, romans majeurs du corpus, subissent ainsi de différents critiques, dans différents journaux, des remarques acides sur le fait que les personnages ne rient pas, ou presque, au fil de récits pourtant très longs :

> « Clavel soldat » déplaira à beaucoup de lecteurs ; son ton perpétuellement lugubre effraiera. On dira, sans nul doute, que ce sont les aigreurs cafardeuses d'un monsieur qui pendant 447 pages, avec moult répétitions et un remarquable manque d'ordonnance, regarde la grande guerre à travers sa maladie

34 Cru, 2006 [1929], p. 155.

35 Il écrit des *Poissons morts* : « Le public a d'ailleurs mal pris ce livre censé drôle et qui ne l'est pas du tout. [...] quand un livre est écrit par un littérateur qui veut rester purement littérateur, qu'il est ostensiblement publié pour la vente, qu'il se fait grotesque à plaisir afin de passer pour le grand succès comique de l'année, s'il ne se vend pas c'est que l'auteur a fait fausse route et qu'il s'est trompé sur le sentiment du public. » Cru, 2006 [1929], p. 359.

de foie. On préférera évidemment les livres de guerre où les heures de détente et de réaction joyeuse ne font que renforcer l'émotion des scènes d'épouvante et de carnage, les œuvres désormais classiques de Lintier, Tardieu, Mac Orlan ou ce pur chef-d'œuvre de Roland Dorgelès : « Les Croix de bois ». (Galtier-Boissière, 1919)

Nicolas BIANCHI
Fondation Thiers

BIBLIOGRAPHIE

ŒUVRES

BARBUSSE, Henri, *Le Feu*, Paris, Flammarion, 1916.
BENJAMIN, René, *Gaspard*, Paris, La Cité des Livres, 1926.
CHAINE, Pierre, *Les Mémoires d'un rat*, Paris, Payot, 1917.
CHEVALLIER, Gabriel, *La Peur*, Paris, Flammarion, 2010 [1930].
COCTEAU, Jean, *Opium, journal d'une désintoxication*, Paris, Stock, 1930.
COCTEAU, Jean, *Thomas l'imposteur*, Paris, Gallimard, 1989 [1923].
COCTEAU, Jean, *Œuvres romanesques complètes*, éd. Serge Linarès, Paris, Gallimard, 2006.
DEVAL, Jacques, *Sabres de bois*, Paris, Albin Michel, 1929.
DORGELÈS, Roland, *Les Croix de bois*, Paris, Albin Michel, 1996 [1919].
DUHAMEL, Georges, *Vie des martyrs : 1914-1916*, Paris, Mercure de France, 1917.
GALTIER-BOISSIÈRE, Jean, *Loin de la rifflette*, Paris, G. Crès, 1921.
GIDE, André, *Journal, I : 1887-1925*, É. Marty (éd.), Paris, Gallimard, 1996.
GRANCHER, Marcel E., *5 de campagne*, Lyon, Les Éditions Lugdunum, 1938.
REMARQUE, Erich Maria, *À l'Ouest rien de nouveau*, Olivier Bournac et Elzir Hella (trad.), Paris, Stock, 1978 [1929].

LITTÉRATURE CRITIQUE

AUDOIN-ROUZEAU, Stéphane et BECKER, Annette, *14-18, retrouver la Grande Guerre*, Paris, Gallimard, 2000.
BEAUPRÉ, Nicolas, *Écrits de guerre : 1914-1918*, Paris, CNRS éd, 2013.
BIANCHI, Nicolas, « Loustics, balourds et picaros. Regards sur le personnage comique romanesque de 14-18 », *in* Nicolas Bianchi et Toby Garfitt (dir.), *Comment écrire la Grande Guerre ? Francophone and Anglophone Poetics*, Oxford, Peter Lang, 2017, p. 253–275.
BIANCHI, Nicolas et GARFITT, Toby (dir.), *Comment écrire la Grande Guerre ? Francophone and Anglophone Poetics*, Oxford, Peter Lang, 2017.
BIANCHI, Nicolas, « "Il y aurait aussi de quoi rire". Regards ludiques de Jean Cocteau sur 14-18 », *in* Michel Collomb, David Gullentops et Pierre-Marie Héron (dir.), *Cocteau d'une guerre à l'autre*, Rennes, Presses universitaires de Rennes, coll. « Interférences », 2019, p. 93-119.
CARCO, Francis, *Les Humoristes*, Paris, Ollendorff, 1921.
CRU, Jean Norton, *Témoins*, Nancy, Presses universitaires de Nancy, 2006.

ERRE, Fabrice et TILLIER, Bertrand, « Du journal à l'illustré satirique », *in* Dominique Kalifa *et coll.* (dir.), *La Civilisation du journal : histoire culturelle et littéraire de la presse française au* XIX*e siècle*, Paris, France, Nouveau monde éditions, 2011.
GENETTE, Gérard, *Seuils*, Paris, Seuil, 2002.
GIONO, Jean, *Écrits pacifistes*, Paris, Gallimard, 1978.
HARDIER, Thierry et JAGIELSKI, Jean-François, *Oublier l'apocalypse ? Loisirs et distractions des combattants pendant la Grande Guerre*, Paris, Imago, 2014.
KALIFA, Dominique *et coll.* (dir.), *La Civilisation du journal : histoire culturelle et littéraire de la presse française au* XIX*e siècle*, Paris, France, Nouveau Monde éditions, 2011.
LAVISSE Ernest, « Conclusion », *Histoire de France contemporaine depuis la révolution jusqu'à la paix de 1919*, Paris, Hachette, 1920, tome IX.
LAUTERWEIN Andréa (dir.), *Rire, mémoire, Shoah*, Paris, Éclat, 2009.
MINOIS, Georges, *Histoire du rire et de la dérision*, Paris, Fayard, 2000.
POULET, Robert, *Mon ami Bardamu : entretiens familiers avec L.-F. Céline*, Paris, Plon, 1971.
PROST, Antoine, *Les Anciens combattants et la société française, 1914-1939*, Paris, Presses de la Fondation Nationale des Sciences Politiques, 1977.
RIEGEL, Léon, *Guerre et littérature. Le bouleversement des consciences dans la littérature romanesque inspirée par la Grande Guerre*, Paris, Klincksieck, 1978.
SCHOENTJES, Pierre, *Fictions de la Grande Guerre : variations littéraires sur 14-18*, Paris, Classiques Garnier, 2009.
THOLAS-DISSET, Clémentine et RITZENHOFF, Karen A. (dir.), *Humor, Entertainment, and Popular Culture during World War I*, New York, Palgrave Macmillan, 2015.
VAILLANT, Alain, *La Civilisation du rire*, Paris, CNRS éditions, 2016.

PRESSE

« Poincaré chez ses morts », *L'Humanité*, 6 juin 1922.
CHEVASSU Francis, « La vie littéraire », *Le Figaro*, 29 décembre 1915.
DORGELÈS, Roland, « Comment les tuez-vous », *Le Petit Journal*, 9 octobre 1938.
ESCHOLIER Raymond, « Thomas l'imposteur, par Jean Cocteau », *Le Petit Journal*, 1er janvier 1924.
GALTIER-BOISSIÈRE, Jean, « Les livres à lire… Et les autres », *Le Crapouillot*, 16 juin 1919.
GALTIER-BOISSIÈRE, Jean, « La critique du mauvais goût », *Le Crapouillot*, 16 juillet 1919.
GALTIER-BOISSIÈRE, Jean, « La première équipe », *Le Crapouillot*, numéro spécial « Le Panier de crabes. Souvenirs d'un polémiste », novembre 1938.

LAVEDAN, Henri, « Le rire de la guerre », *L'Intransigeant*, 31 octobre 1914.
MAC ORLAN, Pierre, « Guerre », *Le Crapouillot*, août 1928.
SOUDAY Paul, « Les livres », *Le Temps*, 22 novembre 1923.

LA DÉFIGURATION COMME DÉFI ÉTHIQUE ET ESTHÉTIQUE

dans les représentations littéraires et cinématographiques de la Grande Guerre

LA REDÉCOUVERTE D'UN SUJET

Pour la génération des jeunes allemands nés, comme l'auteur de cet article, dans les années soixante du XXe siècle, la première rencontre avec les défigurés de la Grande Guerre, ceux que l'on appelle les « gueules cassées », les blessés à la face et à la tête lors de violents combats durant la Première Guerre mondiale, a pu se produire en avril 1980. Cette année-là, le livre *Krieg dem Kriege !* du pacifiste et objecteur de conscience Ernst Friedrich (1894-1967) fut réédité à Francfort par la maison de vente par catalogue *Zweitausendundeins* (*Deux mille un*, selon le célèbre film de Stanley Kubrick), très en vogue à l'époque parmi les jeunes et dans la culture alternative, pour le prix étonnamment bas de deux marks et quatre-vingt-dix pfennigs. L'ouvrage parut pour la première fois en 1924 et fut rédigé en quatre langues, allemand, français, anglais et néerlandais : *Krieg dem Kriege ! Guerre à la Guerre ! War against War ! Oorlog aan den Oorlog !* Cette « bible des pacifistes », traduite en une cinquantaine de langues au total, prétendait montrer à travers une documentation photographique le vrai visage de la guerre : les blessés, les mutilés, les exécutions, la souffrance, la misère et la mort[1].

Dans les dernières pages, en guise de paroxysme pour ainsi dire, se trouve une galerie de vingt-quatre photographies intitulée « La face de la guerre » ; chaque page montrant la photo médicale d'un mutilé au

1 Par rapport au contexte du militantisme pacifiste dans lequel se situe le livre de Friedrich, voir Offenstadt (2001).

visage (*cf.* Friedrich, 1980, p. 204-227). Friedrich combine ces photos avec des explications médicales qu'il confronte de manière polémique à des citations de personnes illustres. Ainsi, on peut lire par exemple, au-dessous de la photo d'un soldat à la figure presque entièrement arrachée, la phrase du maréchal allemand Paul von Hindenburg : « La guerre est pour moi un traitement d'eaux minérales. » (*Ibid.*, p. 226*sq.*)

Dans son dernier livre publié avant sa mort, *Devant la douleur des autres* (*Regarding the Pain of Others*), Susan Sontag commente la méthode de Friedrich en affirmant que « *This is photography as shock therapy* » (Sontag, 2004, p. 13) – une thérapie de choc rappelant les traumatismes de la guerre et en même temps capable de causer de nouveaux traumatismes – à l'usage de ce qu'on pourrait appeler une « pédagogie de la dissuasion », destinée à éveiller en montrant des horreurs[2]. Ce n'est certainement pas un hasard si après tant d'années le livre fut réédité en 1980. C'est la période des protestations en Allemagne contre la décision de l'OTAN d'installer des missiles Pershing en Europe occidentale pour riposter aux SS-20 soviétiques, c'est la période de l'invasion soviétique en Afghanistan, de l'arrivée de Ronald Reagan à la présidence des États-Unis et de la fin de la politique de détente.

Évidemment, dans le cadre d'une pédagogie de la paix, le caractère interpellatif inhérent à toute défiguration est encore et toujours actuel ; mais ce n'est pas le seul effet qu'elle exerce. Le fait que la défiguration ait pu se convertir en véritable emblème, non seulement de la guerre en général mais aussi, plus concrètement encore, de la Première Guerre mondiale, est dû à plusieurs facteurs. D'abord, il faut se rendre compte que l'atteinte au visage est le signe des profonds changements historiques que les formes de guerre traditionnelles ont subis en raison du progrès technologique et de l'industrie d'armement pendant la Grande Guerre. Bien que des « "invalides à la tête de bois" [...] peuplent déjà les récits des campagnes napoléoniennes », comme le rappelle Sylvie Ducas-Spaës (2005, p. 165), et que les nouvelles technologies de guerre aient causé

2 *Cf.* Sontag (2004, p. 13 *sq.*) : « But surely the most unbearable pages in this book, the whole of which was designed to horrify and demoralize, are in the section titled "The Face of War", twenty-four close-ups of soldiers with huge facial wounds. And Friedrich did not make the mistake of supposing that heartrending, stomach-turning pictures would simply speak for themselves. Each photograph has an impassioned caption in four languages (German, French, Dutch and English), and the wickedness of militarist ideology is excoriated and mocked on every page. »

bien d'autres blessures atroces, les mines, les obus, les grenades, les balles explosives et les éclats qui accompagnent la guerre des tranchées et les batailles de matériel donnent néanmoins un caractère spécifique, jusqu'alors inconnu, à ce genre de blessure.

En même temps, il faut reconnaître que la défiguration n'aurait jamais atteint ce statut de blessure *sui generis* sans l'exceptionnelle importance sociale et culturelle qu'on accorde communément au visage humain. Il n'est certainement pas nécessaire de trop insister sur ce qui semble évident : le visage de l'homme est le siège même de son humanité, de son individualité, de sa personnalité, de sa qualité de sujet et de sa faculté de communiquer avec le monde à travers au moins quatre de ses cinq sens : la vue, l'ouïe, le goût et l'odorat. C'est par notre visage que s'expriment nos émotions et nos pensées qui deviennent lisibles pour les autres[3]. Avec la perte de son visage, où se condense la perception de son être, le survivant perd l'essentiel de son humanité ; il devient un monstre, se rend « abject », se transforme en « quelque chose » qui n'est ni sujet ni objet, ni vivant ni mort. C'est certainement la raison principale pour laquelle la destruction du visage renvoie toujours à une peur archaïque de l'homme qui transperce tous les boucliers de protection psychique en inspirant à la fois de l'horreur, de l'écœurement, mais aussi de la fascination pour l'innommable et le morbide.

Si l'inadéquation du langage et des structures traditionnelles du récit – ordonnancement logique et causalité linéaire – face à l'expérience inconcevable et incommensurable de la Grande Guerre est une vérité partagée par la plupart des littérateurs, le problème de la représentation artistique se complique encore dans le cas de la défiguration. En fait, on ne peut guère imaginer de phénomène à la fois éthique et esthétique plus provocant pour tout genre de représentation – littéraire, cinématographique ou pictural – de la guerre que celui des « gueules cassées ». En face d'un tel sujet, qui défie autant les limites de l'humanité que celles de la description et de la narration artistiques, il n'est donc pas surprenant que, comme le constate Sylvie Ducas-Spaës dans sa belle étude « Lazare défiguré », « le soldat défiguré semble un point aveugle du récit de guerre qui mérite à ce titre d'être interrogé » (Ducas-Spaës, 2005, p. 165).

---

3 Parmi les philosophes contemporains, c'est certainement Emmanuel Lévinas (1906-1995) qui a donné le plus de poids à la notion existentielle du visage (*cf.*, par exemple, *Totalité et Infini. Essai sur l'extériorité*, 1961, et surtout le chapitre « Visage et éthique », p. 168-195).

Cependant, il apparaît que les « gueules cassées », certes marginales mais pourtant omniprésentes dans les textes littéraires, constituent non seulement le point aveugle du récit de guerre mais aussi celui de la recherche, tant chez les critiques littéraires que chez les historiens. Hormis l'article de Sylvie Ducas-Spaës qui porte sur « les représentations littéraires des "gueules cassées" de 14-18 » et celui, plus récent, de Shane A. Emplaincourt (2018) sur le roman et le film *La Chambre des officiers* (1998/2001), qui seront également au centre de la présente étude, il faudrait mentionner toutefois le livre pionnier de Sophie Delaporte, historienne et spécialiste de l'histoire de la médecine, *Gueules cassées de la Grande Guerre*, paru pour la première fois en 1996 et réédité pour la troisième fois en 2004[4].

Dans un premier temps, je me propose d'étudier dans quelle mesure la présence, pendant longtemps marginale, des « gueules cassées » dans les représentations de la Grande Guerre va de pair avec une mise à distance opérée par la narration même et qui accentue ainsi la réification des défigurés, procédé par lequel ces représentions s'inscrivent – paradoxalement d'une certaine manière, puisqu'elles tendent à nier l'humanité des victimes – dans la veine d'une écriture pacifiste et d'une pédagogie de la paix déjà évoquée.

Dans un deuxième temps, j'expliquerai pourquoi le roman *La Chambre des officiers* du romancier, réalisateur et scénariste Marc Dugain, sorti en 1998, marqua un tournant dans l'histoire de la représentation des « gueules cassées ». Libéré aussi bien du poids éthique du message pacifiste que de la contrainte esthétique moderniste d'exprimer l'inadéquation de la forme et du langage romanesque, Dugain peut se permettre de restituer symboliquement aux « gueules cassées » leur statut de sujet en adoptant leur point de vue subjectif et en leur attribuant le rôle de narrateur à la première personne.

Grâce à un heureux concours de circonstances, le livre de Dugain fut porté à l'écran avec grand succès et sous une forme d'ailleurs tout à fait réussie, en 2001, soit trois ans après sa parution, par le réalisateur François Dupeyron, ce qui nous donnera la possibilité de vérifier, dans

4 Dans son article « Médecine et blessures de guerre » (2004b), Sophie Delaporte aborde le sujet d'un point de vue plus vaste. *Cf.* aussi Audoin-Rouzeau/Becker (2000, p. 190) : « Retour des soldats, mais aussi des hospitalisés : des souffrances de ceux qui réintègrent le monde civil amputés, les poumons brûlés, aveugles ou défigurés, on ne sait que peu de choses. Le cas des "gueules cassées" françaises reste le mieux connu. »

un troisième temps, à partir d'une perspective intermédiale, comment le sujet visuellement si sensible des « gueules cassées » a fait ses preuves au cinéma.

Néanmoins, une chose est d'ores et déjà certaine : de par ses choix éthiques et esthétiques, Marc Dugain se rattache à une tendance du roman contemporain que Dominique Viart a nommé « éthique de la restitution », tendance qui se composerait « d'une enquête afin de reconstituer les faits, de préciser les événements ; *et* d'une forme d'adresse, par laquelle l'écrivain tente de rendre aux figures auxquelles il consacre son livre la dignité de leurs expériences singulières. » (Viart, 2008, p. 342) Et Viart d'ajouter : « On pourrait parler à ce propos d'une tentative d'écriture *empathique.* » (*Ibid.*)

LA PRÉSENCE MARGINALE DES « GUEULES CASSÉES » DANS LES REPRÉSENTATIONS MÉDIATIQUES DE LA GRANDE GUERRE

En envisageant la présence marginale des « gueules cassées » dans les représentations médiatiques de la Grande Guerre, on est rapidement amené à constater qu'il s'agit en réalité d'une absence/présence qui correspond parfaitement bien au statut « abject » du visage mutilé. Malgré « la relative parcimonie dont [les auteurs] font preuve à évoquer les mutilés de la face », observée par Sylvie Ducas-Spaës (2005, p. 165), et qu'elle explique par « la difficulté de la narration réaliste à prendre en compte le monstrueux, l'innommable qu'incarne la mutilation quand elle affecte le visage » (*ibid.*, p. 166), elle finit néanmoins par trouver des exemples correspondants dans la multitude des textes encensés d'Henri Barbusse, Pierre Drieu la Rochelle, Erich Maria Remarque, Gabriel Chevallier, Blaise Cendrars, Maurice Genevoix, Jean Giono, Claude Simon et d'autres encore.

En m'appuyant sur le répertoire des textes établi par Ducas-Spaës, je me contenterai, dans le contexte présent, de citer trois exemples afin de donner une idée générale du mode d'évocation habituel du motif de la blessure au visage. Pour commencer, je renvoie à un passage du roman *Après* (*Der Weg zurück*, 1931) d'Erich Maria Remarque où le narrateur décrit sa rencontre avec un ancien combattant. La description est dominée par la méconnaissance, la déshumanisation et la réification qui transforment le visage affecté en un patchwork abstrait composé d'éléments humains et de « matière inerte (verre, tissu…) » (*ibid.*, p. 167) :

> Il dit, en gargouillant : « Vous ne me reconnaissez plus, n'est-ce pas ? ». J'examine le visage, si l'on peut encore appeler cela un visage. Sur le front, court une cicatrice, large et pourpre, qui descend vers l'orbite gauche. La paupière est boursouflée, au point que l'œil paraît minuscule, enfoncé dans le creux de l'orbite. Mais il y est encore, tandis que l'œil droit est fixe : il est en verre. Le nez a disparu ; à la place, un bout d'étoffe noire. En dessous, la cicatrice reparaît et fend, en deux endroits, une bouche dont les lèvres boursouflées ont cicatrisé de biais. (Remarque, 1977, p. 156, cité d'après *ibid.*)

Dans le deuxième exemple, tiré de *La Peur* (1930) de Gabriel Chevallier, c'est l'aspect de l'animalisation qui domine :

> Ils ont le regard des chiens qui rampent devant le fouet. Ils soutiennent leurs membres brisés et psalmodient le chant lugubre monté des profondeurs de leur chair. L'un a la mâchoire fracassée qui pend et qu'il n'ose pas toucher. Le trou hideux de sa bouche, obstruée par une langue énorme, est une fontaine de sang épais. (Chevallier, 2002, p. 90, cité d'après *ibid.*, p. 168)

Dans le troisième exemple, *Le Grand Troupeau* (1931) de Jean Giono, celui-ci établit une analogie entre les « gueules cassées » et les cadavres :

> Il n'avait plus de visage. Plus de bouche, plus de nez, plus de joues, plus de regard : de la chair broyée et des hérissements de petits os blancs. Il restait juste un peu de front et c'était en train de se vider dans la terre. (Giono, 1972, p. 128, cité d'après *ibid.*, p. 171)[5]

Au niveau des procédés discursifs employés, ces trois exemples invitent à une double observation qui peut facilement être généralisée. La première observation se réfère à la focalisation résolument externe qui rejoint et radicalise le mode réaliste propre aux *Fictions de la Grande Guerre* selon Pierre Schoentjes :

5 On se rappelle à cette occasion les quelques représentations picturales bien connues de la défiguration chez les peintres allemands Otto Dix et George Grosz des années 1920 (*cf.* Delaporte, 2004, p. 255).

> Plutôt que de se tourner vers l'intérieur, vers la psychologie des personnages, la littérature de guerre choisit donc dans son ensemble de regarder au-dehors, vers les tranchées et les zones de combats dans lesquelles évoluent les personnages. (Schoentjes, 2009, p. 85)

Le deuxième aspect à relever est le style qui vise, d'après Sylvie Ducas-Spaës,

> à annuler la distance entre le mot et la chose pour mieux mimer son objet : dans l'émiettement et l'éparpillement des descriptions de « gueules cassées », tout se passe, en effet, comme si l'écriture, par contamination, éclatait la syntaxe, accumulait les notations sèches ou approximatives, suturait les détails cliniques, en privilégiant toujours la juxtaposition et la parataxe au détriment de la coordination logique et de l'enchaînement linéaire (Ducas-Spaës, 2005, p. 178).

Le mérite revient à Marc Dugain de redécouvrir, dans son bref premier roman de cent soixante-dix pages seulement, *La Chambre des officiers* (1998), le destin des « gueules cassées » pour la littérature, et il est, en fait, le premier à en faire le sujet principal de son roman, ce qui n'est pas, comme on verra, la seule innovation qu'il imposera à la tradition[6]. Dès lors, les « gueules cassées » gagnent de plus en plus d'importance dans la littérature sur la Grande Guerre. Dans son roman *Au revoir là-haut* (2013), qui obtint le prix Goncourt, Pierre Lemaitre reprend le motif du poilu défiguré avec l'un de ses protagonistes, Édouard Péricourt, à qui un éclat d'obus « a emporté toute la mâchoire inférieure » (Lemaitre, 2013, p. 78) et qui se plaît à fabriquer des masques pour cacher son infirmité, non sans combiner ce motif également avec celui de l'amitié et de la solidarité masculine.

Un an plus tôt, en 2012, Éric Vuillard avait déjà introduit dans le chapitre « Les hommes des cavernes » de son récit *La Bataille d'Occident* la photo d'un grand blessé au visage. Dans son commentaire, Vuillard insiste particulièrement sur l'aspect paradoxal d'absence/présence déjà évoqué du phénomène :

> Des hommes furent à ce point défigurés que l'on construisit des centres d'accueil, très loin des villes, là où personne ne va, là où personne ne veut aller, tant il était terrible de les voir. J'ai vu les photographies de ces visages,

6 Signalons au passage que pour Dominique Viart, le roman de Dugain compte parmi « les nombreux romans populaires, les romans historiques, parfois signés d'historiens reconvertis, et tout un ensemble de livres de lecture facile [...] qui demeurent aux marges de la littérature » (Viart, 2015, p. 326).

> avec leur pauvre grimace de clown. Tout le monde les connaît. Ils furent les gentils monstres de nos fables. (Vuillard, 2012, p. 159)

Et Jean Echenoz ne serait pas Echenoz s'il n'incorporait pas lui aussi, au moins au passage, le motif de la défiguration dans son encyclopédie sarcastique et soigneusement rythmée de la guerre de 14. Ainsi, au chapitre 11 de son roman *14* (2012), les survivants d'une attaque allemande se relèvent « parmi les débris de corps çà et là – une tête sans mâchoire inférieure, une main revêtue de son alliance, un pied seul dans sa botte, un œil » (Echenoz, 2012, p. 82). Reste à noter qu'avec le roman policier historique *La Valse des gueules cassées. Une enquête de François-Claudius Simon* (2010) de Guillaume Prévost, le genre du polar a contribué, pour sa part, à la nouvelle popularité du motif, qui s'étend, cependant, à d'autres genres et médias.

Dans le domaine de la bande dessinée, par exemple, les « gueules cassées » font leur entrée assez tard, avec *C'était la guerre des tranchées* (1993) de Jacques Tardi, immédiatement devenu un classique. Dans une des dernières vignettes de son livre, dédiée au bilan des victimes de la guerre, Tardi présente une galerie de portraits de dix différents blessés à la face, arrangés en deux files et regardant directement le lecteur. Cette vignette est accompagnée d'une légende indiquant seulement l'information laconique « 65 000 mutilés » (Tardi, 1993, p. 123). Désormais, on peut signaler au moins deux albums consacrés aux « gueules cassées » : *Pour un peu de bonheur* en deux tomes (2012/2013), de Laurent Galandon et Daniel Alexandre, et *Gueules cassées*, également en deux volumes (2012/2014), de Weissengel et Emmanuel Cassier qui transforment toutefois le motif en un quelconque accessoire d'intrigue policière.

Quant au cinéma, il convient d'indiquer que les « gueules cassées » y apparaissent beaucoup plus tôt que dans la bande dessinée, leur présence restant néanmoins peu fréquente pendant longtemps. On pense notamment à la deuxième version, celle-ci sonore, du pamphlet pacifiste *J'accuse* (1938) qu'Abel Gance (1889-1981) réalisa à la veille de la Deuxième Guerre mondiale. Vers la fin du film, il y a une séquence fantasmagorique, censée souligner le message antimilitariste du film, et où figure en surimpression une série d'authentiques « gueules cassées », vétérans de l'Union des Gueules Cassées, association créée en 1921[7]. En

7 *Cf.* par rapport à *J'accuse* Delaporte (2004, p. 254), Sontag (2004, p. 14 *sq.*) et Emplaincourt (2018, p. 2 *sq.*).

1971, pendant la guerre du Viêt Nam, sort aux États-Unis le sarcastique *Johnny s'en va-t-en guerre* (*Johnny Got His Gun*) de l'écrivain, scénariste et réalisateur américain Dalton Trumbo (1905-1976), d'après son propre roman éponyme sur la Première Guerre mondiale publié en 1939. À cette liste éparse, il faut bien sûr ajouter les deux adaptations cinématographiques ayant conservé pour titres ceux des livres de Marc Dugain et Pierre Lemaitre : *La Chambre des officiers* de François Dupeyron, en 2001 et *Au revoir là-haut* d'Albert Dupontel, en 2017, qui intègre la figure du mutilé de guerre dans un spectacle pittoresque et divertissant[8].

LE TOURNANT DÉCISIF
La parution de *La Chambre des officiers* (1998) de Marc Dugain

Avant d'aborder l'œuvre cruciale de Marc Dugain, il convient de souligner que Dugain, né en 1957, ne fait pas seulement partie du « nombre d'auteurs [qui] signent même leur entrée en littérature avec un livre consacré à la Grande Guerre » (Theeten, 2015, p. 12), mais qu'il appartient aussi à la génération des petits-enfants, et cela littéralement, parce qu'il raconte, dans *La Chambre des officiers*, le destin de son propre grand-père maternel, lui-même « gueule cassée » de la guerre de 14-18 : « La guerre de 14 semble loin à côté. Mais j'avais un lien direct par les blessures de mon grand-père » (Marin La Meslée, 1999, p. 51), affirme-t-il[9].

Le roman de Dugain s'ouvre sur une constatation dont l'idée sera reprise quelques années plus tard, d'une manière certes un peu plus désinvolte, dans *14* de Jean Echenoz : « Tout cela ayant été décrit mille fois, peut-être n'est-il pas la peine de s'attarder sur cet opéra sordide et puant. » (Echenoz, 2012, p. 79) Chez Dugain, on peut lire en revanche les lignes suivantes, sur lesquelles reviennent tant Pierre Schoentjes (2009, p. 85) que Griet Theeten (2015, p. 45) :

8 *Cf.* Rouyer/Tobin (2001) et Brocas (2017).

9 Pour plus de détails biographiques, voir Emplaincourt (2018, [p. 1 *sq.*]).

> La guerre de 14, je ne l'ai pas connue. Je veux dire, la tranchée boueuse, l'humidité qui transperce les os, les gros rats noirs en pelage d'hiver qui se faufilent entre les détritus informes, les odeurs mélangées de tabac gris et d'excréments mal enterrés, avec, pour couvrir le tout, un ciel métallique uniforme qui se déverse à intervalles réguliers comme si Dieu n'en finissait plus de s'acharner sur le simple soldat. C'est cette guerre-là que je n'ai pas connue. (Dugain, 1998, p. 9)

Dans cet incipit, Dugain marque d'emblée sa distance avec les stéréotypes de toute une tradition littéraire sur la Grande Guerre, centrée sur l'expérience du front, depuis *Le Feu* (1916) d'Henri Barbusse jusqu'à *À l'Ouest, rien de nouveau* (*Im Westen nichts Neues*, 1929) d'Erich Maria Remarque, tout en préparant le terrain pour sa propre entreprise romanesque dont le caractère novateur est en fait double.

Au niveau de l'histoire, Dugain échange le front contre l'arrière, les tranchées des poilus contre la chambre des officiers, la vue panoramique de la guerre contre l'étude du détail méconnu. Sur ce choix, le monde à part des « gueules cassées », il a pourtant l'ambition de tout dire. À cette fin, il suit le destin de son « héros », le jeune lieutenant français Adrien Fournier issu d'un petit village de Dordogne, dans toutes ses péripéties, suivant un ordre chronologique et un axe temporel linéaire basés sur des dates précises : de la blessure, pendant les premières semaines de la guerre, en mission de reconnaissance sur le front près d'un village de la Meuse, à sa réinsertion à la vie sociale, après quatre ans et huit mois de convalescence à l'hôpital militaire Val-de-Grâce à Paris.

L'enquête, considérée par Dominique Viart comme l'élément intégrant d'une « éthique de la restitution », consiste dans le cas de *La Chambre des officiers* surtout en une documentation historique et scientifique qui se trouve à la base du livre. On ne saurait nier que Dugain s'est largement inspiré de l'étude de Sophie Delaporte, *Gueules cassées de la Grande Guerre*, sortie deux ans avant son propre livre. Il développe systématiquement tous les aspects du sujet : le transport à l'arrière de l'ambulance, la reconstruction progressive du visage par la chirurgie réparatrice au cours d'une série interminable d'opérations, le premier regard dans le miroir, les relations avec le personnel médical et les membres de famille, ainsi que les « frères de souffrance » entre eux, les premières sorties et rencontres pénibles avec le monde extérieur et les « autres », la présence historique à la cérémonie de signature du traité de paix de Versailles le

28 juin 1919, la réinsertion progressive dans la vie sociale, la solidarité à vie avec les anciens camarades, la fondation de « l'Union des blessés à la face », etc.[10]. Dugain pense même à évoquer, avec le personnage de l'infirmière volontaire Marguerite, l'existence pourtant plus rare des blessées à la face féminines pour satisfaire aux exigences contemporaines de respect de la diversité des genres.

Au niveau du discours, on note évidemment dès le début – « La guerre de 14, je ne l'ai pas connue » – le choix d'une narration autodiégétique, à la première personne, déléguée à une « gueule cassée ». Il est essentiel de comparer cette démarche justement à celle adoptée par Dalton Trumbo, dans son film *Johnny s'en va-t-en guerre*, qui a recours à la *voix off* et au monologue intérieur de son protagoniste, qui, bras et jambes coupés, enfermé dans son esprit, communique avec le monde par des hochements de tête[11]. Contrairement à Joe Bonham, Adrien Fournier conserve au moins son audition avant de retrouver la vue et plus tard, difficilement, la parole : « De nouveau, je vois s'agiter au-dessus de moi deux mentons. Les deux hommes sont en blouse blanche. Nouvelle tentative pour parler, qui se solde par un gargouillis sourd comme la plainte d'un grand mammifère. » (Dugain, 1998, p. 33)

Ce qui rend le roman de Dugain effectivement très cinématographique n'est pourtant pas le simple fait qu'il donne à entendre la voix intérieure d'Adrien, au début complètement privé de la parole, mais plutôt la nette séparation, en termes de narratologie, entre un point de vue interne, c'est-à-dire subjectif où le lecteur éprouve la perception (qui voit ?) et l'audition (qui écoute ?) d'Adrien, et une focalisation externe qui supprime précisément la vie intérieure du personnage, ses émotions et ses réflexions[12]. Au niveau diégétique, ce parti pris insolite, surprenant au premier abord, s'explique par le fait qu'Adrien et ses compagnons d'infortune Pierre Weil, Henri de Penanster et Louis Levauchelle ont convenu de ne pas trop contempler leurs destins et de se défendre de toute introspection :

> Non, ce qui nous avait réunis dès les premières semaines, c'était une décision tacite de renoncer à toute introspection, à toute tentation de contempler le

10 *Cf.* la structure et la table des matières dans Delaporte (2004, p. 6 *sq.*).

11 *Cf.* Trevisan (2001, p. 145).

12 Pour la terminologie narratologique (ocularisation et auricularisation internes), voir Gaudreault/Jost (1990, p. 129-136).

> désastre de notre existence, de céder à une amertume où le désabusement alternait avec l'égoïsme du martyr. (*Ibid.*, p. 84)

Comme au cinéma, la vie intérieure des personnages est donc transmise plutôt indirectement, à travers l'extérieur et la réaction des autres. Ainsi, de la première visite à l'hôpital d'Alain Bonnard, son plus vieux camarade de l'école primaire, Adrien fait le récit suivant : « Alors que je lis l'horreur dans son regard et que je le crois près de repartir en espérant s'être trompé de salle, je lui fis un petit signe de la main. Pendant qu'il s'approche à petits pas gênés, je saisis maladroitement mon ardoise d'écolier et ma craie, et j'écris en grosses lettres : *"C'est moi mon vieux"*. » (*Ibid.*, p. 50) D'un point de vue extradiégétique, il devient clair que par ce choix artistique, outre la volonté de susciter de l'empathie pour les personnages mutilés, Dugain compte renverser la hiérarchie des regards qui a réduit pendant si longtemps les « gueules cassées » à des victimes déshumanisées dans la littérature de la Grande Guerre, objets du regard horrifié et horrifiant des autres – comme celui d'Alain Bonnard –, tout honorables et bienveillants qu'aient été les objectifs des auteurs qui les ont représentés ainsi. Le choix délibéré d'une perspective narrative qui évite soigneusement l'effet facile d'apitoyer le lecteur relève d'un effort de subjectivation, d'émancipation et d'autonomisation qui constitue certainement le message le plus fort du roman.

L'ENJEU DE L'ADAPTATION
 La Chambre des officiers (2001)
 de François Dupeyron

Après avoir lu le roman de Dugain et avant de regarder l'adaptation cinématographique réalisée par François Dupeyron en 2001, on se pose surtout deux questions : qu'en sera-t-il du récit à la première personne dans le médium audiovisuel du film qui, contraint d'objectiver le monde, peine à créer une véritable narration homo- ou autodiégétique (qui requiert nécessairement la présence d'une voix *off* doublant le récit audiovisuel d'un récit oral)[13] ? Et comment sera traité le problème de la

13 *Cf.* Hurst (1996, p. 98).

représentation visuelle d'un visage défiguré dans un médium qui ne se limite pas au régime de l'imaginaire, comme la littérature, mais donne réellement à voir ? Est-ce que le cinéma y parvient sans « trahir », à l'égard de ces interrogations, les aspects innovateurs du livre – l'accentuation de la subjectivisation et le refus de l'objectivisation – par rapport à la représentation traditionnelle des « gueules cassées » ?

Il faut reconnaître que Dupeyron s'acquitte plutôt bien de cette tâche éthique et esthétiquement délicate. Bien qu'il renonce à établir une voix *off* constante et durable, et reste essentiellement fidèle au récit hétérodiégétique conventionnel, il adopte assez souvent la perspective subjective, visuelle et auditive, de son protagoniste jusqu'à la renforcer de temps à autre par des extraits de monologues intérieurs. Dès le moment où Adrien (Éric Caravaca) reprend connaissance, la perception visuelle et auditive est fortement imprégnée de son point de vue et d'écoute. Sa voix intérieure se manifeste pour la première fois quand, au pied de son lit, un infirmier commente à son collègue « Je crois qu'il n'entend pas » – « Mais si, j'entends » (00:17:36 – 00:17:39) est la réponse « muette » d'Adrien, seulement audible pour le spectateur. Quant aux empreintes subjectives des images, elles sont très diverses : de l'écran noir, quand Adrien a encore des difficultés à voir, à l'usage de gros plans voire de très gros plans, en passant par des angles de prise de vue et des formes de cadrage déformants, indices apparents d'un ancrage des images dans le regard d'Adrien. De surcroît, au début, ces images sont accompagnées de sons particulièrement suggestifs, subjectifs eux aussi : gémissements gutturaux, pleurs, souffles, etc. Quelques plans imitent la perception fragmentée d'Adrien, comme ceux de l'œil et de la bouche du chirurgien-major traitant (André Dussolier ; 00:27:27 – 00:27:57), et semblent directement calqués sur des phrases concrètes du livre (voir plus haut : « je vois s'agiter au-dessus de moi deux mentons »).

Malgré cela, Dupeyron évite tout sensationnalisme, voyeurisme ou exhibitionnisme, aisément concevables dans le cas d'un tel sujet, en apprenant doucement au spectateur à supporter la vue des visages déformés. En fait, « il tient la gageüre de dissimuler durant une demi-heure la défiguration d'Adrien » (Leirens, 2002, p. 108) en privilégiant d'abord la vision subjective de celui-ci, selon le principe de « voir sans être vu », avant de faire entrer dans le champ visuel sa tête pansée. C'est seulement après avoir découvert les blessures faciales de ses camarades de chambre qu'Adrien enlève ses pansements en se regardant dans une vitre, de sorte qu'il découvre l'état de son visage en même temps que le spectateur.

On peut donc conclure que tant le roman que le film réinsèrent socialement les « gueules cassées », sans pour autant poursuivre, selon des prédispositions médiatiques différentes, les mêmes stratégies : alors que le roman restitue symboliquement aux « gueules cassées » leur « voix » et leur statut de sujet, le film apprend aux spectateurs à se familiariser avec leur aspect physique grâce aux images.

CONCLUSION
« Éthique de la restitution » ?

Comme on l'a vu, il existe bien des raisons de ranger *La Chambre des officiers* [...] dans la catégorie des œuvres qui mettent en scène une « éthique de la restitution ». Il s'agit évidemment, dans les deux cas, d'un acte de réparation symbolique qui consiste à rendre justice à ces « oubliés de l'histoire » (Audoin-Rouzeau, 2004, p. 25) que sont toujours les « gueules cassées » et de faire participer les lecteurs/spectateurs à cette entreprise après tout optimiste, si l'on veut édifiante, en hommage non plus « aux anciens combattants » (Marin La Meslée, 1999, p. 51), comme s'empresse de préciser Dugain, mais aux capacités de résilience du genre humain en général.

En outre, Dugain lui-même met plutôt en avant les conditions biographiques de son projet et le « devoir de mémoire » imposé à sa génération : « Si je n'écrivais pas quelque chose sur mon grand-père, il n'y aurait plus grand monde pour l'écrire, je crois au devoir de mémoire, il le fallait pour mes enfants et d'éventuels lecteurs, même si ça ne semblait pas être dans l'air du temps. » (*Ibid.*)

Et pourtant il est vrai que, paradoxalement, cet acte de mémoire et de reconnaissance, auquel Dugain fait ici référence, est seulement devenu possible à un moment où la littérature ne se voit plus obligée de se mettre au service d'une pédagogie de la paix bien intentionnée ou de souscrire au défi de sonder les « limites de la représentation », à l'opposé de toute – *horribile dictu* – « lecture facile ». Jusque-là, semble-t-il, les « gueules cassées » n'ont pas seulement été les victimes de la guerre et de l'oubli mais aussi d'une éthique pacifiste et d'une esthétique moderniste.

Christian von Tschilschke
Université de Münster

BIBLIOGRAPHIE

AUDOIN-ROUZEAU, Stéphane, BECKER, Annette, *14-18, retrouver la Guerre*, Paris, Éditions Gallimard, 2000.

AUDOIN-ROUZEAU, Stéphane, « Préface », *in* Sophie Delaporte, *Gueules cassées de la Grande Guerre*, Paris, Agnès Viénot Éditions, 2004, p. 13-30.

BROCAS, Alexis, « Rebonjour là-haut. D'après Pierre Lemaitre », *Le Magazine littéraire*, n° 585, novembre 2017, p. 112.

CHEVALLIER, Gabriel, *La Peur*, Paris, Le Passeur, 2002.

DELAPORTE, Sophie, *Gueules cassées de la Grande Guerre*, préface de Stéphane Audoin-Rouzeau, Paris, Agnès Viénot Éditions, 2004a.

DELAPORTE, Sophie, « Médecine et blessures de guerre », *Encyclopédie de la Grande Guerre 1914-1918. Histoire et culture*, éd. Stéphane Audoin-Rouzeau, Jean-Jacques Becker, Paris, Bayard, 2004b, p. 347-355.

DUCAS-SPAËS, Sylvie, « Lazare défiguré : Les représentations littéraires des "gueules cassées" de 14-18 », *in* Arlette Bouloumié (dir.), *Particularités physiques et marginalité dans la littérature*, Angers, Presses universitaires de Rennes, 2005, p. 165-179.

DUGAIN, Marc, *La Chambre des officiers*, Paris, Éditions Jean-Claude Lattès, 1998.

DUPEYRON, François, *La Chambre des officiers*, France, 2001.

DUPONTEL, Albert, *Au revoir là-haut*, France, 2017.

EMPLAINCOURT, Shane A., « *La Chambre des officiers* and Recapturing the Evanescent Memory of the Great War's Gravely Disfigured », *War, Literature & the Arts. An International Journal of the Humanities*, vol. 30, 2018 [p. 1-28].

FRIEDRICH, Ernst, *Krieg dem Kriege*, Frankfurt am Main, Zweitausendeins, 1980.

GALANDON, Laurent, ALEXANDRE, Daniel, *Pour un peu de bonheur. 1. Félix*, Charnay-lès-Mâcons, Bamboo Édition, 2012.

GALANDON, Laurent, ALEXANDRE, Daniel, *Pour un peu de bonheur. 2. Aurélien*, Charnay-lès-Mâcons, Bamboo Édition, 2013.

GANCE, Abel, *J'accuse*, France, 1938.

GAUDREAULT, André, JOST, François, *Cinéma et récit II. Le récit cinématographique*, Paris, Nathan, 1990.

GIONO, Jean, *Le Grand Troupeau*, Paris, Gallimard, 1972.

HURST, Matthias, *Erzählsituationen in Literatur und Film. Ein Modell zur vergleichenden Analyse von literarischen Texten und filmischen Adaptionen*, Tübingen, Niemeyer, 1996.

LEIRENS, Jean, « *La Chambre des officiers* de François Dupeyron », *La revue générale* CXXXVII, n° 1, 2002, p. 107-109.

LEMAITRE, Pierre, *Au revoir là-haut*, Paris, Éditions Albin Michel, 2013.

LÉVINAS, Emmanuel, *Totalité et Infini. Essai sur l'extériorité*, La Haye, Martinus Nijhoff, 1961.

MARIN LA MESLÉE, Valérie, « 14-18 selon les romanciers d'aujourd'hui », *Magazine littéraire*, n°378, juillet-août 1999, p. 50-52.

OFFENSTADT, Nicolas, « L'image contre la guerre. Autour d'Ernst Friedrich », *Voir, ne pas voir la guerre. Histoire des représentations photographiques de la guerre*, éd. Claire Lebeau, Paris, Éditions d'art Somogy, 2001, p. 271-275.

PRÉVOST, Guillaume, *La valse des gueules cassées. Une enquête de François-Claudius Simon*, Paris, NiL éditions, 2010.

REMARQUE, Erich-Maria, *Après*, traduit de l'allemand par Raoul Maillard et Christian Sauerwein, Paris, Gallimard, 1977.

ROUYER, Philippe, TOBIN, Yann, « François Dupeyron : Chaque séquence contient tout le film », *Positif. Revue Mensuelle de Cinéma*, n°488, octobre 2001, p. 15-19.

SCHOENTJES, Pierre, *Fictions de la Grande Guerre. Variations littéraires sur 14-18*, Paris, Éditions Classiques Garnier, 2009.

SONTAG, Susan, *Regarding the Pain of Others*, London, Penguin Books, 2004.

TARDI, Jacques, *1914-1918 : C'était la guerre des tranchées*, Tournai, Casterman, 1993.

THEETEN, Griet, *La Grande Guerre revisitée. 14-18 dans le roman français contemporain*, Genève, Librairie Droz, 2015.

TREVISAN, Carine, *Les fables du deuil. La Grande Guerre : mort et écriture*, préface de Pierre Pachet, Paris, Presses Universitaires de France, 2001.

TRUMBO, Dalton, *Johnny Got His Gun*, États-Unis, 1971.

VIART, Dominique, « En quête du passé : la Grande Guerre dans la littérature contemporaine », *in* Pierre Schoentjes (dir.) avec la collaboration de Griet Theeten, *La Grande Guerre. Un siècle de fictions romanesques. Actes du colloque 13-15 mars 2008, Université de Gand - In Flanders Fields Museum, Ypres*, Genève, Librairie Droz, 2008. p. 325-344.

VUILLARD, Éric, *La Bataille d'Occident*, Arles, Actes Sud, 2012.

WEISSENGEL, CASSIER, Emmanuel, *Gueules cassées. 1. Au bénéfice des lâches*, Genève, Édition Cleopas, 2012.

WEISSENGEL, CASSIER, Emmanuel, *Gueules cassées. 2. L'héritier des Dynewell*, Genève, Édition Cleopas, 2012.

TROISIÈME PARTIE

LA GRANDE GUERRE AU PRISME DES ÉCRITURES CONTEMPORAINES

ÉTHIQUES ET ESTHÉTIQUES DE LA GRANDE GUERRE

chez des auteurs de la génération des petits-enfants

Dans le grand corpus des romans sur la Grande Guerre, on distingue généralement trois groupes différents selon le moment historique de leur publication : les œuvres des écrivains combattants écrits pendant la guerre, la production littéraire de l'entre-deux-guerres et enfin, après des décennies marquées par un certain désintérêt, les textes publiés à partir des années 1980 lors du « retour spectaculaire de la Grande Guerre dans la conscience collective française » (Audoin-Rouzeau / Becker, 2000, p. 7). Ce dernier phénomène a été analysé, entre autres, par Dominique Viart et Griet Theeten (*cf.* Viart, 2008 et Theeten, 2015). Ils identifient dans la littérature contemporaine sur la Grande Guerre un courant important qu'ils caractérisent comme « l'écriture de la trace » (Viart, 2008, p. 329). Selon Viart, la majorité des auteurs modernes se méfient des schémas du roman historique traditionnel et choisissent des « stratégies de détour » :

> Les romans qui racontent de manière traditionnelle, en suivant un récit chronologique qui s'ouvre sur la mobilisation et se termine avec l'armistice n'ont désormais que bien peu de chances de retenir l'attention. Ils paraissent anachroniques, à la fois dans leur forme esthétique et dans leur pertinence épistémologique (Viart, 2008, p. 332).

Dans ce qui suit, je présenterai deux romans – *L'Acacia* de Claude Simon (1989) et *Les Champs d'honneur* de Jean Rouaud (1990) – qui incarnent de manière exemplaire « l'écriture de la trace » pour leur opposer ensuite un troisième texte plus récent qui se distingue nettement de ce modèle, à savoir *14* de Jean Echenoz (2012[1]). Mes réflexions porteront sur la question

1 Claude Simon, *L'Acacia*, désormais *A* ; Jean Rouaud, *Les Champs d'honneur*, désormais *Ch* ; Jean Echenoz, *14*, désormais *14*.

suivante : jusqu'à quel point les choix esthétiques faits par Echenoz et leurs possibles implications éthiques s'inscrivent-elles dans un nouveau paradigme de la littérature sur la Grande Guerre ? Autrement dit, je propose de différencier les petits-enfants des arrière-petits-enfants des poilus, non pas dans un sens strictement générationnel, mais en ce qui concerne le rapport personnel de l'auteur aux événements, l'approche esthétique et éthique de la guerre et la relation que leur texte entretient avec la mémoire collective française.

En choisissant ces trois romans, je me concentre sur deux moments historiques précis : d'abord les années 1989-1990, qui sont un moment clé dans l'évolution du courant littéraire décrit par Viart et Theeten ; le deuxième moment, presqu'une génération plus tard, se situe à la veille du centenaire de la Grande Guerre. La sélection n'a rien d'original. Il s'agit, au contraire, de textes qui figurent parmi les plus connus et reconnus du genre. Ce choix accrédite donc l'idée d'une certaine représentativité de ces trois œuvres.

RÉCITS DE FILIATION, ÉCRITURE DE LA TRACE, ÉCRITURE THÉRAPEUTIQUE
L'Acacia et *Les Champs d'honneur*

Pourquoi ce « retour spectaculaire » de l'intérêt pour la Grande Guerre vers la fin du XXe siècle, phénomène dont *L'Acacia* et *Les Champs d'honneur* comptent parmi les meilleurs exemples ? À partir des années 1980, les anciens combattants de la guerre de 14-18 commencent à disparaître. S'intéresser à la Grande Guerre devient une urgence si on ne veut pas perdre la dernière occasion d'une rencontre avec le passé sous forme de mémoire vivante ou d'« histoire vécue » (*cf.* Nora, 1984). Dans le domaine de la littérature, cette tentative de rencontre se fait, entre autres, par des « récits de filiation » (Viart, 2008, p. 329) qui abordent la guerre rétrospectivement à travers une recherche au sein de l'histoire familiale.

L'Acacia de Claude Simon est à la fois un roman sur deux guerres, la Première et la Seconde, et le roman d'une famille. Le texte se compose de douze chapitres dont chacun porte comme titre une date, parfois précise (« 27 août 1914 », « 17 mai 1940 »), parfois plus générale (« 1919 », « 1939 à 1940 ») et même rétrospective (« 1982 à 1914 »). L'ordre des chapitres n'est pas chronologique ; on observe un va-et-vient permanent qui tourne cependant autour de deux moments clé (août 1914 et mai 1940). Un résumé de l'histoire donnerait ceci : un jeune homme, né dans une famille de paysans modestes, intègre l'école militaire de Saint-Cyr, conquiert l'amour d'une jeune femme issue d'une famille aisée et noble. Il ne peut l'épouser qu'après avoir atteint le grade suffisamment prestigieux de capitaine de l'armée coloniale. Quelques mois après la naissance de leur fils unique sur l'île de Madagascar en 1913, le capitaine est obligé de rentrer en France pour participer à la Grande Guerre. Il meurt lors d'une des premières batailles, le 27 août 1914. Après la guerre, en 1919, sa veuve, accompagnée du fils, essaie de localiser le tombeau du capitaine. À l'âge de 26 ans, le fils subit la débâcle de l'armée française de 1940 dans un régiment de cavalerie presque complètement anéanti par l'ennemi. Étant l'un des rares survivants, le fils est fait prisonnier et déporté. Il parvient à s'évader du camp de prisonnier de guerre, s'enfuit et se cache en zone libre. Après la guerre, il deviendra écrivain.

Dans *L'Acacia*, l'esthétique de la guerre est dominée par un narrateur à la troisième personne qui raconte les événements d'une voix sobre et distanciée, surtout quand il s'appuie sur des faits objectifs :

> Parvenu le 22 août au village de Jamoigne-les-Belles, en Belgique, le régiment perdit dans la seule journée du 24 onze officiers et cinq cent quarante-six hommes sur un effectif de quarante-quatre officiers et trois mille hommes (*A* : 56).

En tant qu'observateur apparemment neutre, le narrateur essaie de produire la représentation la plus complète, la plus exacte et la plus nuancée possible des phénomènes par le biais de longues descriptions très détaillées. Derrière la voix du narrateur se cache une enquête du fils. Ce fils – *l'alter ego* de l'auteur – essaie de reconstruire les circonstances de la mort du père. Mais il se rend compte que tout récit sur ce qui s'est passé le 27 août 1914 n'est basé que sur des conjectures douteuses, façonnées selon des clichés. Dans la mémoire familiale s'est établie l'image héroïque du père étendu mort dans l'herbe :

> il fut pratiquement impossible de retrouver et d'interroger les témoins directs de cet événement sur lequel les détails font défaut [...], le récit fait à la veuve et aux sœurs (ou celui qu'elles en firent par la suite), quoique sans doute de bonne foi, enjolivant peut-être quelque peu la chose ou plutôt la théâtralisant selon un poncif imprimé dans leur imagination par les illustrations des manuels d'histoire ou les tableaux représentant la mort d'hommes de guerre plus ou moins légendaires, agonisant presque toujours à demi étendus dans l'herbe, la tête et le buste plus ou moins appuyés contre le tronc d'un arbre (*A* : 326).

Pour ne pas répéter ces clichés, le narrateur de Simon s'approche de la guerre en la décrivant en creux, par la négation et par une comparaison entre les expériences du fils et du père. En 1940, les soldats français sont éliminés

> sans même que ce qui se passait (ce qu'ils [les cavaliers] étaient en train de vivre) ressemblât de près ou de loin à quelque chose comme une guerre, ou du moins à ce qu'ils s'imaginaient confusément que devait être la guerre [...] : pas de barrage d'artillerie [...] et aucune tranchée à conquérir ou à défendre, pas de face-à-face, ou plutôt de seul-à-seul où chacun, courageux ou peureux, peut prendre la mesure de son courage ou de sa peur (*A* : 39-40).

La Seconde Guerre mondiale ne ressemble donc en rien aux récits héroïques de la Grande Guerre, il n'y a « aucune tranchée à conquérir ou à défendre » et même pas « la glorieuse et légendaire boue des tranchées » (*A* : 29). Mais très vite le lecteur comprend que ce regard nostalgique vers les batailles du passé n'est à son tour qu'une citation ironique de ces récits, car déjà la réalité de la guerre de 14-18 dépasse toutes les représentations traditionnelles :

> presque aussitôt [...] leur [i. e. au régiment du père en 1914] arriva dessus quelque chose qui ne ressemblait ni à une charge ni à rien de ce qu'ils avaient pu apprendre dans les livres ou sur le terrain [...] c'est-à-dire simplement un mur ou plutôt une muraille de feu qui avançait lentement, paisiblement en quelque sorte, mais inexorablement, avec seulement de brefs arrêts si elle rencontrait quelque obstacle, le temps de l'anéantir et de le digérer (*A* : 55-56).

Quant aux implications éthiques dans les choix esthétiques faits par Simon, on constate que les métaphores utilisées pour représenter la guerre (« la muraille de feu », Simon parle aussi de « phénomène cosmique » et de « catastrophe naturelle », p. 33) ont tendance à faire disparaître la contribution humaine et la responsabilité individuelle. Dans *L'Acacia*, l'auteur ne veut pas, en premier lieu, expliquer la guerre ou en accuser les coupables. Avant tout, c'est un roman de deuil. Il s'inscrit dans ce que Dominique Viart a appelé « l'éthique de la restitution » des textes qui essaient de rendre à des personnages, souvent réels, « la dignité de leurs expériences singulières » (Viart, 2008, p. 342), de « rendre la parole à ceux qui se sont tus, qui n'ont pas été écoutés, pas entendus » (*ibid.*).

Cette volonté de restitution est évidente dans *L'Acacia*. La mort du père en août 1914 est le point de départ d'un long récit rétrospectif. Simon retrace toute une vie de travail acharné qui permet l'ascension sociale du petit paysan jusqu'à la haute bourgeoisie et lui donne enfin « accès à l'inaccessible princesse » (*A* : 217). Après seulement quatre ans de mariage, la guerre met brutalement fin à ce conte de fées. Plus encore que le malheur du père, c'est celui de la mère que le narrateur place au centre de sa restitution imaginaire. Le fils ne connaîtra son père qu'à travers le deuil de sa mère. Le narrateur imagine l'adieu déchirant de ses parents qui est vécu par la mère comme une « agonie, celle de la femme qui ce jour-là comprit déjà qu'elle était morte » (*A* : 212) et le choc quand elle reçoit le message de la mort du capitaine. L'image la plus impressionnante est certainement celle de la jeune veuve qui, en 1919, parcourt les anciennes zones de combat pendant des semaines pour trouver l'endroit où son mari a été enterré. La quête s'achève sur un petit cimetière où elle s'agenouille avec son fils devant le tombeau de deux officiers français non-identifiés, sans être vraiment sûre que son mari figure parmi eux. Cet épisode du premier chapitre place tout le roman sous le signe du deuil, symbolisé par la pluie interminable qui ne cesse qu'au moment où la veuve arrive au cimetière (*cf. A* : 19).

Le deuil du fils se fait à travers une identification imaginaire avec le père, qui incarne tout à la fois une figure d'expiation et de thérapie. Le parcours des trains que prennent le père et le fils en 1914 et 1940 pour aller au front sont presque identiques. Pendant le voyage, le fils fait le bilan de sa vie d'étudiant, dix années d'impostures « pour se dissimuler à lui-même son inexistence » (*A* : 228). Il est sûr de mourir, comme son père qui lui, par contre, avait mené une vie disciplinée pour être digne de sa mère. La mort du fils pourrait donc être interprétée comme une punition de sa vie d'oisiveté ou comme l'expiation de la faute du père qui, par son absence, a plongé la mère dans le désespoir, la maladie et la mort. À sa grande surprise, le fils échappe à la mort de justesse et survit à la guerre. Le roman se termine sur une scène aussi symbolique que celle du début. Rentré à la maison et réintégré à la vie civile, le fils s'assoit à la fenêtre devant une feuille de papier blanc. La critique a souvent interprété ce passage comme la mise en scène de la naissance de l'écrivain Claude Simon[2]. Le fils est capable de surmonter le sentiment de culpabilité envers ses parents, d'affronter ses propres traumatismes et de donner un sens à sa vie. Au lieu de répéter le destin du père, il est capable de restituer l'histoire de ses parents, de rendre hommage à leurs privations, leur bonheur et au deuil de la mère – ceci à travers l'écriture. Pourtant, il faudra à Claude Simon la distance de plus d'une génération avant de parvenir à affronter l'origine de son deuil familial.

Les Champs d'honneur, publié seulement un an après *L'Acacia*, est aussi un roman qui tente de reconstruire un traumatisme et un deuil familial dont les origines remontent jusqu'à la guerre de 14-18. Mais comme Jean Rouaud, né en 1952, appartient évidemment à une autre génération que Claude Simon, c'est-à-dire à celle des petits-fils de la Grande Guerre qui n'ont pas connu non plus la Seconde, il doit choisir une autre structure pour son « récit de filiation ». Le roman raconte l'histoire d'une famille modeste qui habite un village dans l'Ouest de la France. La perspective du narrateur à la première personne est celle des trois enfants, mais derrière ce « nous » collectif se cache encore *l'alter ego* de l'auteur. La famille décrite ressemble beaucoup à celle de Rouaud. Le point de départ du récit est une série de morts qui frappe la famille quand le narrateur a environ dix ans. Le père Joseph, la grand-tante Marie et le grand-père Alphonse meurent en l'espace de quelques semaines. Dans une série de souvenirs anecdotiques liés les uns aux autres de manière associative, le roman fait resurgir les vies du grand-père et de la tante. Dans le même temps, le narrateur nous donne ainsi une image à la fois mélancolique et très vivante du quotidien d'une famille française moyenne des années 50 et 60 au sein d'un milieu catholique de campagne. La Grande Guerre n'apparaît que dans le dernier quart du texte. Après la mort de la tante Marie, le grand-père, peu de temps avant sa propre mort, range le grenier et met à la disposition des enfants une boîte à chaussures dans laquelle il a réuni les vestiges de la mémoire familiale : photos, lettres, cartes postales. Le lecteur apprend par la

---

2 *Cf.* Alastair Duncan : « *L'Acacia* est le lieu d'une intégration du moi ; Simon s'y construit un passé et un présent d'écrivain » (Duncan, 2008, p. 286).

suite que les deux oncles du père sont morts en 1916 et 1917 et que les dépouilles du deuxième ont été récupérées de façon illégale en 1929 par le troisième frère (le père du père) pour l'enterrer clandestinement au cimetière du village.

La représentation de la guerre au sens strict se limite à moins de dix pages du roman. Le lecteur y trouve la description détaillée d'une attaque aux gaz à la suite de laquelle Joseph, un des deux frères, sera transporté à un hôpital où il mourra. Le narrateur ne met pas en question son propre récit, comme Simon le fait dans *L'Acacia*, mais il indique qu'il n'est pas basé sur un témoignage authentique : « Nous n'avons jamais vraiment écouté ces vieillards de vingt ans dont le témoignage nous aiderait à remonter les chemins de l'horreur » (*Ch* : 156). Cette phrase clé du roman implique un reproche contre la société d'après-guerre, où les traumatismes des survivants n'ont pas été suffisamment considérés. En même temps, l'absence de témoignages justifie en quelque sorte une (re)construction littéraire des horreurs de la guerre. Comme Pierre Schoentjes l'a remarqué, « [l]a réussite des pages de Rouaud ne tient pas à leur vérité, elle tient aux qualités de l'écriture » (Schoentjes, 2009, p. 249). Le but de Rouaud n'est pas d'informer le lecteur « de manière objective sur les circonstances d'utilisation et les effets de gaz » (*ibid.*), mais de compenser l'absence du témoignage par la force d'une écriture esthétiquement convaincante.

Comme *L'Acacia*, *Les Champs d'honneur* est un roman de deuil. C'est d'abord le deuil de la pieuse tante Marie, qui en 1916 prie Dieu de sauver Joseph, son frère aimé, de ses blessures mortelles. Elle lui propose en échange « son sang de femme » (*Ch* : 161). Joseph meurt, mais Dieu semble avoir accepté le marché injuste : la tante Marie restera une vierge stérile pour le reste de sa vie. La mort précoce de son neveu Joseph, 50 ans plus tard, réactualise chez elle le vieux traumatisme, la plonge dans une dépression démentielle et accélère sa mort. Les enfants et le lecteur ne comprennent le triste destin de la vieille tante qu'à la fin du livre. Son histoire n'est que l'exemple le plus explicite des deuils qui marquent toute la famille. Pour les enfants, rudement frappés par la mort inattendue du père, entrer en contact avec des chapitres oubliés ou refoulés de la mémoire collective renforce l'identité familiale et crée une solidarité dans la douleur partagée à travers les générations. Les enfants se reconnaissent sur les photos des ancêtres que le grand-père a trouvées dans le grenier : « confronté à ces bribes de nous-mêmes éparpillées dans ces visages anciens pour la plupart inconnus, on ne pouvait nier être une partie perdurante de ceux-là » (*Ch* : 140).

Ainsi, la reconstitution littéraire du passé familial acquiert dans *Les Champs d'honneur* une fonction thérapeutique semblable à celle qui est développée dans *L'Acacia.* Les textes sont l'outil et le résultat d'une quête d'identité de l'auteur en tant qu'écrivain. Mais dans les deux romans, « l'éthique de restitution », pour reprendre encore la formule de Dominique Viart, ne s'épuise pas dans une dimension purement individuelle et (auto-)biographique. Déjà, l'énorme succès du livre de Rouaud en 1990 laisse supposer qu'il y a dans la génération des petits-fils de la Grande Guerre beaucoup d'histoires familiales comparables et un public sensible à la sorte de réconfort que le texte prodigue. De plus, au-delà de l'effet thérapeutique, les deux romans proposent un modèle de mémoire qui s'oppose à la logique de la commémoration officielle. Les textes participent d'un discours critique qui va de pair avec la redécouverte de la Grande Guerre par la littérature. Dominique Viart souligne que « [l]a commémoration est un rituel collectif qui sacralise son objet. Or un objet sacralisé, un discours ritualisé ne souffrent pas de mise en question » (Viart, 2008, p. 343) ni de reconnaissance du souvenir personnel que chaque famille entretient du soldat disparu.

Dans *L'Acacia*, le narrateur décrit minutieusement une cérémonie pendant laquelle le régiment du père reçoit la plus haute décoration militaire. Mais comme il n'en reste plus un seul survivant, la décoration sera épinglée sur le drapeau du régiment qui, lui, a pu être préservé. (*A* : 56-59). L'effacement de l'individu devant la collectivité anonyme est porté à son extrême : en lieu et place des êtres humains c'est l'objet purement symbolique – le drapeau – qui est honoré. Dans *Les Champs d'honneur*, la critique de la commémoration officielle passe par l'image pieuse qui annonce le décès du grand-oncle Joseph. Selon un commentaire de l'auteur, cette image, trouvée entre les pages d'un vieux missel, était le point de départ de l'écriture du roman et lui a donné son titre (*cf.* Dehne, 2002, p. 293). Imprimée des milliers de fois, elle représente en miniature, mais de manière exemplaire, le discours de commémoration officiel :

> Joseph annoncé mort – son nom sur une image pieuse et patriotique qui se vend 0 fr 05 [...], monument de tristesse à l'en-tête d'un titre de roman

> héroïque : « Les Champs d'Honneur », et au sous-titre d'une édition de gare : « Où coula à flots le Sang de France en 1914-1916 ». [...]. Que cette image rappelle à tous la gratitude que nous devons avoir envers Dieu pour la bataille prodigieuse de la Marne et, depuis, la solidité de notre front (*Ch* : 163).

La tante Marie a inscrit le nom de son frère Joseph sur ce formulaire et elle

> ajoute dans la marge, car il n'y a de place que pour le nom et il faut qu'il soit court [...] : « Âgé de 21 ans, blessé en Belgique, décédé à Tours, le 26 mai 1916 ». Et ce court commentaire sauve Joseph de la longue nuit amnésique (*ibid.*).

La commémoration officielle conserve, selon une « certaine idée républicaine du salut » (*ibid.*), les noms des soldats, mais pas leur histoire. C'est la mémoire familiale qui sauve les morts de « la longue nuit amnésique » et l'imagination de l'écrivain qui transforme l'histoire des individus en une partie de la mémoire culturelle littéraire.

L'Acacia et *Les Champs d'honneur* marquent un moment intense et esthétiquement très productif dans la réception de la Grande Guerre. Le deuil des survivants, la recherche des disparus et la critique des commémorations officielles sont des sujets qui reviennent aussi dans d'autres œuvres qui paraissent presque au même moment. On pourrait penser à *La Vie et rien d'autre*, film de Bertrand Tavernier (1989), ou à *Un long dimanche de fiançailles*, roman policier historique de Sébastien Japrisot (1991). Mais ce qui fait la force particulière de *L'Acacia* et des *Champs d'honneur*, à part leurs qualités esthétiques indéniables, c'est leur dimension (auto-)biographique. Les auteurs partagent leur expérience personnelle du deuil de guerre avec au moins une partie du lectorat. Le « nous » du narrateur de Rouaud est inclusif. L'éthique de la restitution – sauver les individus de l'oubli avant que les derniers témoins ne disparaissent – va de pair avec une intention thérapeutique : comprendre le poids des morts qui pèse encore sur les survivants, parmi la deuxième et même la troisième génération.

14 DE JEAN ECHENOZ COMME EXEMPLE DE LA « GÉNÉRATION CENTENAIRE »

Qu'en est-il de la littérature sur la Grande Guerre une génération plus tard, 20 à 25 ans après 1990 ? Les textes publiés à partir d'environ 2010, au fur et à mesure que le Centenaire approche, souffrent du préjugé suivant : ils ne seraient que des œuvres de circonstance, traitant d'un sujet à la mode pour mieux pouvoir se vendre. Le Centenaire produit en effet une large littérature plus au moins pédagogique autour de la Grande Guerre dont les objectifs principaux sont d'informer les générations qui ne participent plus à la « mémoire vécue » la guerre, mais aussi et surtout de les sensibiliser à une vision de la guerre conforme aux valeurs actuelles : une approche pacifiste, plutôt européenne que nationale ou nationaliste, féminine, coloniale ou franco-allemande[3].

Regardons de plus près un texte qui est considéré parmi cette génération comme l'un des plus réussis d'un point de vue esthétique. Le court roman *14* de Jean Echenoz raconte l'histoire de cinq jeunes hommes vendéens qui partent à la guerre en août 1914. Parmi eux se trouvent deux frères, Anthime et Charles, qui travaillent tous les deux dans l'administration d'une usine de chaussures. La fille du chef de l'entreprise, Blanche, attend un enfant de Charles. Charles meurt dans un combat aérien, pendant que Blanche donne naissance à une petite fille. Anthime est démobilisé après avoir perdu un bras, arraché par un obus. De ses trois autres camarades, un seul survivra à la guerre et en reviendra aveugle. Après la convalescence d'Anthime, on offre à celui-ci la place de son frère aîné à la sous-direction de l'entreprise, ce qui le rapproche aussi de Blanche. Un deuxième enfant est né, qui aura le nom de son oncle, Charles.

Le récit du narrateur, omniscient et balzacien, suit fidèlement la chronologie de la guerre. Le premier des 15 chapitres commence le 1er août, début de la mobilisation. Le dernier événement raconté est la naissance de l'enfant de Blanche et Anthime, en automne 1918, « précisément au moment de la Bataille de Mons, qui a été la dernière » (*14* : 123). Dans

3 À voir aussi sur le site Centenaire.org. URL : <http://centenaire.org/fr/pistes-pedagogiques/la-premiere-guerre-mondiale-travers-la-litterature-de-jeunesse> (consulté le 09/09/2019).

la lecture de Pierre Schoentjes, qui servira de base pour les réflexions suivantes, *14* est « un dernier compte à régler avec la Grande Guerre », un roman qui se publie, « alors que le flot de romans consacrés depuis les années quatre-vingt à la Première Guerre mondiale semble se tarir » (Schoentjes, 2012, p. 964). De sorte que, selon Schoentjes, Echenoz privilégie l'esthétique par rapport à l'éthique. La première intention de *14* n'est pas de dénoncer les horreurs de la guerre ou de donner la parole à ceux qu'on n'a jamais écoutés, tout simplement car tant d'autres écrivains et historiographes l'on déjà fait. Il ne reste plus que le travail sur la forme (*cf.* Schoentjes, 2012, p. 981). La forme choisie par Echenoz, c'est la distanciation ironique. Son narrateur est tout à fait conscient du fait qu'il vient trop tard : « Tout cela ayant été décrit mille fois, peut-être n'est-il pas la peine de s'attarder encore sur cet opéra sordide et puant » (*14* : 79). Pour ne pas répéter simplement ce que d'autres ont déjà dit, il utilise un moyen stylistique étonnant : l'énumération. Le narrateur d'Echenoz fait des listes de tout : des objets qu'on trouve dans le sac à dos d'un soldat, des manœuvres que peut faire un avion pendant un combat aérien, des animaux qu'un poilu peut rencontrer dans la guerre. Schoentjes explique ce mécanisme ainsi :

> les listes ont pour effet de convoquer dans l'esprit du lecteur d'aujourd'hui – nécessairement familier au moins de quelques-unes des œuvres de la génération Barbusse, Dorgelès, Giono ou Remarque ainsi que de plus récentes signées par Rouaud, Simon, Daeninckx ou Tardi – les images dominantes de la Grande Guerre (Schoentjes, 2012, p. 970).

Évidemment, cette écriture ironique et distanciée est très loin de l'éthique de restitution qu'on trouve dans les romans des années 1989-1990. Raconter la guerre au deuxième degré, en faisant l'inventaire rapide de tout ce qui a déjà été dit, cela serait donc une manière de mettre un « point final provisoire à la longue liste des fictions suscitées par une guerre qui continue à hanter notre présent » (Schoentjes, 2012, p. 981). Dans ce qui suit je proposerai une lecture un peu différente de *14* qui permet de trouver dans le roman, au-delà de ses qualités esthétiques, si ce n'est une dimension éthique, du moins des aspects qui réaffirment la mémoire culturelle autour de la Grande Guerre dans le contexte du Centenaire.

Comme Schoentjes l'a montré, Echenoz s'intéresse beaucoup plus aux images de la guerre qu'à la guerre elle-même. Nous avons vu que

Claude Simon était déjà très conscient de ce problème, à savoir que les récits de guerre sont souvent élaborés en reproduisant des clichés (*cf.* *A* : 326). Mais cela ne l'empêche pas de tenter une reconstruction du passé à travers une vérité littéraire qui dépasse le cliché, parce qu'il a besoin de cette vérité pour retrouver son père absent et faire son deuil. Pareillement, à partir d'une simple image pieuse, Jean Rouaud imagine la mort de son grand-oncle Joseph pour mieux comprendre le deuil de toute sa famille. Au contraire dans *14*, l'image, le cliché et la citation sont les seules vérités de la guerre. Prenons quelques exemples du premier chapitre. Echenoz décrit l'atmosphère enthousiaste du départ des soldats, le défilé « plutôt gai », avec une population au bord des rues « qui ne lésinait pas sur les acclamations, les jets de fleurs et les encouragements » (*14* : 18-19). Le lecteur associe facilement à cette scène des photos de l'époque ou les dessins de Jacques Tardi qui s'en inspire dans ses bandes dessinées (*cf.* Tardi, Vernay, 2008, p. 8-9). La référence à l'image comme modèle de l'écriture devient explicite dans la description de la foule qui prend congé des mobilisés à la gare :

> Des chapeaux, des foulards, des bouquets, des mouchoirs s'agitaient en tous sens, des paniers de provisions passaient par les fenêtres des wagons, on serrait dans ses bras des enfants, des vieillards, des couples s'étreignaient, des larmes s'écrasaient sur les marchepieds – comme on peut le voir sur la vaste fresque d'Albert Herter, dans le hall Alsace de la gare de l'Est. (*14* : 20)

Le tableau monumental *Le Départ des poilus, août 1914* de l'Américain Albert Herter (1871-1950) faisait lui-même déjà partie, au moment de sa création en 1926, d'une culture de la commémoration[4]. Depuis, des millions de voyageurs sont passés devant. La référence explicite d'Echenoz au tableau n'est pas seulement une forme de distanciation ou d'ironie qui déconstruit, une fois de plus, toute possibilité de donner un récit authentique du passé. Outre cet aspect, le roman actualise ici un élément de l'imaginaire collectif des Français et s'inscrit dans une tradition mémorielle.

4 « Le tableau a été inauguré le 7 juin 1926 dans le hall d'Alsace de la Gare de l'Est, en présence du maréchal Joffre, du ministre de la guerre, Paul Painlevé et de l'ambassadeur américain et devant "une foule profonde et toute remuée" (*Le Petit Parisien*, 8 juin 1926) », *cf.* site officiel de la ville de Paris, « 14-18 Monument aux morts de la Grande Guerre », URL : <http://memorial14-18.paris.fr/memorial/jsp/site/Portal.jsp?document_id=106&portlet_id=106> (consulté le 23/05/2019).

Examinons un deuxième exemple du dialogue qu'Echenoz entretient avec la mémoire collective française, dans ce cas-là la mémoire littéraire : dans la première scène du roman, se promenant à vélo, Anthime est surpris par le tocsin des cloches qui annoncent la mobilisation. En rentrant rapidement à la maison, il oublie le livre qu'il avait amené. « Le gros livre est tombé du vélo, s'est ouvert dans sa chute pour se retrouver à jamais seul au bord du chemin, reposant à plat ventre sur l'un de ses chapitres intitulé *Aures habet, et non audiet* » (*14* : 11). Il s'agit d'un chapitre de *Quatre-vingt-treize* de Victor Hugo, dans lequel un personnage entend sonner le tocsin de façon semblable et dans le même paysage. Pierre Schoentjes a analysé le jeu intertextuel dans lequel Echenoz transpose l'expérience du personnage de Victor Hugo du contexte de la Révolution française à la modernité technique de 1914 (Schoentjes, 2012, p. 975). Mais il est possible d'amplifier l'argumentation et de mettre en parallèle de manière plus générale les romans d'Hugo et d'Echenoz. *Quatre-vingt-treize* parle de « l'année terrible » de 1793 en racontant les combats entre les armées révolutionnaires et les révoltés de la Vendée. Hugo décrit cette guerre civile, l'un des épisodes les plus sanglants et controversés de la Révolution, comme une catastrophe certes, mais qui a servi le progrès (Hugo, 2001, p. 289). On trouve des analogies entre la situation dramatique de la jeune Première République en 1793 et le moment historique de la naissance du roman en 1874, peu de temps après la guerre franco-prussienne, la Commune de Paris et les débuts difficiles de la Troisième République, menacée par des ennemis extérieurs comme intérieurs[5]. On peut facilement prolonger le fil historique pour arriver à 1914, une troisième « année terrible » qui met une fois de plus la France et la République en danger. Dès le début de son roman *14* Echenoz s'inscrit, même si c'est de façon ironique et par un clin d'œil, dans la grande tradition littéraire française[6]. Cela n'a pas seulement des implications esthétiques. Victor Hugo utilise le roman historique pour rappeler aux Français les combats héroïques des révolutionnaires qui défendaient les valeurs de la République. Dans la mémoire culturelle

5 Déjà en 1872 Hugo avait publié un recueil de poèmes intitulé *L'Année terrible* où il met en relation les événements de la Révolution et celle de la Commune de Paris, *cf.* Leuilliot, 2001, p. 28-30.

6 Le narrateur mentionne, par exemple, l'obtention du prix Goncourt du roman *Le Peuple de la mer* de Marc Elder contre Marcel Proust en 1913 (*cf. 14* : 23).

française, la Grande Guerre représente, à côté de la Grande Révolution, le deuxième pilier sur lequel repose une conception positive de l'identité nationale. Le 14 juillet et le 11 novembre sont des dates complémentaires. En faisant allusion au roman d'Hugo, Echenoz évoque cette relation entre les deux mythes fondateurs. La Grande Guerre, une catastrophe qui a servi le progrès et affermi la République ? Cela serait une lecture de *14* compatible avec les commémorations du Centenaire[7].

QUELQUES RÉFLEXIONS FINALES

En prenant trois exemples, j'ai essayé de décrire deux modalités différentes de la réception littéraire de la Grande Guerre, qui sont toutes les deux liées à deux moments historiques spécifiques. Chez Simon et Rouaud, l'imagination et l'esthétique littéraire sont au service d'un travail de deuil, basé sur une expérience personnelle et familiale. L'éthique de cette écriture dépasse l'intérêt biographique individuel parce qu'elle répond à un besoin collectif au moment de la transition de la « mémoire de générations » à la « mémoire culturelle », dans le sens où Jan Assmann a défini ces concepts (*cf.* Assmann, 1988), c'est-à-dire quand le « milieu de mémoire » de la Grande Guerre commence à disparaître (*cf.* Nora, 1984). À la veille du Centenaire, cette transition est accomplie. La Grande Guerre s'est définitivement transformée en un lieu de mémoire, un inventaire de lieux communs, facilement reconnaissables et disponibles, au service de l'identité culturelle. Avec son esthétique de la distanciation ironique et sa réflexion sur l'impossibilité d'éviter les clichés, le roman d'Echenoz démasque ce phénomène, sans pourtant

7 Si Pierre Schoentjes souligne à juste titre que dans la littérature contemporaine « La Grande Guerre est devenue l'exemple même de la guerre absurde » (2012, p. 965), il ne faut pas oublier que dans le discours officiel, au contraire, les sacrifices de la guerre portent toujours un sens identitaire très fort : « Honorer les morts, c'est donner du sens à la patrie. […] Honorer les morts c'est projeter le pays pour le faire avancer, pour être digne du passé mais surtout fier de ce que nous pouvons construire ensemble » (Déclaration de François Hollande, en hommage aux anciens combattants de la Première Guerre mondiale, à la nécropole nationale de Notre-Dame de Lorette le 11 novembre 2014).

pouvoir y échapper complètement[8]. *14* ne marque pas le point final, mais plutôt le signal de départ d'une nouvelle étape dans « la longue liste des fictions suscitées par une guerre qui continue à hanter notre présent » (Schoentjes, 2012, p. 981). Le grand défi des auteurs sera celui de trouver, au-delà de l'inévitable répétition de ce qui a déjà été dit mille fois, des approches qui ébranlent les certitudes et permettent de maintenir vivante la mémoire culturelle.

Stefan SCHRECKENBERG
Université de Paderborn

8 En Allemagne au moins, *14* semble être considéré comme un texte adéquat pour l'enseignement de la Grande Guerre à l'école. Les éditions Klett ont publié en 2014 une version annotée du roman et un dossier pédagogique pour préparer le sujet *Les relations franco-allemandes / La Grande Guerre* aux épreuves de l'*Abitur*; *cf.* URL : <https://www.klett-sprachen.de/14/t-1/9783125973701> (consulté le 23/05/2019).

BIBLIOGRAPHIE

ASSMANN, Jan, « Kollektives Gedächtnis und kulturelle Identität », *in* Jan Assmann, Tonio Hölscher (dir.), *Kultur und Gedächtnis*, Frankfurt am Main, Surkamp, 1988, p. 9-19.

AUDOIN-ROUZEAU, Stéphane, BECKER, Annette, *14-18, retrouver la Guerre*, Paris, Gallimard, 2000.

DUNCAN, Alastair B., « *L'Acacia* de Claude Simon : roman de deux guerres », *in* Pierre Schoentjes (dir.), *La Grande Guerre. Un siècle de fictions romanesques*, Genève, Droz, 2008, p. 277-289.

DEHNE, Corinna, *Der « Gedächtnisort » Roman : zur Literarisierung von Familiengedächtnis und Zeitgeschichte im Werk Jean Rouauds*, Berlin, Schmidt, 2002.

ECHENOZ, Jean, *14*, Paris, Les Éditions de Minuit, 2012.

ECHENOZ, Jean, *14*, Stuttgart, Klett, 2014.

HUGO, Victor, *Quatre-vingt-treize*, éd. Bernard Leuilliot, Paris, Librairie Générale Française 2001.

LEUILLIOT, Bernard, « Introduction », Victor Hugo, *Quatre-vingt-treize*, Paris, Librairie Générale Française, 2001, p. 7-46.

NORA, Pierre, « Entre Mémoire et Histoire. La problématique des lieux », *Les Lieux de mémoire*, Première partie : *La République*, Paris, Gallimard, 1984, p. XVII-XLII.

ROUAUD, Jean, *Les Champs d'honneur*, Paris, Les Éditions de Minuit, 1990.

SCHOENTJES, Pierre, *Fictions de la Grande Guerre. Variations littéraires sur 14-18*, Paris : Garnier 2009.

SCHOENTJES, Pierre, « *14* de Jean Echenoz. Un dernier compte à régler avec la Grande Guerre », *Critique* 2012/11 (n° 786), p. 964-981.

SIMON, Claude, *L'Acacia*, Paris, Les Éditions de Minuit, 1989.

TARDI, Jacques, VERNAY, Jean Pierre, *Putain de guerre ! – Tome 1 : 1914-1915-1916*, Tournai, Casterman, 2008.

THEETEN, Griet, *La Grande Guerre revisitée. 14-18 dans le roman français contemporain*, Genève, Droz, 2015.

VIART, Dominique, « En quête du passé : La Grande Guerre dans la littérature contemporaine », *in* Pierre Schoentjes (dir.), avec la collaboration de Griet Theeten, *La Grande Guerre. Un siècle de fictions romanesques*, Genève, Droz, 2008, p. 325-344.

ARTICULER LE CRI

Voix et voies narratives de la Grande Guerre chez Laurent Gaudé

À l'orée du XXIe siècle, le nombre de romans qui portent sur la Grande Guerre est en pleine expansion. Ce regain d'intérêt s'explique, bien sûr, par le contexte général d'un retour de l'Histoire au centre des préoccupations littéraires depuis les années 1970, retour que la critique a déjà amplement commenté[1]. Après plusieurs décennies marquées davantage par un repli du roman français sur lui-même, délaissant supposément les rivages du monde réel pour se livrer à des expérimentations formelles, la dimension historique revient de manière plus visible sur le devant de la scène romanesque[2]. Mais cet engouement s'explique aussi par un contexte plus spécifique à la Grande Guerre : plusieurs générations ont passé depuis celle des Poilus, et ce sont désormais les petits-enfants qui (re)prennent la plume et tentent d'explorer à travers cette guerre l'histoire de leurs ancêtres, et avec elle les origines d'un siècle de violences belliqueuses dont les générations actuelles portent encore le lourd héritage. La Grande Guerre devient un enjeu symbolique : elle permet aux écrivains contemporains de révéler la matrice désastreuse, embryonnaire et pourtant déjà parangonale, de l'Histoire européenne au XXe siècle.

Ce changement de perspective altère les modalités esthétiques du récit, et le « témoignage » des petits-enfants ne correspond plus nécessairement aux formes qu'il prenait lors des deux générations littéraires précédentes, celle des Henri Barbusse et Roland Dorgelès qui écrivent au cœur même de la guerre, ou celle des Jean Giono, Louis-Ferdinand Céline, Pierre Drieu La Rochelle ou Gabriel Chevallier qui publient leurs romans dans l'entre-deux guerre. Car il ne s'agit plus alors de donner à

1 Je renvoie notamment à Dominique Viart et Bruno Vercier (2008 [2005], p. 131-210).

2 Selon un schème du « retour » qu'il faut toutefois nuancer : l'Histoire ne disparaît pas dans le Nouveau Roman, mais elle s'y manifeste plutôt de manière cryptée (*cf.* Francine Dugast, 2010, p. 41-72).

voir l'horreur des tranchées, ou de militer contre la menace d'une nouvelle guerre imminente par des prises de position parfois radicalement (et polémiquement) pacifistes[3]. Les écritures contemporaines s'inscrivent davantage dans une perspective mémorielle : elles questionnent la place accordée aujourd'hui à une guerre qui a marqué les consciences, et la manière dont le roman négocie le rapport de notre époque à un passé lancinant.

Interroger la mémoire de cette guerre, ses survivances et sa portée actuelle, c'est aussi interroger les formes littéraires avec lesquelles il est encore possible de la décrire sans retomber dans des images ou des modèles convenus. À l'écueil du registre épique exaltant les hauts faits du combattant héroïque (modèle massivement rejeté par les écrivains de 14-18) se superpose aussi l'écueil d'une écriture critique et pacifiste « à la Barbusse », devenue conventionnelle, mais qui n'a pourtant cessé depuis d'alimenter les romans sur la Grande Guerre. Une bonne partie de la production romanesque contemporaine navigue ainsi entre des modèles dont elle peine à s'affranchir, mais qu'elle cherche à faire évoluer en sondant de nouvelles inflexions pour appréhender un motif littéraire qui a déjà fait couler beaucoup d'encre. On peut citer notamment les écritures fragmentaires chez Jean Rouaud (*Les Champs d'honneur*, 1990), la distanciation ironique chez Jean Echenoz (*14*, 2012), la surenchère de l'horreur chez Alice Ferney (*Dans la guerre*, 2003), ou encore le déplacement de la focale sur de nouveaux types de personnages délaissés jusqu'alors par le canon littéraire (des tirailleurs sénégalais chez David Diop (*Frères d'âme*, 2018) aux figures de soldats homosexuels chez Pierre Lemaitre (*Au-revoir là-haut*, 2013)).

Cris, premier roman de Laurent Gaudé paru en 2001 chez Actes Sud[4], s'inscrit bien au carrefour de ces réflexions. Oscillant entre la réactivation d'un certain nombre de clichés et la recherche de nouvelles formes de représentation, ce bref récit de fiction entreprend d'ausculter le langage de la guerre mais aussi le langage du roman, ses possibilités et ses limites. Le titre annonce déjà ce dessein et place d'emblée le texte sous les auspices d'un balbutiement envisagé au moins autant comme

3 On pense à Giono, accusé pour sa proximité avec le régime collaborationniste de Vichy et emprisonné de septembre 1944 à janvier 1945, ou encore à Roger Martin du Gard qui écrivait en 1936 : « tout, *plutôt que la guerre* ! [...] ! *Tout* : Hitler plutôt que la guerre ! » (1958, p. 1150).

4 Dorénavant *C*.

conséquence du traumatisme que comme programme esthétique. De la représentation de la guerre à la structure discursive du roman et aux modalités de témoignage qu'elle met à jour, il s'agira de revenir ici sur un texte qui témoigne à mon sens particulièrement bien des enjeux et des difficultés de l'écriture contemporaine de la Grande Guerre.

LE LANGAGE DE LA GUERRE
Traditions et originalités

Le roman de Gaudé s'ancre dans une longue tradition d'œuvres pacifistes qui dressent un portrait critique de la guerre. L'auteur revient à des motifs connus, devenus incontournables depuis la littérature d'époque et canonisés par tous les grands classiques littéraires de 14-18. La Grande Guerre est décrite à travers des images stéréotypales que la littérature véhicule depuis près d'un siècle et qui ont été abondamment étudiées[5] : omniprésence des tranchées boueuses et noyées de pluie, invisibilité de l'ennemi, absurdité des offensives livrées dans l'espoir de gagner quelques centaines de mètres qui seront perdus le lendemain, dégradation de la figure héroïque du soldat, présence traumatique des cadavres démembrés et sans sépulture[6], terre éventrée par les obus, utilisation de nouvelles armes comme le gaz et le lance-flammes, quotidien harassant travaillé par le froid, la boue, les rats, les poux, l'attente. Laurent Gaudé récupère tous ces motifs et reproduit ainsi un modèle relativement traditionnel qui poursuit des fins éthiques en dénonçant la violence absurde de la guerre et en présentant les soldats comme victimes. Peu originales de ce point de vue, ces scènes apparaissent comme autant de variations sur des motifs devenus au fil du temps clichéiques, et dont l'emploi récurrent dans le roman contemporain traduit une approche relativement consensuelle de la Grande Guerre[7].

---

5 Sur les *topoï* de la guerre, je renvoie notamment aux études de Micheline Kessler-Claudet (2005), Pierre Schoentjes (2009), ou encore Maurice Rieuneau (1974) et Léon Riegel (1978).

6 Ces « moissons de cadavres » écrivait Alain (1960 [1921], p. 670).

7 Pierre Schoentjes montre d'ailleurs bien comment la fiction contemporaine sur la Grande Guerre, en s'abreuvant à des ouvrages de références comme ceux de Barbusse ou

À cet ancrage conventionnel s'ajoute une perspective toutefois plus spécifiquement contemporaine, qui consiste à replacer la guerre dans un contexte historique vaste allant bien au-delà du seuil de la fin des conflits en 1918. Dans *Cris*, la Grande Guerre est représentée comme le marqueur temporel d'une nouvelle époque qui porte en elle les germes du siècle à venir. C'est bien sûr le recul de l'auteur qui lui permet d'adopter cette perspective, et la représentation des affrontements passe donc moins par le désir de transcrire la vérité *événementielle* de la guerre que par l'ambition d'en montrer la portée *symbolique*, assumant ainsi un point de vue sur que l'on pourrait nommer avec l'historien François Hartog résolument « présentiste[8] » (2003) dans la mesure où l'Histoire y est envisagée non seulement depuis le présent, mais aussi par rapport à lui, comme « lieu de mémoire » et héritage culturel. Aux côtés des motifs traditionnels, le roman souligne ainsi minutieusement les phénomènes de passage, de changement ou d'évolution qui font de la guerre une étape charnière entre un avant et un après, reprenant l'idée d'un « court XXe siècle » (Hobsbawm, 1994) qui commencerait symboliquement en 1914[9]. Gaudé crée notamment des figures de soldats-témoins qui assument la position anachronique de l'historien et contemplent avec un recul singulier, peu vraisemblable, le basculement du siècle. Il en va ainsi du Lieutenant Rénier, un militaire formé à l'ancien art de la guerre (celui du combat face à face) et devenu le porte-parole du siècle mourant, qui déplore avec mélancolie cette guerre d'un nouveau genre où les soldats creusent davantage qu'ils ne se battent, s'enfonçant toujours plus dans la terre :

> Je n'avais jamais pensé voir cela. Que la guerre se fasse ainsi. Et personne jamais ne m'avait préparé à cela. Ni à l'école des officiers, ni ailleurs [...].

de Dorgelès, se maintient aussi dans un certain immobilisme. En puisant toujours au même fonds de motifs thématiques, elle s'inscrit majoritairement dans une ligne éthique convenue et consensuellement pacifiste (2010, p. 189-215, et notamment 210).

8 Dans son ouvrage *Régimes d'historicité. Présentisme et expériences du temps*, François Hartog, introduit le concept de « présentisme » comme nouveau régime d'historicité dont il fait remonter les prémisses aux deux dernières décennies du XXe siècle, et marqué par une montée en puissance du « présent » comme prisme d'observation privilégié du passé et du futur, entraînant dans son sillage une fascination singulière pour les lieux de mémoire, les commémorations, le patrimoine culturel.

9 La notion de « court XXe siècle » a été développée par l'historien anglais Eric Hobsbawm dans son ouvrage *The Age of extremes* (1994). Selon lui, le XXe siècle commencerait véritablement en 1914 et se terminerait en 1991 avec la chute de l'Union soviétique.

> Je voulais faire la guerre et je le veux encore. Mais je regarde mes hommes s'affaisser dans cette tranchée et je vois des soldats termites. Et creuser la terre, s'enfoncer le plus profond possible sous le niveau de la surface du sol n'est pas une manière de faire la guerre […]. Ce n'est pas cette guerre-là que j'ai apprise. (*C* : 41-42)

La portée critique du passage tire sa force du processus de déshumanisation – et en l'occurrence d'animalisation – qui apparaît ici. Le procédé n'est pas nouveau : Giono l'exploitait déjà avec virtuosité dans *Le Grand Troupeau*, roman au titre programmatique qui file la métaphore du bétail de soldats menés tout droit à l'abattoir[10]. Courbés, recroquevillés, enfouis sous terre, les soldats-termites de Gaudé pointent ainsi du doigt une guerre qui modifie durablement la vision du soldat et place le poilu aux antipodes d'un Achille héroïque, décrit dans toute la magnificence de son courage et de sa force guerrière[11].

Un autre personnage-témoin mérite ici d'être mentionné : celui du « gazé ». Le qualificatif est lourd de sens, et permet à l'auteur de tisser un lien suggestif entre la Grande Guerre et les atrocités du siècle à venir. Car s'il décrit bien ici une innovation technologique de l'époque qui, dès 1917, couvre le front de ces lueurs délétères qui prennent chez Rouaud la teinte d'une « aube olivâtre » (1990, p. 154), le gaz évoque aussi chez le lecteur contemporain d'autres images postérieures au conflit : celles, notamment, des chambres de la mort, mais celles aussi des attaques chimiques qui eurent lieu depuis au Yemen, au Vietnam ou encore en Irak. Le personnage du gazé, qui tangue durant tout le récit entre la vie et la mort, témoigne ainsi dans une vision hallucinatoire d'un siècle qui commence devant lui, au milieu du front, et laisse déjà présager un avenir cauchemardesque :

> Je vois le siècle et c'est un avorton arraché du ventre de sa mère au forceps. Il est baigné de sang. Ils l'ont roué de coups. Je vois l'homme qui n'a plus de dents, plus de visage. Je vois l'homme qui pense être allé au bout de l'horreur mais qui connaîtra d'autres coups. Je vois le gaz qui rampe dans les campagnes. Je vois le grand siècle du progrès qui pète des nuages moutarde, je vois ce grand corps gras éructer des bombes et éventrer la terre

---

10 Sur les phénomènes de déshumanisation comme vecteurs d'une éthique humaniste, je me permets de renvoyer à mon article sur *Le Grand Troupeau* de Jean Giono (2019).

11 Ce que Drieu la Rochelle nommait dans sa *Comédie de Charleroi* la « posture de la honte » (1960, p. 27) se révèle en ce sens représentative de cette déchéance (ou de cette impossibilité) du soldat héroïque que la littérature de 14-18 s'applique à souligner.

> de ses doigts. Le raz-de-marée qui m'emporte n'était qu'une vaguelette. Je meurs maintenant et cela me fait sourire car il m'est donné de voir, dans ces dernières hallucinations convulsées, les millions de souffrances auxquelles j'échappe. (*C* : 119-120)

Érigé en Cassandre des tranchées, le « gazé » sert ici une narration dont l'anachronisme se veut symbolique. Le caractère prophétique du passage, nourri d'anaphores visionnaires (« Je vois »), souligne bien la mise en perspective de la Grande Guerre qui, pensée comme à rebours, apparaît dès lors comme la génitrice d'un siècle monstrueux, macabre annonciatrice des vicissitudes qui meurtriront le XXe siècle[12].

Ce passage révèle aussi une coloration fantastique sous-jacente qui revient à plusieurs reprises dans *Cris*, comme si la fiction avait besoin de puiser à d'autres sources de représentation, plus emphatiques et suggestives, pour dire ce qui échappe à une peinture strictement réaliste. On observe bien ces effets de surnaturalisation à l'échelle du traitement des personnages : le mystérieux « homme-cochon » qui se déplace entièrement nu sur le front en poussant des gémissements lugubres devient ainsi le « fantôme écorché du champ de bataille » (*C* : 30), et apparaît tantôt sous les traits d'un soldat-errant devenu fou, tantôt comme une divinité monstrueuse, incarnation de la terre blessée par la violence des assauts :

> Il est possible que cette terre éventrée et meurtrie ait donné naissance, dans une nuit de sueur et de contractions, à cet être. Qu'elle l'ait fait naître pour se venger des hommes qui la balafrent sans cesse un peu plus. Mais je crois plutôt qu'il est l'ogre sauvage, le père de ce paysage de mort [...]. Je crois que c'est la terre qui hurle par cet homme. Je crois qu'il est la bouche hurlante du front qui gémit de toutes les plaies profondes que l'homme lui fait. (*C* : 78)

Avec le personnage, c'est en outre le décor spatial qui prend des accents fantastiques : la terre se convulse et se retourne au rythme des obus, prend vie sous la plume de Laurent Gaudé pour devenir une sorte d'entité mythique. On retrouve là un modèle qu'avaient déjà exploité les écrivains-combattants lorsqu'ils décrivaient avec une même teinte irréelle les ciels d'apocalypse du front, rayés de couleurs vives, ou l'aspect

12 La personnification se fait d'ailleurs insistante dans le roman. On lit un peu encore, par exemple « Nous sommes les fils de l'ogre. Ce grand siècle moutarde qui naît a commencé par tuer les hommes qui n'étaient pas les siens, et maintenant il nous regarde nous. Ses fils. Il sourit. Il a faim. » (*C* : 50)

surnaturel que prenait la terre éventrée. Barbusse évoque ainsi dans *Le Feu* le « fantastique décor des arbres massacrés » (Kessler-Claudet, 2005, p. 46), et Jünger, dans ses *Orages d'acier*, « le visage de cette contrée [...] sombre et fantastique » (1970, p. 63). Ce qui restait encore de l'ordre de la description hyperbolique chez les témoins directs devient toutefois chez Gaudé un véritable paradigme poétique. Dans une nouvelle intitulée « Je finirai à terre », sorte de paratexte à *Cris* publié en 2011, la guerre est ainsi narrée sur fond de légende panthéique. Trouée de part en part par les obus et gorgée de cadavres, la terre se métamorphose en une sorte de Gaïa vengeresse et donne vie à un Golem assoiffé de sang :

> La terre est debout. Elle gémit, elle crache. Elle veut écraser les hommes du poing comme on le fait des insectes, tous ces hommes qui lui courent sur le dos et la blessent de mille petites explosions. Elle va rôder, et partout où elle ira, elle engloutira ceux qu'elle croisera. Le monde va plonger dans la tourmente car la terre nous vomit. Nous l'avons offensée et son fils de glaise court dans les champs, le pas lourd, impatient de nous tuer. (Gaudé, 2011, p. 127)

La tonalité surnaturelle est ici plus exacerbée encore que dans *Cris* et repose sur une personnification poussée à l'extrême de l'élément tellurique auquel l'auteur confère un caractère sacré. Notons au passage que ce motif revient à plusieurs reprises dans les romans de l'auteur, et qu'il n'est pas spécifique à la Grande Guerre. La terre tremble aussi dans *La Porte des Enfers* (2008) ou dans *Danser les ombres* (2015) et se venge à chaque fois des humains par ses secousses meurtrières, s'insérant en même temps dans un registre mythico-épique cher à l'auteur. Il est intéressant de constater à ce sujet qu'une certaine conscience écologique vient s'immiscer dans la réflexion éthique que propose l'auteur sur la guerre et sur la culpabilité humaine : en donnant à voir une nature à la puissance fatale et merveilleuse, les romans cherchent aussi à rétablir un équilibre environnemental ancestral menacé par l'action humaine. Et la guerre devient ainsi, insensiblement, le terrain de projection narratif où le souvenir historique se mêle à des inquiétudes plus résolument contemporaines.

Le surnaturel permet en tout cas ici de renouveler l'écriture du traumatisme en offrant un espace de projection plus souple, plus saisissant et plus exacerbé que celui du strict réalisme[13]. Il provient à la fois de

13 Sur le réalisme magique comme vecteur de représentation du traumatisme, *cf.* Eugene Arva et Hubert Roland (2014).

procédés fantastiques (fondés sur une pratique de l'indétermination[14], de l'équivocité, comme le traitement de l'« homme-cochon » dans *Cris*), et de formes plus caractéristiques du réalisme magique grâce à l'introduction de véritables éléments merveilleux au sein du récit (comme le Golem). Ce faisant, le texte de Laurent Gaudé est représentatif d'une tendance contemporaine qui cherche à explorer – et renouveler – les modèles de représentation de la Grande Guerre à travers le surnaturel ou le mystère[15]. On en trouve d'éloquents exemples dans *Le Livre des Nuits* de Sylvie Germain (1981), *La Scie patriotique* de Nicole Caligaris (1997), *La Vigie* de Thierry Jonquet (2001) ainsi que dans une grande partie de la production romanesque de Xavier Hanotte. Ajoutons enfin que cette veine ne se limite pas à la Grande Guerre, mais qu'elle participe d'une tendance plus vaste du roman contemporain qui interroge régulièrement les spectres de l'Histoire par des voies irrationnelles ou déréalisées, faisant du surnaturel un instrument cognitif capable de sonder la mémoire endeuillée du siècle passé[16].

LA GUERRE JUSQUE DANS LA LANGUE DU ROMAN

Mais plus que la description diégétique de la guerre dans le roman, c'est sa présence dans la forme même du texte qui se révèle singulière chez Laurent Gaudé. Celui-ci fait de son récit une sorte de roman théâtral[17] conçu comme une série de monologues intérieurs (Gaudé est à l'époque encre davantage dramaturge que romancier). Les voix de douze personnages

14 Contre la définition qu'en donne Tzvetan Todorov, inféodée au concept d'« hésitation », nous préférons comprendre le fantastique comme un effet de lecture fondé sur divers effets d'indétermination, comme le propose Rachel Bouvet (1998).

15 Ce qu'avait déjà bien remarqué Griet Theeten dans son ouvrage sur les écritures contemporaines de 14-18 (2015, notamment dans le chapitre 2). *Cf.* aussi Branach-Kallas et Sadkowski (2016, p. 207-216).

16 On pourrait ici citer, entre autres, les romans d'Antoine Volodine, d'Alain Fleischer, de Sylvie Germain, de Nicole Caligaris ou de Bernard Lamarche-Vadel. Je me permets de renvoyer sur ce point à mes travaux de thèse (*Réenchantements critiques*, à paraître aux Presses du Septentrion, 2020), ainsi qu'aux articles de Dominique Rabaté (2010, p. 101-108) et de Dominique Viart (2012, p. 37-50).

17 *Cris* a d'ailleurs été porté sur scène deux fois (par Jean-Matthieu Zahnd en 2002 et par Stanislas Nordey en 2005).

se succèdent ainsi sur ce théâtre à ciel ouvert du front : celles de Jules, Marius, Boris, Quentin Ripoll, Dermoncourt, Castellac, Barboni, Messard, M'Bossolo, du Lieutenant Rénier, du Médecin, et du gazé[18].

Cette structure textuelle polyphonique a semble-t-il plusieurs fonctions. La première est liée à une visée panoramique : la démultiplication des voix et le vaste spectre de personnages « type » choisis par Gaudé permettent de brosser un tableau large et différencié de tous les individus présents sur le front. Comme dans une sorte d'anthologie des figures du combattant épique, on y trouve le soldat fort, le soldat apeuré, le déserteur, le soldat devenu fou, celui qui se suicide, le soldat d'outre-mer, sans parler du médecin, du lieutenant, et du gazé dont les noms se limitent d'ailleurs à leur seule fonction. Ces individus forment à eux tous une communauté narrative, réminiscence peut-être du chœur théâtral des tragédies grecques, qui rappelle en outre la primauté saisissante du « groupe » sur l'individu dans de nombreux romans de la Grande Guerre[19] (ce « nous » qui traverse l'écriture de Barbusse ou de Dorgelès en prenant le pas sur le « je »). Du monologue intérieur à la communauté panoramique, le roman réunit donc deux dynamiques *a priori* opposées : et s'il renoue avec une vision globale de la guerre et de ses acteurs, il s'attache aussi à représenter celle-ci selon une perspective toujours subjectivisée, témoignant par là-même d'une Histoire qui peinerait à se dire aujourd'hui en termes de factualité et d'objectivité[20].

Cette structure polyphonique engage aussi une fonction d'ordre affectif. Le discours à la première personne, qui s'écrit au fil de la pensée des personnages, donne au lecteur un large accès à leur intériorité et permet à l'auteur de recréer une certaine proximité en montrant les soldats avec toute la sympathie qu'il leur porte. À l'inverse d'écritures plus distanciées comme celle d'Echenoz, chez qui l'ironie empêche souvent l'empathie, le registre narratif vibre ici *avec* les personnages, incitant le lecteur à éprouver lui-même leurs peines, et exploitant avec force ce que Raphaël Baroni nomme la fonction « thymique » du discours (2007), fondée sur une affectivité génératrice de tension narrative.

18 Soulignons d'ailleurs que ce système polyphonique constitue l'une des constantes de l'écriture gaudéenne et que des romans comme *La Porte des Enfers*, *Ouragan* ou *Écoutez nos défaites* sont construits sur le même principe de démultiplication narrative.

19 *Cf.* Kessler, 2007, p. 15 : « Il ne s'agit pas pour lui [le narrateur] de "se" raconter mais de raconter les autres, les hommes à ses côtés – ou en face – et le "nous" domine le "je" ».

20 *Cf.* Viart, 2008 [2005], p. 145.

Mais la structure polyphonique ne s'articule pas seulement autour d'un motif communautaire, elle véhicule aussi l'idée d'une fragmentation narrative. Car la Grande Guerre est aussi celle qui morcelle durablement la conception de l'individu et noie l'être humain dans l'anonymité des flots de bataillons, de régiments et d'escouades, réduisant souvent le soldat à un simple « matricule n°X » (Guéno, 2012, p. 112). Ce phénomène a exercé une influence directe sur la structure narrative de nombreux récits de guerre. Barbusse et Dorgelès y répondaient par le déploiement d'un « nous » narratif uniforme et solidaire, d'autres auteurs encore par l'emploi impersonnel du pronom « on » (c'est le cas notamment d'Echenoz dans *14*). Laurent Gaudé, lui, fractionne l'entité narrative en une multitude de voix qui s'entremêlent sur un même plan, sans hiérarchie ni préférence (à l'exception peut-être de la voix de Jules qui ouvre et clôt le roman). En ce sens, la polyphonie intègre au niveau structurel l'idée d'une fragmentation identitaire et d'une déperdition de l'autorité narrative individuelle qu'aurait directement engendrée la Grande Guerre.

Ce processus d'implosion du sujet est d'autant plus intéressant qu'il s'étend jusque dans la construction phrastique : courtes, broyées, les phrases que l'auteur met dans la bouche de ses personnages-narrateurs se limitent souvent à un ensemble d'injonctions rassemblées autour d'un noyau verbal réduit. « Tire et tue », répète ainsi inlassablement Dermoncourt, hébété et comme abruti lors d'une scène d'assaut. Le rétrécissement des phrases (et de la pensée) dépasse en outre le seul cadre du champ de bataille pour devenir un principe narratif plus général : même à l'arrière, la phrase se morcelle et convoque à nouveau le ton injonctif, comme si les pensées de Jules étaient contaminées par les ordres reçus sur le front : « Je marche. Sans lever la tête. Sans croiser le regard de ceux que je dépasse. Ne rien dire à personne. Ne pas répondre si l'on s'adresse à moi [...]. Il faut marcher. Tête baissée. » (*C* : 11).

La fragmentation informe donc non seulement la structuration de l'instance narrative, démultipliée, mais aussi le mode discursif général du texte fondé sur le morcellement phrastique. Dans les deux cas, elle s'article autour du motif de la voix brisée, dédoublée, empêchée, et c'est justement par ce prisme de la vocalité que Laurent Gaudé questionne dans son roman la dicibilité, aujourd'hui, de la guerre et de son traumatisme : peut-on écrire encore sur une guerre qu'on n'a pas faite soi-même autrement que par fragment, par bribe, autrement qu'en ayant, littéralement, le « souffle coupé » ? La fragmentation est ici à comprendre comme un symptôme contemporain (ce que suggérait déjà Pierre Garrigues dans son essai sur les *Poétiques du fragment*[21] en 1995), et il faudrait replacer *Cris* au côté d'autres romans comme *La Route des Flandres* de Claude Simon ou *Les Champs d'honneur* de Jean Rouaud qui, chacun à leur manière, témoignent à travers le choix de la structure textuelle d'une histoire appréhendée par fragments épars.

En ce sens, les récits de guerre contemporains sont sans doute aussi influencés par un questionnement postérieur à la Grande Guerre, mais qui a laissé de profondes traces dans la littérature, celui de l'indicibilité de l'Histoire, et notamment de l'Histoire post-génocidaire. Les positions d'Adorno ou de Maurice Blanchot au sujet du caractère nécessairement fragmentaire de l'écriture après l'Holocauste ont connu, on le sait, une large résonance dans le champ littéraire, et il est tout à fait légitime d'imaginer que de telles réflexions continuent d'influencer les écrivains contemporains dans leur manière d'appréhender un événement historique, même si cet événement – la Grande Guerre – est en l'occurrence antérieur à ces questionnements.

Le motif de la fragmentation vient dire ainsi ce moment où la voix s'arrache devant ce qui ne peut être dit, où elle constate son impossibilité à mettre des mots sur ce qu'elle voudrait décrire. La difficulté que les hommes ont à communiquer est patente tout au long de *Cris*. Les soldats restent emmurés dans des monologues intérieurs qui empêchent tout dialogue d'advenir, et leurs mots même semblent se fondre dans un régime aporétique qui condamne la parole au mutisme : « Je ne parlerai plus. La pluie de pierre m'a fait taire à jamais » (*C* : 126). À cette impossibilité de dire se joint l'impossibilité d'entendre : les soldats que la guerre a rendus « sourd[s] au monde » (*C* : 75) ne parviennent plus à se réintégrer à la communauté, et à l'arrière, les civils refusent d'accueillir le témoignage des soldats rentrés du front (*C* : 39 ; 107). Dans cet univers où la parole est empêchée, où l'écoute demeure impossible, la voix ne peut plus alors s'articuler qu'en cri.

---

21 Garrigues envisage le fragment (de Blanchot à Jabès, Char, Dupin, Barthes ou Perec) comme une technique d'écriture érigée en éthique de refus de la totalité qui questionne et problématise les assurances de la littérature (héritière en ce sens du « soupçon » formaliste) mais aussi celles de l'Histoire comme totalité objective.

DU CRI AU ROMAN
Empêchement vocal et dynamisation textuelle

Le titre du roman se révèle programmatique, le « cri » valant à la fois comme motif thématique et comme ambition esthétique. Il rassemble ainsi les cris des soldats face à la douleur physique, quand le médecin rappelle « Il y a trop de cris. Je n'entends plus les voix » (*C* : 18) ; les cris encore de l'homme-cochon, que la folie transforme en « énormes gargarismes obscènes » (*C* : 27) ; les cris encore de Barboni qui hurle à la mort dans les tranchées ; et enfin et surtout les cris du roman qui traduit ici la manière dont la guerre laisse les soldats (et la littérature) « bouche bée » (*C* : 126) – il s'agit là d'ailleurs des tout derniers mots du texte.

Dans sa *Poétique du récit de guerre*, Jean Kaempfer faisait de l'inénarrable le seul et impossible objet du récit de la Grande Guerre[22]. Une inénarrabilité double, qui reposerait d'une part sur l'impossibilité d'exprimer par des mots un déchaînement de violence qui résiste à l'entendement, et de l'autre sur la difficulté de la littérature à faire évoluer ses formes pour y parvenir. Or force est de constater à la suite de Kaempfer que ce motif de l'inénarrable exerce précisément une fascination féconde, à en juger par le nombre de récits littéraires qui s'attèlent à cette périlleuse entreprise. Bien loin d'inhiber l'écriture, l'empêchement narratif constitue un moteur littéraire puissant qui permet aux écrivains d'interroger les formes traditionnelles de l'écriture, ses possibilités et ses limites. C'est bien dans cette perspective qu'il faut comprendre l'omniprésence du cri chez Laurent Gaudé. Situé en-deçà du langage, le cri permet de donner corps à l'en-dehors des mots : aux émotions violentes, aux traumatismes. « Le cri touche à l'indicible » écrivait Alain Marc (2000, p. 30) : il *ex*-prime ce que ne peuvent dire les mots parce qu'il ressort du domaine de l'inarticulable, du désarticulé[23]. En mettant en scène le cri figé des soldats et ce moment où la parole textuelle se crispe, Gaudé propose de faire du cri un modèle poétique d'écriture de la guerre.

Ajoutons en outre que le cri, conçu comme une onde de choc qui arrive aux oreilles des témoins, implique l'idée d'une résonance (cela

---

22 Kaempfer, 1998, p. 273. Voir plus généralement le chapitre 11 intitulé « Le roman de 14-18. Rhétorique », p. 237-273.

23 *Cf.* Morisson, 2017, p. 6.

est loin d'être anodin) et permet donc aussi d'infléchir le problème de la réception. Une réception double : celle du difficile témoignage des soldats à l'arrière, alors que les civils sont prompts à préférer les mensonges héroïques à la vérité décevante d'une guerre sans gloire ; mais également la réception contemporaine du roman lui-même, car il s'agit aussi pour l'auteur de faire entendre à ses lecteurs les voix d'une guerre vieille alors de presque un siècle, et d'interroger la résonance mémorielle du cri à travers les âges. La démarche de Gaudé est ici à replacer dans une mouvance relativement symptomatique de l'écriture contemporaine de l'Histoire et qui, selon Dominique Viart, s'intéresse moins aux événements historiques en eux-mêmes qu'au processus mémoriel qu'ils engagent[24]. Il ne s'agit plus de témoigner avec authenticité de la guerre mais de poser la question des possibilités d'expression de ce passé « qui ne passe pas » – pour reprendre de manière anachronique la célèbre formule d'Henry Rousso (1994).

Ce sont donc finalement les modalités du témoignage qui sont ici en jeu. Et le procédé de mise en abyme sur lequel se referme le roman en souligne l'importance, alors que Jules cherche une manière de dire ce que le monde refuse d'entendre, et de faire enfin taire les voix des soldats morts qui le hantent et exigent de parler à travers lui. La communication verbale échoue pourtant, et en l'absence d'auditeurs, les mots ne parviennent pas à faire œuvre de sépulture. Jules, alors, se tournera vers la puissance de la sculpture :

> Partout. Je ferai naître ces statues immobiles. Elles montreront leurs silhouettes décharnées. Le dos voûté, Les mains nouées. Ouvrant de grands yeux sur le monde qu'elles quittent. Pleurant de toute leur bouche leurs années de vie et leurs souvenirs passés [...]. À chaque statue que je finis, la voix qui me hante se tait. Ils savent maintenant que je suis les mains de la terre et qu'ils ne mourront pas sans que je leur donne un visage. Ils savent maintenant qu'ils n'ont pas besoin de cris pour être entendus. Une à une les voix s'apaisent. [...] Et mes frères de tranchées savent qu'il est ici des statues qui fixent le monde de toute leur douleur. Bouche bée. (*C* : 126)

À travers la figure de Jules devenu sculpteur, c'est bien le processus d'écriture qui se dessine. Et à l'image de ces statues bouche bée, le texte « pétrit » aussi des voix empêchées, sommées de résonner malgré tout pour commémorer

24 *Cf.* Viart, 2010, p. 11-39 (Viart parle à ce sujet notamment d'une « éthique de la restitution », et de ce qu'il appelle le « roman archéologique »).

encore, pour empêcher l'oubli et laisser s'exprimer le cri[25] : « La terre est là, qui demande son cri. Je dois être évident. Imposer le chant. Ne pas abdiquer » (*C* : 112). Il n'est bien sûr pas anodin que Jules devienne sculpteur et non écrivain, et que son travail artistique s'effectue dans le silence des mots, à même cette glaise qui rappelle la boue des tranchées. L'écriture semble guidée ici par une forme de pudeur qui consisterait à ne pas succomber au lyrisme des mots, à résister à un langage trop haut et trop spectaculaire. Et pourtant, la force narrative du passage montre bien à quel point c'est justement par les mots que Laurent Gaudé cherche à toucher le lecteur, à marquer les esprits[26]. Voilà le paradoxe de cette fin de roman : c'est autour du cri inarticulé, déverbalisé, que Gaudé envisage le témoignage, mais c'est dans un passage final particulièrement emphatique qu'il en illustre les procédés. Cette volonté du mot malgré tout, et du mot littéraire, semble répondre à une idée qui traverse la production romanesque de l'auteur : celle de la nécessité, aujourd'hui, de « mettre des mots sur le monde » (la formule revient à de nombreuses reprises dans son roman *Écoutez nos défaites*, paru en 2016), des mots non-assertifs, qui restent comme en suspens, et questionnent, critiquent, mettent en doute, afin de maintenir toujours le lecteur en alerte.

Tour à tour criés, brisés, tus, fantastiques ou lyriques, les mots de *Cris* illustrent bien cette visée, et le roman puise sa force dans la manière dont il thématise l'empêchement du discours. La guerre y sert de prisme à travers lequel envisager le siècle passé depuis le point de vue d'un XXIe siècle balbutiant, et permet d'interroger le rapport qu'entretiennent aujourd'hui la littérature et la mémoire historique. La présence obsédante du cri, de la parole empêchée, nécessaire pourtant, se révèle symptomatique d'un présent toujours en proie à la hantise du passé, inapte, dans une certaine mesure, à surmonter celle-ci, mais inapte aussi à se résoudre au silence – quitte à faire de ce silence impossible, inacceptable, la matière même du roman.

Anne-Sophie DONNARIEIX
Université de Regensburg

25 *Cf.* Vincent-Arnaud, 2017, p. 187-195.

26 Dans les dernières pages du livre, l'emploi récurrent des subjonctifs imparfaits, du passé simple et d'un vocabulaire particulièrement travaillé, offre d'ailleurs un contraste fort face à la langue simple et parfois argotique des poilus que l'on trouvait par exemple chez Barbusse.

BIBLIOGRAPHIE

ALAIN, *Les Passions et la Sagesse*, Paris, Bibliothèque de la Pléiade, 1960 [1921].

ARVA, Eugene et ROLAND, Hubert (dir.), *L'Écriture des traumatismes et le réalisme magique, Interférences littéraires / Literaire interferenties*, n° 14, octobre 2014.

BARBUSSE, Henri, *Le Feu*, Paris, Flammarion, coll. « Le Livre de poche », 1965 [1916].

BARONI, Raphaël, *La Tension narrative. Suspense, curiosité et surprise*, Paris, Seuil, coll. « Poétique », 2007.

BRANACH-KALLAS, Anna et SADKOWSKI, Piotr, « La possession par les "pouvoirs de l'horreur" de la Grande Guerre », *Romanica Silesiana*, n° 11, Katarzyna Gadomska Krzysztof Jarosz (dir.), *La Peur*, 2016, p. 207-216.

BOUVET, Rachel, *Étranges récits, étranges lectures. Essai sur l'effet fantastique*, Montréal, Balzac-Le Griot, 1998.

CONAN, Éric et ROUSSO, Henry, *Vichy, un passé qui ne passe pas*, Paris, Fayard, 1994.

DONNARIEIX, Anne-Sophie, « Entre une esthétique de la déshumanisation et une éthique humaniste : le cas du *Grand Troupeau* de Jean Giono », *in* Jochen Mecke et Marina Hertrampf (dir.), *La Grande Guerre dans la littérature et le cinéma*, *Romanische Studien*, Beiheft n° 9, 2019, p. 69-81.

DRIEU LA ROCHELLE, Pierre, *La Comédie de Charleroi*, Paris, Gallimard, 1960.

DUGAST, Francine, « Le Nouveau Roman et l'Histoire après 1980 », *in* Dominique Viart (dir.), *Nouvelles écritures littéraires de l'Histoire*, Caen, Lettres Modernes Minard, p. 41-72.

GARRIGUES, Pierre, *Poétiques du fragment*, Paris, Klincksieck, coll. « esthétique », 1995.

GAUDÉ, Laurent, *Cris*, Arles, Actes Sud, 2004 [2001].

GAUDÉ, Laurent, *Écoutez nos défaites*, Arles, Actes Sud, 2016.

GAUDÉ, Laurent, « Je finirai à terre » *in* : *Les Oliviers du Négus*, Arles, Actes Sud, 2011.

GUÉNO, Jean-Pierre (éd.), *Paroles de poilus. Lettres et carnets du front 1914-1918*, Paris, Flammarion, coll. « Librio », 2012.

HARTOG, François, *Régimes d'historicité. Présentisme et expériences du temps*, Paris, Seuil, 2003.

HOBSBAWM, Eric, *The Age of extremes*, Londres, Michael Joseph, 1994.

JÜNGER, Ernst, *Orages d'acier*, Henri Plard (trad.), Paris, Christian Bourgois, 1970.

KAEMPFER, Jean, *Poétique du récit de guerre*, Paris, José Corti, 1998.

KESSLER-CLAUDET, Micheline, *La Guerre de quatorze dans le roman français contemporain*, Paris, Armand Colin, 2005.

MARC, Alain, *Écrire le cri. Sade, Bataille, Maïakovski…*, Orléans, L'Écarlate, 2000.

MARTIN DU GARD, Roger, « Lettres à un ami [Marcel Lallemand] sur des questions de politique », *Nouvelle Revue Française*, n° 72, 1958, p. 1146-1153.

RABATÉ, Dominique, « Logiques du pire. (*Un des malheurs* et *La Scie patriotique*) », *in* Marie-Hélène Boblet et Bernard Alazet, (dir.) *Écritures de la guerre aux* XX*e et* XXI*e siècles*, Dijon, Éditions Universitaires de Dijon, 2010, p. 101-108.

RIEGEL, Léon, *Guerre et littérature*, Paris, Klincksieck, 1978.

RIEUNEAU, Maurice, *Guerre et révolution dans le roman français de 1919 à 1939*, Paris, Klincksieck, 1974.

ROUAUD, Jean, *Les Champs d'honneur*, Paris, Minuit, 1990.

SCHOENTJES, Pierre, « "Comment on meurt et comment on tue" : la Grande Guerre et la mort dans le roman contemporain (1980-2005) », *in* Dominique Viart (dir.), *Nouvelles écritures littéraires de l'Histoire*, Caen, Lettres Modernes Minard, 2009, p. 189-215.

SCHOENTJES, Pierre, *Fictions de la Grande Guerre. Variations littéraires sur 14-18*, Paris, Classiques Garnier, 2009.

THEETEN, Griet, *La Grande Guerre revisitée. 14-18 dans le roman français contemporain*, Genève, Droz, 2015.

VIART, Dominique et VERCIER, Bruno, *La Littérature française au présent. Héritage, modernité, mutations*, Bordas, Paris, [2005] 2008.

VIART, Dominique, « Nouveaux modèles de représentation de l'histoire en littérature contemporaine », *in* Dominique Viart (dir.), *Nouvelles écritures littéraires de l'Histoire*, Caen, Lettres Modernes Minard, 2009, p. 11-39.

VIART, Dominique, « Vers une poétique "spectrale" de l'Histoire », *in* Jutta Fortin et Jean-Bernard Vray (dir.), *L'Imaginaire spectral de la littérature narrative française contemporaine*, Saint-Étienne, Publications de l'Université de Saint-Étienne, 2012, p. 37-50.

VINCENT-ARNAUD, Nathalie, « Corps, chœurs et cris : les voix de la guerre dans *War Requiem* de Benjamin Britten, *Cris* de Laurent Gaudé et *Suivront mille ans de calme* d'Angelin Preljocaj » *in* Valérie Morisson (dir.), *Le Cri dans les arts et la littérature*, Dijon, Éditions Universitaires de Dijon, 2017, p. 187-195.

DIRE LA GUERRE

Le Clézio et la quête itérative de la paix

Le thème de la guerre est omniprésent dans l'œuvre de Le Clézio et revêt plusieurs aspects. Pour dire la guerre, le lauréat du Prix Nobel ne lésine sur aucune source, avec une préférence pour l'Histoire cependant. Les conflits ayant ponctué le cours de l'Histoire se retrouvent d'un texte à l'autre, à l'instar de *Le Chercheur d'or*[1] dans lequel il relate la Première Guerre mondiale. Aussi convient-il de s'interroger sur le choix de cette source. Quels procédés utilise l'écrivain pour la transposition du matériau historique au plan littéraire ? Pourquoi le choix du réalisme au détriment de la fiction pure ? Le travail s'articule autour de trois axes majeurs : analyser les représentations de ce conflit, examiner ses impacts sur le destin des personnages et dire en quoi l'œuvre de Le Clézio s'apparente à un plaidoyer pour la paix. Grâce aux outils de la narratologie, nous verrons comment les différentes structures du récit se recoupent pour faire sens.

L'ESTHÉTISATION DU CONFLIT

Bien que fictive, l'œuvre de Le Clézio, quand elle évoque les guerres, porte des stigmates qui tendent à la rapprocher du réel. Un bon nombre de procédés dont les références spatiotemporelles et les personnages la rattache à l'Histoire.

1 Abrégé *CO*.

LE CHRONOTOPE DE LA GRANDE GUERRE

La guerre est aussi présente dans l'œuvre de Le Clézio qu'elle l'est dans l'Histoire : « 1 000 ans d'Histoire, 1 000 ans de guerre » écrit-il dans *La Guerre* (1992, p. 122). Il évoque la Première Guerre mondiale dans *Le Chercheur d'or* à travers le parcours du soldat Alexis et campe le récit dans des espaces et un temps bien déterminés : hiver 1915 à Ypres et été 1916 à Somme. Les références spatiales sont légions dans le récit : « Guillemont », « Verdun », « Pozières », « Thyepval », « Combles », entre autres, théâtres de la grande guerre, y foisonnent. Mettre dans un récit fictif des indices repérables sur une carte consiste à lui donner du crédit. L'espace qui, à ce niveau, assure une fonction de localisation, amplifie le réalisme.

Les indices temporels, tout aussi nombreux, ajoutent à celui-ci. Chaque bataille est datée et campée dans un espace précis : « Le 14 juillet, après l'attaque, pour la première fois la cavalerie anglaise charge à découvert au milieu des trous de bombes. Avec le Corps australien, nous entrons dans Pozières… » (*CO* : 298) témoigne Alexis. L'espace-temps, structure fondamentale dans cette narration, joue sa partition et conditionne le déroulement des combats ; il est tour à tour adjuvant et opposant (p. 288). Aussi note-t-on une multitude d'indicateurs tels que les saisons, les mois, « le jour », « la nuit », « l'aurore », « au matin »… Ils marquent le souci de précision du narrateur. Pour souligner le caractère ininterrompu des combats, celui-ci explique : « Le jour, la nuit, les canons tonnent, et une lueur embrase le ciel autour de nous, au-dessus des collines » (*CO* : 292).

Ces précisions contribuent au réalisme et donnent au récit les allures d'un journal de guerre. Le texte n'est pas sans rappeler *Le Feu* d'Henri Barbusse, à dessein sous-titré « Journal d'une escouade ». C'est pourquoi, quand Alexis raconte les affres des combats, le texte tend à s'apparenter à un récit filmique.

LE DÉPLOIEMENT DE LA GUERRE

Soucieux d'actualiser le récit et de le rendre plus vif, le narrateur fait usage de la narration simultanée ; la narration s'assimile alors à un reportage : « Au milieu de la plaine, les bombes qui creusent des cratères de plus en plus près nous obligent à fabriquer des abris pour la nuit […]. Au matin, alors que nous dormons les uns contre les autres, un sifflement d'obus nous réveille en sursaut. La déflagration est si forte que nous nous écroulons malgré l'étroitesse du boyau. » (*CO* : 282) La narration, bien qu'ultérieure, se fait au présent et le narrateur, homodiégétique, s'exprime en sa qualité de témoin oculaire. Ce procédé actualise le récit et légitime l'objectivité du narrateur, et au-delà de celui-ci, de l'auteur.

Le système des alliances[2] se profile à travers les protagonistes et met en relief les forces en présence tandis que « les canons anglais [...] répondent aux canons allemands ». (*CO* : 282) Le regard camera d'Alexis capte les instantanés :

> À peine un léger nuage de fumée bleuâtre, qui flotte ici et là, à la limite des collines sombres ; les Allemands sont enterrés dans des trous d'obus, ils balaient le champ avec leurs F.-M. Déjà les hommes tombent, brisés, pantins sans ficelle, s'écroulent par groupes de dix, vingt [...]. Et les claquements des fusils qui résonnent dans le ciel vide, les saccades des F.-M. Devant, derrière, partout, laissant flotter dans le vent tiède leurs petits nuages transparents (CO : 295).

Les stratégies de combat dont les tranchées (*CO* : 278, 300) et l'usage des gaz comme armes de guerre, prisées lors de la Première Guerre mondiale accentuent le réalisme ; Alexis précise : « Le 23 avril : suivant le premier lâcher de gaz au-dessus des lignes françaises, nous contre-attaquons sous les ordres du Colonel Geddes, avec la 13e Brigade et les bataillons de la 3e Brigade canadienne. » (*CO* : 282) Le Colonel David Geddes, fervent combattant tué le 28 avril 1915 au cours de la bataille d'Ypres est une figure de la grande guerre, et non un être de papier, tout comme les généraux French, Haig, Rawlinson, Snow, Cough... Le récit s'apparente à ce niveau à un journal, un mémoire dont l'objectif est de mentionner les événements au jour le jour, comme pour en souligner l'authenticité. Dans cet univers où personnes et personnages se côtoient, Le Clézio donne à voir la Grande Guerre aussi bien du point de vue de la logistique que des dégâts qu'elle a engendrés.

2 Triple entente (Royaume-Uni, France, URSS). Triple alliance (Allemagne, Autriche-Hongrie, Italie).

LES INCIDENCES DES CONFLITS

L'œuvre de Le Clézio met en exergue les bouleversements nés de la guerre à divers niveaux. Les premières victimes de la guerre sont logiquement les combattants parce qu'ils en sont les principaux acteurs.

LES SOLDATS

Le Chercheur d'or s'apparente à un livre de guerre en ce sens qu'il dépeint la Première Guerre mondiale dans son déploiement et met un accent particulier sur l'horreur des champs de bataille. Il laisse voir et entendre les affres des combats dont Alexis est témoin. Narrateur homodiégétique et même autodiégétique, il décrit les réalités de la guerre dont la mort : « [...] tous nous avons vu la mort, les camarades que les balles des mitrailleuses jettent en arrière, pliés en deux comme par un coup de poing invisible, ceux que les obus éventrent ou décervellent ». (*CO* : 288) La narration s'assimile à un reportage, ce qui explique l'emploi du présent de l'indicatif dans une narration ultérieure :

> J'entends les ordres d'attaquer, lancés par les officiers comme tout à l'heure. Je cours de nouveau droit devant moi, vers les trous d'obus où sont enterrés les F-M. [...] Les hommes courent en rangs serrés vers les collines. Les F-M, cachés dans d'autres trous balaient le champ, tuent les hommes par dix, par vingt. Avec deux canadiens, je boule dans un trou d'obus occupé par des corps d'Allemands. Ensemble, nous jetons par-dessus bord les cadavres [...]. Je sens le souffle des canons devant moi, j'entends le hurlement des obus lourds qui passent sur nos têtes (*CO* : 296).

Le champ lexical de l'horreur est dense : « tuent », « morts », « corps », « cadavres » et les images et comparaisons sont tout aussi nombreuses ; les soldats sont ainsi réduits à des corps inertes. Les machines de guerre, forces destructives, cessent d'être des objets et sont érigées en monstres, en ogres assoiffés de victimes : « Sous la pluie, nos bottes résonnent étrangement, comme si nous étions arrivés au bout du monde, à la frontière même du néant [...]. Plus loin dans les tranchées qui continuent les rues du village, on entend à nouveau le grondement des canons, et très loin, le hoquet des obus » (*CO* : 301-302). Personnifiés, les canons et les obus accèdent au statut de personnages anthropomorphes tandis que les êtres humains sont réifiés. Pris en otage dans un espace sans repères, les soldats côtoient la mort devenue omniprésente : « C'est la mort qui nous est devenue familière, indifférente. Peu à peu, elle a décimé les rangs de ceux que j'avais connus les premiers jours, quand nous roulions dans les wagons blindés vers la gare de Boves » (*CO* : 279). Le mode narratif pour évoquer la mort est répétitif, comme pour en souligner la récurrence. La faucheuse, parce qu'elle règne en maîtresse sur les champs de bataille, n'épargne aucun camp et opère de diverses manières : « Nous ne sommes pas des néophytes[3], tous nous avons vu la mort, les camarades que les balles des mitrailleuses jettent en arrière, pliés en deux comme par un coup de poing invisible, ceux que les obus éventrent ou décervellent. » (*CO* : 288) Le narrateur ne fait pas usage de l'analepse bien qu'il s'agisse d'un fait antérieur à la narration ; l'objectif est ici de mettre en exergue les réalités de la guerre comme si le lecteur en était témoin. Cette technique d'écriture est sous-tendue par des objectifs prédéfinis : « Les images sont parfois chargées d'affects qui leur permettent d'exercer une emprise envoûtante [...]. Le cinéma comme la littérature remplit une double fonction : à la fois offrir des preuves et construire une réalité qui se prolonge dans nos rêves. » (Roussel-Gillet, 2011, p. 125).

La dure réalité de la guerre modifie l'idée que les jeunes recrues en avaient : « Nous pensions à la mort autrement, quand nous sommes venus pour la première fois, de si loin : la mort glorieuse, au grand jour, l'étoile de sang sur la poitrine » (*CO* : 284). Vivre la guerre se révèle une expérience édifiante quant à ce qu'elle est véritablement. L'usage des analepses permet d'évaluer le degré de la transformation qui s'est opérée chez les protagonistes ; elles établissent un parallèle entre le passé et le présent, l'idée et la réalité, le discours et l'expérience. L'idée de la mort teintée d'héroïsme cède la place à l'angoisse, à la déception et à l'amertume, sur fond de désillusion, et l'excitante aventure se mue en une déconvenue. C'est pourquoi Monsieur X. dans *La Guerre* invite Béa B. à faire l'expérience de la guerre : « J'espère que tu pourras venir ici pour voir ce qu'est la guerre, comment ça se passe réellement. » (*La Guerre*, p. 125)

Le malaise est encore plus grand lorsqu'il s'agit des enfants soldats. Ils sont de fait plus exposés que le soldat conventionnel, faute de

---

3 « Nous ne sommes des néophytes », revient comme un leitmotiv dans le discours d'Alexis, comme pour souligner l'expérience acquise au contact des armes.

formation et d'expérience. Odilon et bien d'autres très jeunes soldats dans *Le Chercheur d'or*, Mario, Yohanan, Jacques Berger dans *Étoile errante*, les enfants affamés d'Umahia, d'Aba, d'Owerri dans *Onitsha*, et bien d'autres jeunes enfants ne verront pas la fin des conflits dans lesquels ils sont enrôlés et dont ils ignorent quelquefois jusqu'aux raisons d'être.

À la mort se greffent la faim, la soif, le froid, la solitude… Exposés à l'ennemi autant qu'aux aléas climatiques, les soldats qui échappent à la mort sont tout juste des survivants dont la vie ne tient qu'à un bout de fils : « L'été brûle, jour après jour. Nous dormons là où l'attaque nous a conduits, n'importe où, couchés à même la terre, abrités du serein par un morceau de toile. » (*CO* : 298) Le soldat avance au gré du combat et non au rythme du confort ou de la sécurité et son destin, somme toute précaire, est le même, quel que soit le camp. Alexis résume : « Nous ne sommes pas des néophytes, ni les uns, ni les autres. Tous, nous avons eu notre part de misère, nous avons couru des dangers. Tous, Canadiens, français de la 13e Brigade d'infanterie, coloniaux Indiens de la 27e et de la 28e division. » (*Idem*) Les jeunes hommes vigoureux d'antan ne sont plus que l'ombre d'eux-mêmes : « La fatigue, la faim, la fièvre ont troublé notre mémoire, ont usé la marque de nos souvenirs. » (*CO* : 279) Épuisés, isolés, les soldats sombrent dans l'aphasie, et certains, mois résistants que d'autres, frôlent la folie ou restent à jamais marqués : « Cela fait une douleur, une brûlure au fond de notre corps qu'on n'oublie pas, quoi qu'on fasse. » (*CO* : 284) Certains maux de la guerre résistent alors au temps à l'instar des traumatismes post-conflits. Mais il n'y a pas que les soldats qui sont affectés par la guerre.

LES DÉGÂTS COLLATÉRAUX

Dans l'optique de donner une vue globale des méfaits de la guerre, Le Clézio étend le point de vue au-delà des champs de batailles. « La guerre, déclare Alexis ça n'est pas une histoire de femmes, c'est même le contraire, c'est la plus stérile de toutes les réunions d'hommes. » (*CO* : 281) Si dans le récit dont il a la charge, l'écrivain choisit d'exclure la gent féminine des champs de bataille, cela ne signifie pas qu'elle est à l'abri des affres des guerres[4]. Les figures de la veuve, de l'orphelin et

4 Cela ne signifie pas non plus qu'il n'y a pas de femmes soldats sous la plume de Le Clézio. L'on retrouve l'image des amazones par exemple dans *La Quarantaine*.

des personnages âgés en situation difficile sont assez récurrentes dans l'œuvre de Le Clézio et ces difficultés sont dans bien des cas liées à la guerre. Elles sont souvent ramenées au premier plan au détriment des soldats comme pour souligner les impacts de la guerre sur leurs destinées respectives. Dans *Étoile errante* par exemple, l'on observe une sorte d'accumulation de l'image de la veuve et de l'orphelin dont Nejma, Esther, Roumiya, Nora, Élisabeth. Les brisures familiales sont légion comme le souligne Mbassi Atéba : « L'un des phénomènes qui frappent dans l'œuvre de Le Clézio est la mort du père ou du conjoint : mort réelle ou symbolique qui jure avec l'abandon de la famille par un parent décédé ou son départ pur et simple. Dans les deux cas, on assiste à une redondance d'orphelins et à l'amplification du veuvage. » (Mbassi, 2008, p. 81) Orphelines de guerre, beaucoup, à l'adolescence, perdent leurs partenaires alors qu'elles sont de futures mères. Elles sont précocement veuves et mettent au monde des enfants qui ne connaîtront jamais leurs pères, parce que ces derniers sont morts, disparus ou détenus. C'est le constat fait par Alexis alors que la guerre est loin d'être achevée : « Sur la voie ferrée miraculeusement intacte, les wagons sont renversés, éventrés, des corps sont accrochés à des machines, pareils à des pantins de chiffon [...] Entrent dans la ville des cohortes des prisonniers, lamentables, minés de maladies et de blessures. » (*CO* : 302). La guerre disloque ainsi les familles et entraine de nombreux bouleversements dont l'errance, l'exil, l'abandon des études, des troubles psychologiques, etc.

Mais, sous la plume de Le Clézio, l'environnement est tout aussi victime de la guerre. Les lieux qui abritent la guerre sont également marqués par la violence des affronts : « Alors autour de nous le cercle de feu s'est refermé [...] Alors nous avançons dans un paysage désert, labouré de coups, où seuls se dressent des troncs sans branches des arbres calcinés. » (*CO* : 280-281). À l'instar des soldats, l'espace subit les impacts des différents combats. Alexis dit d'un village dont il n'a jamais connu le nom que « les rues sont désertes, les maisons en ruine » (*CO* : 299), ce qui évoque les exodes massifs et les phénomènes d'exil et d'errance. Quand il n'est pas complètement déserté, le théâtre de guerre subit les rigueurs des combats : « Partout autour de nous, les rues crevées, les maisons effondrées. » (*CO* : 302) Pour dégager l'ampleur des dégâts, Alexis multiplie les parallèles. Il évoque ce qu'étaient la ville d'Ypres et ses environs avant la guerre et ce qu'ils sont devenus après :

> Alors devant le paysage était encore intact, vallonnements d'arbres rouillés par l'hiver, fermes dans leurs champs, pâturages tâchés d'eau, enclos, alignements de pommiers, et au loin, la silhouette de la ville d'Ypres, avec sa flèche de pierre qui émergeait de la brume. Maintenant, à travers le viseur de la mitrailleuse, je ne vois qu'un chaos de terre et d'arbres brûlés. Les obus ont creusé des centaines de cratères, ils ont détruit les forêts et les hameaux, et le clocher d'Ypres penche comme une branche brisée. (*CO* : 284-285)

L'emploi de l'imparfait opposé au déictique « maintenant » met en exergue les changements intervenus dans cet espace jadis plein de vie et qui n'est après la guerre que tristesse et désolation. Il en est de même des bois de bouleaux, autrefois symboles d'amour, de bonheur et des jours inoubliables :

> Je crois qu'aucun de nous ne peut s'empêcher de rêver à ce qu'il existait ici, avant cette guerre ; cette beauté, ces bois de bouleaux immobiles où l'on entendait le cri de l'effraie, les murmures des ruisseaux, les bonds des lapins de garenne. Ces bois où vont les amants, après le bal, l'herbe encore tiède de la lumière du jour où les corps roulent et s'enlacent en riant. Les bois, le soir, quand des villages montent des fumées bleues, si tranquilles, et sur les sentiers les silhouettes des petites vieilles qui fagotent. (*CO* : 299)

À travers cette évocation lyrique, se lisent la tristesse et la nostalgie des jours heureux et s'instaure alors le mythe du paradis perdu. De la « la terre déchirée par les obus » (*CO* : 285) au « ciel sali », « terni » à l'air « empoisonné », aucun aspect de la vie n'échappe à la guerre.

Dans *Le Chercheur d'or*, Le Clézio met également un accent particulier sur les chevaux en tant qu'actants. Leur présence sur le champ de bataille en fait des personnages davantage anthropomorphes que zoomorphes. C'est aussi pourquoi il ne manque pas de relever les impacts de la guerre sur eux : « Les cadavres des chevaux sont arrivés à la gare d'Albert [...] Chaque jour, les tombereaux apportent des montagnes des carcasses des chevaux morts et les versent dans les champs d'herbe près de la rivière. » (*CO* : 288) L'image des « chevaux morts à la guerre » (*idem*) revient de façon itérative dans la narration. C'est pourquoi lorsqu'Alexis dresse le bilan des dégâts générés par la guerre, il n'épargne pas la gent animale : « Avec [les prisonniers], des mules, des chevaux boiteux, des ânes maigres. » (*CO* : 302)

Les maux de la guerre, qu'ils soient physiques ou psychologiques, qu'ils soient vécus par les soldats ou les civils, affectent de manière profonde les uns et les autres. La puissante dévastatrice de la guerre est en effet telle que rien ne lui résiste : « La guerre efface les souvenirs, elle dévore les plaines d'herbe, les ravins, les maisons des villages, et même les noms qu'il a connus. » (*O* : 274). Les dégâts causés par la guerre n'épargnent ainsi aucun domaine de la vie et l'écrivain de son côté use de tous les moyens dans le combat qu'il lui livre.

LE REFUS DE LA BELLIGÉRANCE

Le fait de représenter la guerre dans sa production littéraire est révélateur de l'intérêt que l'écrivain accorde au sujet, et la manière dont il en parle met en relief sa position par rapport au phénomène. Le refus de la guerre chez Le Clézio se traduit en effet par le choix d'un certain nombre de procédés, dont la création de personnages à l'esprit non belliqueux.

DES PROTAGONISTES CONTRE LA GUERRE

Figures principales des conflits, les soldats, sous la plume de Le Clézio, malgré leur présence sur les champs de bataille, ne cachent pas leur détestation pour la guerre. S'ils sont au début enthousiastes et galvanisés par les discours des dirigeants, l'expérience de la guerre transforme leur opinion. Sa dure réalité les plonge dans une profonde désillusion et engendre des remises en cause de la légitimité de la guerre : « Pourquoi sommes-nous ici, aujourd'hui ? Enterrés dans ces tranchées, le visage noirci de fumée, les habits en loques, raidis par la boue séchée, depuis des mois dans cette odeur de latrines et de morts ? » (*CO* : 279), se demande Alexis, après coup. L'image est fort différente de ce qu'ils étaient à la veille de la guerre :

> Je pense aux premiers jours, quand nous montrions avec fierté nos uniformes beige clair de volontaires d'outre-mer, nos chapeaux de feutre, dans les rives de Londres au milieu des fantassins vêtus de rouge, des escadrons de grenadiers, des lanciers de la 27e et de la 28e division de l'armée des Indes, vêtus de leurs tuniques et coiffés de leurs hauts turbans blancs, dans l'air glacé et sous le soleil de décembre. Je pense à la fête dans le quartier de Saint-Paul [...] l'ivresse des dernières nuits, et l'embarquement joyeux sur les quais de

> Waterloo, et l'aube en brumes sur le pont de l'immense *Dreadnought*. Les hommes dans leurs capotes kaki, enveloppés d'embruns, ces volontaires venus des quatre coins du monde, pleins d'espoir, guettant à l'horizon la ligne sombre des côtes françaises (*CO* : 278-279).

Dans cette analepse fort lyrique, teintée de nostalgie, Alexis revient sur l'idée que ses compagnons et lui, alors *néophytes*, se faisaient de la guerre. Il était alors « puceau de l'horreur[5] » (Céline, 1990, p. 35). Si l'expérience forge l'homme et la pensée, Alexis et les autres soldats auront appris ce qu'est véritablement la guerre et l'idée qu'ils en avaient change brutalement. Après s'être frotté aux armes, avoir « côtoyé la mort » et récolté sa « part de souffrance », Alexis confesse : « Nous haïssons la guerre au plus profond de nous-mêmes » (*CO* : 302). Il étend la conception à l'ensemble des combattants. Si de manière générale le désistement ou la retraite des soldats au front équivaut à une trahison, chez Le Clézio, certains soldats s'estiment heureux d'être épargnés ; du point de vue d'Alexis, ils ont de « la chance » : « Ceux qui meurent sont effacés, et un jour nous nous apercevons de leur absence. Où sont-ils ? Peut-être qu'ils ont eu la chance d'être renvoyés à l'arrière, peut-être qu'ils ont perdu un œil, une jambe, qu'ils n'iront plus jamais à la guerre. » (*CO* : 284) Le Clézio, en choisissant de faire tenir à un personnage soldat de tels propos refuse de s'aligner derrière ceux qui, au nom d'un nationalisme exalté ou de toute autre raison, font l'apologie de la guerre. Pour lui, la guerre, à cause des multiples dégâts qu'elle génère, n'est pas à promouvoir. La vie humaine et le bonheur ne sauraient être sacrifiés au nom d'un quelconque intérêt. Mario, un jeune berger enrôlé dans *Étoile errante* ne cache pas non plus l'aversion qu'il a pour la guerre. Nejma et Esther conjuguent leurs voix pour dire non à la guerre. Esther dont le destin a basculé à cause des guerres qui se succèdent (s') interroge : « Pourquoi faut-il qu'il y ait la guerre ? Ne peut-on pas vivre en paix ? » (*Étoile errante*, p. 208). Lassée et consumée par les différentes guerres qui ont ponctué toute son existence, elle se demande si un monde sans guerre est envisageable, souci que partage avec elle Monsieur X. : « Peut-être qu'il n'y a jamais eu de paix sur la terre, peut-être qu'il n'y a jamais eu aucun silence. » (*La Guerre*, p. 124) Nejma, une autre victime de la guerre, joint sa voix et sa plume à celle d'Esther. Elle ambitionne de

5 Louis Ferdinand Céline écrit dans *Voyage au bout de la nuit* : « On est puceau de l'horreur comme on l'est de la volupté. »

sonner le glas des violences et barbaries afin que « cette guerre soit la dernière guerre » (*Étoile errante*, p. 235). Et pour ce faire, elle opte pour le témoignage. L'objectif assigné audit procédé est de produire une copie conforme des impacts de la guerre, de les divulguer à une large échelle et de maintenir la mémoire vivante. Pour Le Clézio, le monde entier doit connaître les enjeux de la guerre et notamment ceux qui s'y s'engagent. Les deux jeunes filles, « séparées par la guerre [...], crient ensemble contre la guerre. » (*Étoile errante* : quatrième de couverture)

L'on relève ainsi un concert de voix, une polyphonie narrative qui s'érige contre la guerre. Mais à certains niveaux, la critique est si ouverte qu'on a tendance à confondre l'instance narrative et l'instance auctoriale.

LES DESSOUS DE LA GUERRE

Dans sa dénonciation de la guerre, Le Clézio met en relief l'aspect pécuniaire des conflits. L'argent, a-t-on coutume de dire, est le nerf de la guerre. Le Clézio semble aller dans ce sens. Ouma explique à Alexis la place occupée par l'or dans les guerres : « Vous autres, le grand monde, vous croyez que l'or est la chose la plus forte et la plus désirable, et c'est pour cela que vous faites la guerre. Les gens vont mourir partout pour posséder l'or. » (*CO* : 269) Ces paroles, apparemment anodines, sont lourdes de sens; elles mettent en exergue le rapport de la guerre à l'or et à l'argent. Et ledit rapport est suffisamment récurrent dans la production littéraire de Le Clézio. Dans ses romans, d'une manière ou d'une autre, il y a toujours des intérêts économiques à l'origine des différents conflits. La remarque faite par Ouma n'est pas spécifiquement rattachée à la Première Guerre mondiale, elle vaut pour tous les conflits évoqués par l'auteur de *La Guerre*. La guerre du Biafra dans *Onitsha* est de son point de vue une guerre pour le pétrole : « Pour la mainmise de quelques puits de pétrole, les portes du monde se sont fermées sur eux, les portes des fleuves, les îles de la mer, les rivages. Il ne reste que la forêt vide et silencieuse. » (*Onitsha*, p. 279) Peu importe que les innocents à l'instar des enfants en subissent les conséquences. Les conquêtes amérindiennes dans *La Fête chantée* sont elle aussi mues par la rapacité et la soif de l'or des conquérants. L'auteur met à nu, sur la base des chiffres, le financement de la belligérance et l'exploitation abusive des trésors lors de la conquête du Sahara dans *Désert*. Le goût du lucre des belligérants est tellement poussé que le narrateur dans *Onitsha* s'interroge sur son rapport aux envahisseurs : « Leur véritable religion n'est-elle pas l'argent ? » (*Onitsha*, p. 225).

L'écrivain s'indigne alors quant à cette course pour le profit, course qui ne connaît aucune limite et qui de plus a l'aval de toutes les puissances malgré tous les méfaits des guerres. La critique est finalement adressée à tous, face à des multiples désastres : « Le monde entier détourne son regard. » lisons-nous dans *Onitsha* (*Onitsha*, p. 288) C'est ce même silence complice que dénonce Viviane Forrester : « C'est l'indifférence générale qui, permettant tout, provoque le pire, insidieuse, et qui permet de "faire respecter le consentement au lieu de la justice". C'est bien elle qui forme le terrain où peut s'implanter la tyrannie et qui détourne de la combattre. » (Forrester, 2004, p. 54) L'interpellation est alors globale.

CONCLUSION

La guerre du point de vue de Le Clézio est un désastre, et ce, à tous les niveaux. Il y'a chez lui l'ambition de cerner le phénomène. En effet, quand il écrit la guerre, il la présente dans son déploiement et au-delà des champs de batailles. Il fait alors le tour des causes, des manifestations et des impacts des différents conflits non seulement sur la vie des soldats, mais aussi sur celle des civils, et n'épargne pas non plus l'environnement. Les données historiques sont mises en perspective ; rendues fictives par des procédés littéraires, elles élucident la réalité. De son point de vue, aucune guerre ne saurait être justifiée. Il s'indigne également quant aux origines des conflits qui sont essentiellement la cupidité et la haine de l'Autre. Son refus de la guerre se résume dans le refus de célébrer les vainqueurs, car pour lui : « Ce sont les poux qui gagnent la guerre » (*CO* : 303). En disant si souvent la guerre, Le Clézio plaide pour la paix, et ce faisant, se rattache à toute une tradition littéraire pacifiste, devenue quasiment consensuelle dans le roman contemporain, et se place volontiers sous l'égide d'auteurs tels que Céline, Barbusse, Dorgelès, Giono, Chevallier, Drieu la Rochelle etc. Mais il n'est pas pour autant pessimiste parce qu'il laisse entrevoir dans sa production littéraire des facteurs de résilience tels que la fraternité universelle, la maternité, l'amour, les plaisirs de la nature… S'il n'est pas impensable de se soustraire à la guerre, il existe néanmoins des voies et des moyens pour être heureux malgré elle.

Abdoulahi AISSATOU
Université de Maroua Cameroun

BIBLIOGRAPHIE

ADAM, Jean-Michel, *Le texte narratif*, Paris, Nathan, 1985.
CÉLINE, Louis-Ferdinand, *Voyage au bout de la nuit*, Paris, Gallimard, 1990.
BARBUSSE, Henri, *Le Feu (Journal d'une escouade)*, Paris, Flammarion, 1916.
FORRESTER, Viviane, *Le Crime occidental*, Paris, Fayard, 2004.
GENETTE, Gérard, *Figures III*, Paris, Seuil, coll. « Poétique », 1972.
HÉNAULT, Anne, *Narratologie, Sémiotique générale*, Paris, P.U.F., 1983.
LE CLÉZIO, Jean-Marie Gustave, *Désert*, Paris, Gallimard, 1980.
LE CLÉZIO, Jean-Marie Gustave, *Le Chercheur d'or*, Paris, Gallimard, 1985.
LE CLÉZIO, Jean-Marie Gustave, *Onitsha*, Paris, Gallimard, 1991.
LE CLÉZIO, Jean-Marie Gustave, *La Guerre*, Paris, Gallimard, 1992.
LE CLÉZIO, Jean-Marie Gustave, *La Quarantaine*, Paris, Gallimard, 1995.
LE CLÉZIO, Jean-Marie Gustave, *Étoile errante*, Paris, Gallimard, 1992.
LE CLÉZIO, Jean-Marie Gustave, *La Fête chantée*, Paris, Gallimard, 1997.
LE CLÉZIO, Jean-Marie Gustave, *Ritournelle de la faim*, Paris, Gallimard, 2008.
MBASSI ATÉBA, Raymond, *Identité et fluidité dans l'œuvre de Jean-Marie Gustave Le Clézio. Une poétique de la mondialité*, Paris, L'Harmattan, 2008.
ROUSSEL-GILLET, Isabelle, *J.M.G. Le Clézio écrivain de l'incertitude*, Paris, Ellipses, 2011.

DE *L'HOMME QUE J'AI TUÉ* À *FRANTZ*

La paix n'aura pas lieu

Lors du centenaire de la Première Guerre mondiale, le film *Frantz* (2016) de François Ozon a donné une histoire émouvante évitant les clichés idolâtrant soit le poilu patriotique soit le pacifiste sacrifié. Le film a une histoire. Il reprend l'intrigue narrée dans *L'Homme que j'ai tué* de Maurice Rostand (1921[1]). Maurice Rostand est le fils d'Edmond Rostand, l'auteur de *Cyrano de Bergerac*. L'intrigue de *L'Homme que j'ai tué* repose sur le fantasme que le meurtrier peut remplacer la personne tuée. Un soldat français devient ainsi le mari et le beau-fils d'une famille allemande vivant en Allemagne. Il se transforme en quelque sorte en Allemand. Il est évident que le texte de Rostand et *Siegfried* (roman 1922, pièce de théâtre 1928) de Giraudoux sont liés. Chez les deux, l'idée de transplanter un soldat français en Allemagne, trouve une forme dramatique. La guerre annule la différence. Elle laisse des survivants, la chair. Le corps trouvé sur le champ de bataille n'est ni allemand ni français. Le corps transplanté relie les deux cultures, il incarne les deux.

Derrière la dissolution des différences se cache un secret. Le message confirme implicitement l'analyse de Michel Serres à l'égard des pères meurtriers, infanticides : « avec tes enfants tue mon fils, mon fils tuera le tien[2] » (Serres, 2007, p. 30). Une intrication perverse règne. La possibilité de remplacer une personne par une autre est due non seulement

1 La pièce de théâtre date de 1930.

2 « Pendant qu'on enseignait le meurtre du père, quelques personnes, de par le monde, décidaient, pendant la Première et la Seconde Guerre mondiale, de mettre à mort des dizaines de millions de jeunes gens, qui n'avaient plus de vingt-cinq ans. Au moment même où on enseignait le meurtre du père, ces guerres témoignaient du meurtre du fils … Qu'est-ce qu'une déclaration de guerre ? C'est un vieillard, quelque part, une sorte d'ignoble grand-père qui dit à son collègue, vieux père, de l'autre côté de la frontière : "Sois gentil. Avec tes enfants, tue les miens. À charge de revanche." Voilà l'idée que je me fais de la guerre : un atroce sacrifice d'innombrables d'enfants… Si j'ai raison de définir la guerre comme le meurtre des fils, alors il n'y a jamais eu de guerre de la France contre l'Allemagne… ». (Serres, 2007, p. 30 *sq.*)

à l'absence de toute nationalité dans la chair nue et à la ressemblance croissante des combattants dans le combat même. Maurice Rostand et François Ozon dévoilent un chiasme transculturel horrible. Dans la guerre franco-allemande, les parents sacrifient mutuellement leurs enfants au moyen d'un effet croisé. Percevoir cette intrication revient à admettre le caractère sacrificiel de notre culture et à comprendre la fatalité de la transculturalité. Cette logique renverse le parricide œdipien. Le mécanisme transculturel produit les ennemis héréditaires et trouve son apogée dans la « Grande Guerre ». Il agit au-delà de la différence séparant l'agresseur et l'agressé.

Les nations ont besoin de lieutenants dans l'autre nation pour se constituer. Elles ont besoin de victimes de guerre. Le soldat est le tiers dans le champ transculturel, un messager, un ange de la mort envoyé pour tuer les enfants de l'autre. S'il est tué, il devient pour ceux qui sont restés au foyer familial, l'offrande, le sacrifice qui renouvelle l'unité de la nation. Le sacrifice de l'enfant est la condition pour que la commémoration patriotique puisse avoir lieu. On érige un monument à la gloire du fils tué. Ce monument-tombeau est vide. Il est un cénotaphe. Il contribue à nourrir la haine et à préparer la prochaine guerre[3]. Le corps, lui, reste sur le champ de bataille.

Cependant ce corps – mort ou survivant – ne trouve pas la paix. De nombreux témoignages montrent que beaucoup de soldats se sentent plus près des soldats de l'autre nation que de leurs compatriotes. Ils deviennent des étrangers chez eux. Le survivant dérange ceux qui l'ont envoyé sur le champ de la mort. On a écrit beaucoup de textes sur les soldats humiliés de la défaite. Le revenant, le corps mort-vivant incarne le sacrifice qu'on lui a assigné. Il devrait être mort, ne pas revenir. Plus il est traumatisé, plus il confronte ceux qui sont restés au foyer avec leurs désirs meurtriers cachés.

Or, l'irritation prend une autre dimension quand le survivant vient de la nation ennemie. Alors le meurtrier du propre fils fait son apparition qui est en même temps la victime potentielle du fils tué. Les lignes de séparation entre meurtrier et victime se brouillent. La possibilité d'échanger les corps renvoie au lien fatal sacrificiel entre les deux cultures. Ainsi le passage de la frontière ajoute-t-il une autre possibilité, celle de reconnaître la faute et de pardonner. Pour les parents, le survivant

3 *Cf.* Karpenstein-Eßbach, 2014, p. 197-206.

de l'autre culture doit apparaître, d'une part, comme le meurtrier de leur fils. De l'autre, il est en même temps la personne qui ressemble à leur fils, qui a fait les mêmes expériences, qui l'a peut-être croisé. Un processus quasi-magique de substitution commence dans lequel les propriétés du tué passent au tueur. Le meurtrier prend la place de la victime, il s'incorpore au monde de sa victime. Les parents et la fiancée aiment la victime dans le meurtrier. C'est cela l'intrigue de *L'Homme que j'ai tué*. L'œuvre d'art dévoile ce mécanisme, cette intrication quasi mythologique liant Français et Allemands.

L'HOMME QUE J'AI TUÉ

Le texte à l'origine de *Frantz*, le roman *L'Homme que j'ai tué* de Maurice Rostand paraît peu de temps après la fin des hostilités ; une première version date de 1921, une seconde de 1925. Il coïncide avec la publication du roman *Siegfried* (1922) de Giraudoux. La pièce de *L'Homme que j'ai tué* de 1932 est probablement écrite pour répéter le succès retentissant de la mise en scène de la pièce de *Siegfried* sur le théâtre (1928). Dans les deux textes un corps survivant migre d'un pays à l'autre. Mais Rostand réalise ce que Giraudoux n'a pas osé. Contrairement à Siegfried qui redevient Jacques Forestier et rentre dans son Limousin natal, le héros de *L'Homme que j'ai tué* se rend chez la famille du soldat allemand qu'il a tué au combat, il prend la place du mort auprès de la fiancée et des parents.

Le soldat survivant – il s'appelle Paul Renard dans le roman, et reste dans la pièce de théâtre seulement désigné par le pronom « lui » – est le meurtrier d'un autre soldat, de Hermann von Holderlin. L'un prend la place de l'autre et finit par lui ressembler, jusqu'à devenir l'autre. Le lien entre eux est d'abord donné par l'acte de tuer. LUI ne supporte plus de « traîner ce mort » (Rostand, 1950, p. 114), le contact des yeux a ouvert une brèche[4]. L'inscription du nom du soldat allemand sur le bracelet permet au meurtrier de trouver le lieu de résidence de l'Allemand. Il s'agit de « Oberwezel » [*sic*] sur le Rhin. Une information supplémentaire

4 *Ibid.*, p. 111 : « …on nous avait lancés l'un contre l'autre comme les deux obéissantes étoiles d'un grand système de haine, mais j'ai vu son dernier regard. »

reliant le meurtrier et sa victime est donnée avec la date de la mort, le 22 octobre 1915. Le meurtrier se rend à la résidence du tué et pose des fleurs sur la tombe vide. Seul LUI et la famille allemande Holderlin peuvent connaître la date de la mort. Quand LUI la dévoile auprès de la fiancée il s'est trahi.

On apprend que le tué aime la France et maîtrise le français. Il a séjourné en France avant la guerre. On retrouve ainsi une constellation rappelant les scènes dans la *Pariser Romanze* de Franz Hessel et dans *Jules et Jim* de Henri-Pierre Roché et François Truffaut. En outre, le roman contient déjà l'introspection dans le mécanisme transculturel fatal. Les parents de la victime sont de plus en plus isolés de la communauté sacrificielle. La mère Louise dit dans *L'Homme que j'ai tué* : « Au moment où ton fils tombait sous une balle française, un jeune Français tombait peut-être sous une balle allemande… » (Rostand, 1950, p. 132). Le père Hans Gaspar Holderlin remarque auprès du Français : « Vous avez beau être du pays de celui qui a tué mon fils, vous nous avez été plus secourable, plus tendre que personne […]. Et puis, là-bas, au-delà de la frontière, n'y a-t-il pas des milliers de pères et de mères […] qui cherchent […] le nom d'un assassin allemand. Oui, j'ai eu tort… » (*Ibid.*, p. 166).

La présence de la victime est le résultat d'un *reenactment* médiatique. Sa voix devient audible, d'abord à travers la lecture de ses lettres, puis au moyen d'un enregistrement qui fait entendre la voix du mort récitant des poèmes français (« cette voix morte qui se remettait à vivre ») (*ibid.* p. 161). La fiancée Angelika connaît la vérité, LUI confesse son acte dans la chambre du mort. Angelika le prie de taire la vérité. Les parents lui demandent de jouer sur le violon de leur fils. Il joue ainsi une berceuse pour un mort. Le violon devient le sien. Les objets aussi vont de l'un à l'autre.

Cependant LUI devient du même coup « l'ombre d'Hermann » (*ibid.*, p. 180), « le fantôme d'Hermann » (*ibid.*). Quand il joue du violon il promet au mort : « Non, non, Hermann, je ne les quitterai jamais » (*ibid.*, p. 194). Ces derniers mots de la pièce sonnent comme les paroles d'un homme qui accepte une captivité à vie, livré aux survivants par le mensonge. Le dénouement – le Français s'intègre en Allemagne et guérit de ses blessures – est une solution horrible, un cauchemar. Le Français subit une aliénation totale. Il ne parle presque jamais. L'environnement lui met des mots dans la bouche. Il lui assigne un rôle. LUI perd son soi unique. La solution qui semble réconcilier et consoler est oppressante. La transmission physique entre le mort et le survivant, entre le Français et l'Allemand est contre-nature, une opération aussi magique qu'*unheimlich*, un « sacrilège » (*ibid.*, p. 180), un « lien brusque vers le passé » (*ibid.*), comme le dit le père.

Rostand propose une paix, mais elle est étouffante, prisonnière, elle ne peut pas durer.

BROKEN LULLABY

Le texte de Rostand est la matrice du film *Broken Lullaby* (1932). C'est le premier film parlant de Ernst Lubitsch, tourné aux États-Unis. Son premier titre *The man I killed* traduit encore le titre français. Le deuxième – *Broken Lullaby* – fait allusion à la berceuse qui déplore le mort et le remplace par un survivant. Le film américain garde l'essentiel de l'histoire, c'est-à-dire la possibilité de devenir l'autre, une réussite aussi sentimentale qu'ambiguë. Le mensonge fonctionne aussi bien que l'échange. Le film confirme la possibilité de la substitution magique : les parents et la fiancée peuvent aimer le mort en la personne du Français, et ainsi le mort reste toujours présent.

Car le remplacement est aussi une œuvre mensongère. Paul ne doit pas uniquement cacher la vérité, il devient aussi le fantôme du mort. Dans le film, la fiancée s'appelle Elsa. Dans *Lohengrin* de Wagner, Elsa incarne l'amour de la vérité, dans le texte et le film elle se décide pour le mensonge, pour la tromperie qui laisse la paix aux morts et vivants[5]. Cependant, il serait trop simple de ne voir dans le texte et le film qu'une histoire sentimentale, kitsch. L'idée de la réconciliation – le meurtrier et sa victime sont pacifistes – reflète un vrai désir dans les relations franco-allemandes de l'entre-deux-guerres. Lubitsch se sert pourtant du médium filmique pour changer de perspective. *Broken Lullaby*, un film souvent déprécié de Lubitsch, est devenu l'exemple-type pour démontrer les nouvelles possibilités du cinéma qui font défaut à la littérature. Au moyen de *Broken Lullaby*, Jean Mitry et Gilles Deleuze développent

5 *Cf.* Fosco Bertola, 2016, p. 44-79.

les thèses centrales de leurs analyses du langage cinématographique. La perspective de la caméra ainsi que le divorce entre l'image et le son permettent d'introduire un niveau au-dessus du récit qui exerce un effet profondément irritant.

Le film commence avec les cérémonies de triomphe le 11 novembre 1919, organisées pour la première fois un an après l'armistice. Le gouvernement inaugure le tombeau du soldat inconnu au pied de l'Arc de Triomphe. L'analyse de la scène au début du film est devenue le cas type de la théorie cinématographique telle qu'elle est décrite par Jean Mitry et Gilles Deleuze. On voit les festivités avec une caméra située près du sol. Aucun spectateur n'a cette vue. Jean Mitry porte l'attention sur l'angle étrange du cadrage[6]. Il l'appelle « perspective totale ». Deleuze fait de ce début du film l'exemple type de l'« image-mouvement[7] ». La caméra de Victor Milner se met en route, les spectateurs cachent la vue. Puis la caméra s'arrête devant un unijambiste, dont la jambe manquante ouvre la vue fugitive sur la scène – le militaire défilant. Le vide laissé par l'absence d'une partie du corps crée le hiatus infranchissable entre le triomphalisme du défilé militaire et le regard basé sur la mutilation. Dans la prochaine prise, la musique militaire continue, mais le lieu change. Le regard humain et la perspective de la caméra s'unissent à nouveau. Un deuxième invalide de guerre apparaît. Il est alité et tremble. La musique militaire le terrorise. L'homme traumatisé se met à crier de toute force.

Les nouvelles possibilités du cinéma déclenchent le choc et la compassion. Dans le texte comme dans le film, l'affect va sans distinction vers les victimes françaises et allemandes[8]. La communauté des soldats – poilus et soldats de l'armée impériale – nivelle les différences. Mais seule l'image-mouvement réalise la rupture radicale avec le traitement officiel des atrocités. Le cadrage et la perspective introduisent une position tierce dépassant toute référence à des notions telles que meurtrier et victime, français et allemand. À cet égard, le film de Lubitsch

---

6 Mitry, 1965, p. 78 *sq.*

7 Deleuze, 1983.

8 Le cinéma américain assume le rôle du tiers pour Allemands et Français. Lewis Milestone, *All quiet at the western front* d'après *Im Westen nichts Neues* de Remarque, Lubitsch, *Broken Lullaby* d'après *L'Homme que j'ai tué* de Rostand et Stanley Kubrick *Path of Glory* (1957) d'après le roman de Humphrey Cobb. Tous les films adoptent une perspective pacifiste qui relie les soldats français et allemands.

réitère une attitude que les dadaïstes et futurs surréalistes réalisent déjà en 1919. Avec le procès Barrès, Tzara, Breton, Péret, Aragon, Drieu La Rochelle et Ungaretti placent un contre-point aux commémorations officielles à l'Arc de Triomphe. Ils pratiquent un « indifférentisme[9] » qui s'inspire de l'ouvrage *Schöpferische Indifferenz* (*Indifférence créatrice*) de Mynona. L'anti-belliciste et anti-pacifiste se situe au-delà de toute polarité. Néanmoins, le ton sentimental de *Broken Lullaby* est incompatible avec l'agressivité et la froideur de l'avant-garde qui se manifeste au procès Barrès.

L'intrigue sentimentale qui repose sur le mensonge, sur la substitution de l'un par l'autre, ressemble à un emprisonnement chez Rostand et chez Lubitsch. Il s'agit d'une paix en forme de perte de soi. Il correspond au récit et au discours de l'ancien combattant implorant la souffrance commune[10]. Le mensonge réapparaît dans *Frantz*, mais il ne soutient plus le remplacement de l'un par l'autre.

FRANTZ

Un siècle après les événements et après une autre guerre, le fantasme d'une réconciliation à partir d'un remplacement de la victime par le tueur réapparaît. Dans *Frantz* (2016), François Ozon raconte à nouveau l'histoire de *L'Homme que j'ai tué*. Cependant, il n'admet pas la fin aussi sentimentale qu'horrible. Il intègre une scène dans l'hôpital psychiatrique qui rappelle celle de *Broken Lullaby*. Le soldat français s'appelle Adrien, la fiancée de Frantz, Paula, porte le nom du français Paul dans *L'Homme que j'ai tué* (roman) et *Broken Lullaby*.

Nous retrouvons les récits qui composent déjà *L'Homme que j'ai tué* et *Broken Lullaby*. Le film ne raconte pas les événements dans l'ordre chronologique. Le premier récit, celui du face à face dans la tranchée, est à nouveau rapporté. Dans les œuvres précédentes, la première et unique vraie liaison intime entre Adrien et Frantz, celle que survient dans l'acte de tuer, est narrée au début de l'intrigue lors d'une confession

9 *Cf.* Keller, 2014, p. 167-184.
10 *Cf.* Bock, 2014, p. 203-284.

auprès d'un prêtre. Le film d'Ozon insère la scène du face à face du Français et de l'Allemand dans la rétrospective filmée à un stade avancé de l'histoire. Adrien découvre Frantz et tire sur lui. Frantz ne montre aucune résistance. La scène n'a rien d'héroïque. Adrien lit la lettre avec l'adresse de Frantz que ce dernier porte sur lui. Il la récitera plus tard devant la fiancée qui reçoit le message ainsi deux fois – comme indice de l'amour de Frantz pour elle, comme indice de l'acte de tuer perpétré par Adrien.

Le second récit est constitué par la confrontation d'Adrien avec la famille de Frantz. Traumatisé par son meurtre, Adrien se rend à Quedlinburg. Le soldat français fait la connaissance de la fiancée et des parents en Allemagne. L'argumentaire pacifiste « nous sommes tous des victimes d'une tuerie organisée par d'autres (les militaires, les capitalistes, etc.) » prédomine. Ozon accentue ce récit dans la mesure où ce ne sont pas uniquement les autres mais également la famille même qui est génératrice de guerre. Les parents de Frantz le reconnaissent. Le film décrypte la constellation transculturelle. Les pères font tuer leur fils par le fils de l'autre père. Ce savoir isole le père de Frantz de son environnement.

En outre, le récit de l'« amitié franco-allemande » est incarné par un couple masculin et rappelle d'autre exemples littéraires (Romain Rolland : Jean-Christophe et Olivier[11], Henri-Pierre Roché / François Truffaut : Jules et Jim[12]). Ce récit sert à rendre plausible la présence d'Adrien à Quedlinburg. Il a connu Frantz avant la guerre à Paris. Cette narration transmise par images est pourtant pure invention.

Ozon, le metteur en scène des illusions et ambiguïtés, renforce l'aspect des mensonges. Dans *Frantz*, les personnages comme les images mentent. Les images créent un mélange inextricable de vérité et de mensonge. Paula tait le fait qu'Adrien ait tué Frantz. Adrien se présente comme ami de Frantz. Il s'agit là d'un mensonge charitable destiné à épargner la vérité aux beaux-parents. Adrien invente une visite du Louvre en compagnie de Frantz. Dans la tradition de Hitchcock, le film viole la règle selon laquelle le spectateur d'un film doit pouvoir prendre pour vraies les images de la rétrospective. Les images menteuses reflètent pourtant l'attitude pacifiste réelle des deux personnes. Elles donnent corps à une amitié intime virtuelle.

11 Keller, 2014, p. 271-288.
12 *Cf.* Mecke, 2011, p. 416-436.

Le quatrième récit, dans lequel Ozon hérite également des archives discursives et intertextuelles des relations franco-allemandes, est celui du couple franco-allemand lié par l'amour[13]. La logique de l'histoire de *Frantz* semble aboutir à un dénouement dans lequel Adrien et Paula forment un tel couple. Cependant, bien qu'Ozon conserve la première partie de l'intrigue, il invente une suite qui renverse la logique de l'histoire. La solution horrible – le meurtrier remplace la victime auprès des parents et de la fiancée – n'aura pas lieu. Ozon prolonge l'intrigue. Adrien rentre en France. Paula pardonne Adrien. À la demande de ses beaux-parents, elle se rend en France pour trouver Adrien. Elle découvre qu'Adrien s'est rendu dans un asile psychiatrique et le trouve finalement chez sa mère. Il a une fiancée qui sympathise avec Paula. La mère d'Adrien empêche que son fils ne soit séduit par une femme allemande. Adrien est un peu lâche, fragile et suicidaire.

Le tableau *Le suicidé* de Manet qu'Adrien admire tant a des fonctions diverses. Il incarne le penchant vers la mort d'Adrien et le lien avec les soldats restés sur le champ de bataille. La mort exerce un effet d'attraction, Adrien est tenté par le suicide pour rejoindre les morts. Il est durablement contaminé par Frantz. Il ne remplace pas Frantz, Frantz l'habite. Paula en revanche se libère de ces identifications fatales. À la fin du film, on la voit dans le Louvre devant le tableau *Le suicidé*. Mais le tableau exerce un effet opposé sur elle. Paula déclare au jeune homme assis à côté d'elle et qui ressemble étrangement à Adrien qu'elle voudrait vivre – sans Adrien. Elle maintient le mensonge dans une lettre envoyée à ses beaux-parents. Elle ne tait pas uniquement le meurtre de Frantz par Adrien, elle feint également une relation avec Adrien en France. Paula rompt alors avec la dynamique suicidaire et décide de vivre. Ozon y place une dernière tromperie. Le tableau de Manet ne se trouve pas au Louvre mais dans un musée à Zurich. La fin relativement consolante du film s'appuie sur le mensonge ; mais elle révèle la vérité : l'échange des identités est aussi impossible que le partage d'une même identité. Le film désidentifie les personnes et il déconstruit la figure du couple.

---

13 Par exemple Jim et Kathe dans *Jules et Jim*, *cf.* Keller, 2006, p. 265-282 ; Keller, 2008, p. 21-48 ; Keller, 2010, p. 289-326.

ASPÉRITÉS

Frantz est un film français bien qu'il travaille avec des acteurs français et allemands, que l'intrigue se déroule en Allemagne et en France et que la langue allemande soit utilisée. Il témoigne d'un impact émotif de la Première Guerre mondiale plutôt impensable en Allemagne où la honte de la Shoah couvre la compassion pour les souffrances des soldats, des propres victimes et celles des autres. En France, la mémoire de la Grande Guerre est restée plus vive[14]. Celle œuvrant dans *Frantz* accentue encore la distance envers la culture mémorielle officielle. La compassion avec les victimes d'un côté comme de l'autre s'impose. Mais la mémoire a également subi une transformation en s'éloignant radicalement du pacifisme habituel.

En 2016, un siècle plus tard, nous arrive *Frantz*. *Frantz*, un « t » de trop. Le petit écart, le t, empêche la convergence totale avec le prénom allemand. Le prénom allemand prononcé à la française sonne français. Le nom Frantz incarne un lien franco-allemand, un résidu et une absence. L'homonymie est cette unité, cette liaison morte. Elle contredit toute possibilité de troquer une identité pour une autre. La logique alternative non-identitaire est incarnée par les écarts écrits et oraux, comme les accents.

La famille allemande bouleversée par le deuil est présentée de façon plus sympathique que la famille française plutôt hautaine. Les parents parlent uniquement leur langue maternelle. Mais Adrien et Paula parlent les deux langues, l'une sans accent, l'autre avec. Le film refuse le doublage. Les sous-titres traduisent les paroles. Les acteurs ne font pas de grimasses comme dans les films avec des voix doublées. Ozon crée un monde plurilingue qui ne cache pas l'accent. Les deux protagonistes ont incorporé la langue de l'autre. Cependant les deux ne formeront pas un couple. Ozon récuse tout discours et toute esthétique métaphorique construisant un couple franco-allemand. Le film revendique une qualité

14 Le film *Joyeux Noël* (2005) montrant Noël 1914, fêté communément par les soldats allemands, français et britanniques, est l'œuvre d'un metteur en scène français, Christian Carion, tout comme le film *Un long dimanche de fiançailles* (2004) de Jean-Pierre Jeunet sur Mathilde qui après la fin de la guerre cherche son fiancé porté disparu.

sonore qui fait défaut au texte. Il peut transmettre l'accent et l'écart entre la prononciation correcte et celle qui dévie légèrement.

La langue montre ainsi sa matérialité, le signifiant devient diacritique renvoyant sémantiquement à la langue B, il comporte un obstacle renvoyant à la langue A. Il représente un signal sonore, un signifiant mixte sensible qui tient lieu de la première langue, cette dernière étant sémantiquement absente. Il traine avec lui une propriété audible de la langue première en passant au signifiant (phonème) et au signifié de la langue seconde. L'accent dans la seconde langue représente ainsi un exemple littéralement parlant. Quand une personne parle avec un accent, elle fait apparaître un désordre vocal. Le processus de transmission ajoute quelque chose, une aspérité résonante. Le signal divisé est à la fois physique (corporel) et langagier.

L'accent témoigne de l'intégration dans une seconde langue. Il représente également un indice renvoyant à une origine étrangère précise. Le signal fait subir une déviation. Parler avec un accent représente une expérience physique témoignant de limites motrices données par les parties du corps (langue, cordes vocales, glotte, thorax, diaphragme…). Elle est doublement pathique, pour le locuteur et le public : on ne peut pas se libérer facilement d'un accent. L'accent est traître. Il est dans une mesure variable gênant pour le locuteur. Pour le public il signale inexorablement un étranger qu'il accueille avec bienveillance ou avec ressentiment.

Il ne s'agit pas d'une relation métaphorique – le second terme ne se substitue pas au premier –, mais d'une relation métonymique qui déplace. La contiguïté fait que les particularités du contexte premier, en l'occurrence la prononciation de la langue maternelle, se trouvent sauvegardée. Cette qualité de la transmission transculturelle crée un rapport spécifique entre l'expression et l'exprimé. Les traces de la transmission forment un tiers irritant qui s'ajoute aux corps parlants. Elles forment un champ – non du social mais du transculturel dans lequel l'irritant oppose une résistance sensuelle et matérielle à la communication lisse.

Ozon peut s'appuyer sur un exemple de l'entre-deux-guerres. Dans *La Grande Illusion* (1937) de Jean Clair, les acteurs français et allemands parlent leur langue maternelle et une deuxième langue. Erich von Stroheim parle français avec Pierre Fresnay, Jean Gabin dit avec un fort accent *Ich liebe dich*. Peu de temps après *Frantz*, le metteur en scène allemand Christian Petzold a repris l'expérience pluriculturelle dans *Transit* – avec l'actrice Paula Beer qui incarne la fiancée dans *Frantz*. Ces œuvres âpres opposent une résistance sensible à la conformité esthétique et unilingue à l'américaine.

CONCLUSION
La paix n'aura pas lieu

L'esthétique du roman et de la pièce du théâtre de Rostand correspond à une certaine facilité de la réconciliation : nous sommes tous des victimes. Cette conviction caractérise également les contacts entre Anciens combattants français et allemands qui durent jusqu'en 1938. Mais la paix n'aura pas lieu. La guerre arrive. Le film de Lubitsch n'abandonne pas le récit de base. Mais il trouve un langage cinématographique ouvrant la cage dans laquelle les deux combattants sont enfermés. La nouvelle perspective totale et mouvementée est le regard du tiers incompatible avec les commémorations officielles.

Ozon ne dénonce pas le pacifisme de l'après-guerre tel qu'on le trouve dans *À l'Ouest rien de nouveau*, *Siegfried* et dans *L'Homme que j'ai tué*. Mais il en montre l'inanité, l'impossibilité. Il libère les personnages d'un destin de couple qui semble être inexorable. La narration du couple lié par l'amitié (Frantz et Adrien) est un mensonge ; celle du couple de l'amour (Adrien et Paula) reste un vœu douteux. Leur futur est autre : Frantz sera définitivement mort ; personne ne peut le remplacer ou mourir à sa place. Adrien mènera une vie française traditionnelle et mélancolique sans être contraint de remplacer Frantz auprès de Paula. Paula sera une femme libre exemptée du sort d'être l'épouse d'un mort-vivant. Le mensonge sera le prix de la liberté.

L'esthétique du petit écart s'affranchit de la contrainte binaire. Elle dépasse les discours habituels enfermant les acteurs dans les rôles identitaires, nationaux, celui du meurtrier ou de la victime. L'esthétique qui correspond au pacifisme ne prépare pas la paix. Ozon semble renouer avec la radicalité des avant-gardes qui ne sont pas pacifistes. Il partage même une certaine froideur avec les dadaïstes. Cependant le film *Frantz* est d'une beauté splendide. Il renonce au geste agressif et à l'éclatement des images typiques des avant-gardes que l'on trouvait dans le dadaïsme et le surréalisme. L'espoir ne repose sur aucun projet réconciliateur (le couple franco-allemand) ou destructeur/reconstructeur (la révolution, l'homme nouveau), mais sur l'énergie et la vitalité d'une femme, Paula. Point de salut, point de paix dans l'univers des soldats et des nations, ni même dans leurs rapports qu'ils entretiennent entre eux.

Thomas KELLER
Université Aix-Marseille

BIBLIOGRAPHIE

Bock, Hans Manfred, « Deutsch-Französische Gesellschaft der Nationalsozialisten und Comité France-Allemagne von 1935 bis 1939 », *in* Hans Manfred Bock, *Versöhnung oder Subversion ? Deutsch-französische Verständigungs-Organisationen und -Netzwerke der Zwischenkriegszeit*, Tübingen, Narr, 2014, p. 203-284.

Deleuze, Gilles, *L'image-mouvement*, *Cinéma 1*, Paris, Éditions de Minuit, 1983.

Fosco Bertola, Mauro « Schnittke als Leser von Deleuze. Alfred Schnittkes Musik zu Wsewolod Pudowkins Das Ende von Sankt Petersburg (1927) », *Kieler Beiträge zur Filmmusikforschung*, n° 12, 2016, p. 44-79.

Karpenstein-Essbach, Christa, « Wie Erinnertes lebendig wird. Tote und Touristen in Hans Chlumbergs Wunder um Verdun », *Cahiers d'Études Germaniques*, n° 66, Thomas Keller (dir.), *La Première Guerre mondiale un siècle plus tard. Culture et violence*, 2014, p. 197-206.

Keller, Thomas, « Au-delà du bellicisme et du pacifisme. L'indifférentisme des avant-gardes », *Cahiers d'Études Germaniques*, n'66, *La Première Guerre Mondiale un siècle plus tard. Culture et violence*, 2014, p. 167-184.

Keller, Thomas, « Jules et Jim : wählen, nehmen, teilen, tauschen », *Cahiers d'Études Germaniques*, n° 50, 2006, Karl-Heinz Götze et Ingrid Haag (dir.), *L'amour autour de 1900*, 2006, p. 265-282.

Keller, Thomas, « Metamorphosen des Fremdgehens. Deutsch-französische Paare – fremde Paare », *in* Karl-Heinz Götze et Katja Wimmer (dir.), *Liebe in der deutschsprachigen Literatur nach 1945. Festschrift Ingrid Haag*, Francfort sur le Main, Peter Lang, 2010, p. 289-326.

Keller, Thomas, « Siegfried, je t'aime. Deutsch-französische Liebe zwischen den Kriegen », *Cahiers d'Études Germaniques*, n° 55, Ingrid Haag et Karl-Heinz Götze (dir.), *L'amour entre deux guerres 1918-1945. Concepts et représentations*, 2, 2008, p. 21-48.

Keller, Thomas, « Über Wahrheit und Lüge jenseits des deutsch-französischen Sinns », *Cahiers d'Études Germaniques*, n° 67, Hélène Barriere, Ingrid Haag et Karl-Heinz-Götze (dir.), *Quelques vérités à propos du mensonge*, 2014, p. 271-288, URL : <https://journals.openedition.org/ceg/1889>.

Keller, Thomas, *Verkörperungen des Dritten im Deutsch-Französischen Verhältnis. Die Stelle der Übertragung*, Paderborn, Fink, p. 416-436.

Mecke, Jochen, « Mittler zwischen Kulturen, Medien und Geschlechtern : *Jules et Jim* », *Cahiers d'Études Germaniques*, n° 60, Thomas Keller (dir.), *« Vrais » et « faux » médiateurs. La connaissance des lieux et ses équivoques*, 2011, p. 85-98.

MITRY, Jean, *Esthétique et psychologie du cinéma*, 2 vol., Paris, Éditions. Universitaires, 1965.
ROSTAND, Maurice, *L'Homme que j'ai tué*, Paris, Flammarion, 1925 [1921].
ROSTAND, Maurice, *L'Homme que j'ai tué*, précédé de *Madame Récamier*, Paris, Nagel, 1950 [1930].
SERRES, Michel, *Petites Chroniques du dimanche soir*, 2 février 2006 – mars 2007, Entretiens avec Michel Polacco, Paris, Éditions Le Pommier, 2007.

MODELER UNE AUTRE GUERRE

Glaise de Franck Bouysse : 14-18, l'art et la nature[1]

LA LITTÉRATURE DE LA GRANDE GUERRE FACE À LA NATURE

L'image de la nature dans la littérature de la Grande Guerre est complexe et, à la différence de ce qui s'observe en Grande-Bretagne notamment, elle n'a encore jamais fait l'objet de recherches de grande ampleur[2]. Plus discrètement sans doute qu'outre-Manche, la bucolique s'est pourtant aussi réinventée en France à cette époque. La tonalité de base a été donnée par Zola avec *L'Attaque du moulin*, qui s'inspire de la guerre de 1870. Cette nouvelle, publiée dans *Les Soirées de Médan*, fait voir un village imaginaire de la campagne lorraine, un « trou de verdure » saisi dans le charme de l'été :

> La Morelle descend des bois de Gagny, et il semble qu'elle prenne le froid des feuillages sous lesquels elle coule pendant des lieues ; elle apporte les bruits murmurants, l'ombre glacée et recueillie des forêts. [...] On se croirait dans quelque parc enchanté, avec des cascades tombant de toutes parts. (Zola, 1880, p. 23)

Ce jardin paradisiaque, propice à la naissance de l'amour, se transformera en lieu d'épouvante quand Français et Prussiens se le disputeront, brisant les existences de ceux qui s'imaginaient pouvoir y vivre heureux. L'horreur de la guerre est montrée en contraste avec le bonheur campagnard assuré par les travaux simples des champs.

1 Ce texte constitue une première version du deuxième chapitre de la partie IV d'un livre intitulé *Littérature et écologie. Le mur des abeilles*, à paraître chez José Corti en 2021.

2 Pour un balisage général, voir : Schoentjes, 2011, p. 123-134.

L'Appel du sol d'Adrien Bertrand retrouve la structure de Zola dans « La mort d'un soldat » : à la dernière ligne de ce chapitre qui montre de violents combats à l'arme blanche, l'on découvre le capitaine mort, les bras en croix. L'entame du chapitre ne pouvait pourtant être plus paisible :

> Le village de Vassinville, sur le flanc d'un coteau, descend jusqu'à la rivière. Une centaine de maisons blanches autour de l'église, le long du cours d'eau. Alentour, des champs de betteraves, quelques vignes, des houblons mûrs sur leurs perches, des vergers dont les arbres plient sous le poids des mirabelles d'or. (Bertrand, 1916, p. 35)

Dans ce qui demeure un des romans les plus célèbres sur la Grande Guerre, *Le Grand troupeau*, Giono exploitera de manière semblable l'opposition entre les paysages hallucinés du front et les collines provençales couvertes de blé mûr où évolue Julia. La vision du troupeau descendant des hauts pâturages est devenue iconique :

> Le vieux berger était déjà loin, là-bas dans la pente. Ça suivait tout lentement derrière lui. C'était des bêtes de taille presque égale serrées flanc à flanc, comme des vagues de boue, et, dans leur laine il y avait de grosses abeilles de la montagne prisonnières, mortes ou vivantes. Il y avait des fleurs et des épines ; il y avait de l'herbe toute verte entrelacée aux jambes. Il y avait un gros rat qui marchait en trébuchant sur le dos des moutons. (Giono, 1931, p. 546)

L'on reviendra à cette page, mais notons déjà ici comment elle illustre la manière dont les écrivains entendent montrer que la guerre contraint hommes et bêtes à abandonner le bonheur de l'existence rurale.

Dans cette perspective, l'évocation des beautés du « petit pays » a donc été fréquente dès l'époque du conflit. C'est en effet en s'appuyant sur l'amour pour la région natale que la Troisième République entendait amener les citoyens à aimer cette entité plus grande, et plus abstraite, qu'était la France.

Raymond Escholier en témoigne dans *Le Sel de la terre* : pour les Gascons qu'il met en scène, la « patrie française au flanc béant, mystérieuse blessée toujours debout grâce au sacrifice de tant de morts, reste […] l'inconnue, l'ignorée[3] » (Escholier, 1924, p. 85). Dès lors cependant que les hommes se mettent à entonner « Se canto », le chant des Pyrénéens,

3 Pour le détail, on lira : Schoentjes, 2014, p. 112-130.

les sensations affluent et avec elles les raisons de se battre. Cent ans plus tard, Bouysse est toujours bien conscient du rôle joué par l'éducation de Joseph dans l'affermissement de l'amour pour le petit pays ; le garçon fait « intimement partie » du lieu : « simplement parce qu'il était né là et qu'on lui avait inculqué l'idée qu'il était suffisant de naître quelque part pour y appartenir ». (Bouysse, 2017, p. 122[4])

Il serait erroné toutefois d'imaginer que le registre de la paisible nature campagnarde soit le seul exploité. Il a existé dans la littérature de guerre des imaginaires de la nature qui sont à l'opposé de l'idéalisation du monde rural. Drieu La Rochelle considère la nature comme intrinsèquement violente : « la guerre, c'est une explosion de la nature : ces balles, c'est du minerai, sorti des entrailles de la terre, qui vous jaillit à la figure » (Drieu, 1934, p. 37). Mais cette conception qui exacerbe la violence inhérente à l'homme est restée marginale, quand bien même elle s'est exprimée lors de la montée des extrêmes dans l'entre-deux-guerres. Un pacifisme généralisé a conduit la plupart des écrivains à opposer l'authenticité (rustique), qu'ils situent du côté de la nature, à la modernité (technique), qui serait constitutive de l'univers de la guerre.

Il a toujours existé une part d'idéalisation envers le monde d'avant 14 dans la mise en regard du monde rural et de la violence guerrière, elle s'accompagnait d'une forme de nostalgie qui resurgit aujourd'hui. La célébration lyrique de la nature est à nouveau éminemment populaire dans la littérature du début du XXIe siècle, caractérisé par un regain d'intérêt pour le genre pastoral. Un roman comme *Dans la guerre* d'Alice Ferney s'inscrit dans le cadre d'une sensibilité retrouvée pour une France cantonale ; il montre en chiasme l'humanisation d'un chien de ferme à une époque où les hommes, eux, se bestialisent. Le fait que Jean Echenoz, observateur attentif du monde littéraire, ironise dans *14* sur la tendance au bucolique de la littérature de la Grande Guerre – « c'est toujours émouvant à observer, le printemps, même quand on commence à connaître le système » (Echenoz, 2012, p. 98) – illustre simultanément l'importance du motif champêtre et la tendance à l'idéalisation.

Les œuvres qui depuis 1980 se tournent vers 14-18 en privilégiant le cadre rustique sont effectivement nombreuses[5]. Daniel Hebrard avait déjà donné en 2003 avec *Les Hommes forts* un roman qui se réclamait de

4 Dorénavant *Gl*.

5 On verra la liste et le commentaire proposés par Griet Theeten, 2015, p. 96 et sv.

façon explicite du lyrisme de Giono. Le titre souligne la force de ceux qui étaient à la fois soldats et paysans :

> En 1920, quand [Bélou, natif de Bessèges dans les Cévennes] rentre au pays après des années de galère militaire, il a perdu toute illusion sur la bonté et la justice des hommes. Il lui reste un goût immodéré pour les splendeurs de la nature.

Ce prière d'insérer insistera encore sur les caractéristiques d'un texte qui « ruisselle et cascade comme un torrent de montagne » et l'on reconnaîtra qu'Hebrard parvient à faire surgir le local sans jamais glisser dans le genre de la littérature du terroir. Tous n'évitent cependant pas cette dérive : si le retour à la terre était le quotidien des paysans qui survivaient à la boucherie de 14-18, il est aussi à notre époque le piège dans lequel se laissent prendre des romanciers et des lecteurs qui pensent trouver dans une ruralité supposée heureuse un remède aux maux qui pèsent sur nos sociétés contemporaines : l'éloignement d'avec la nature, l'aliénation du travail, l'individualisme croissant, l'omniprésence de la technologie…

Il est significatif que la première œuvre à avoir remis la Grande Guerre d'actualité ait déjà regardé du côté de la campagne. C'est en 1975 que Charles Exbrayat reçoit le Prix des Maisons de la Presse, créé en 1970 et qui récompense un ouvrage en raison de son importante diffusion. *Jules Matrat*, publié originellement chez Gallimard en 1942, raconte l'amitié entre deux paysans mobilisés. Malgré la terrible guerre qu'ils traversent, ces hommes se rencontrent dans un amour partagé pour les travaux de la terre et des bois. Un seul d'entre eux survivra et il se rendra dans le village de son ami. Constatant à quel point celui-ci a été vite oublié, il décide de se pendre : il renoncera toutefois *in extremis* à son projet en voyant de la tristesse dans les yeux du chien de son camarade mort, qui assiste à la scène.

Exbrayat est connu surtout pour ses romans policiers mais *Jules Matrat* a été écrit dans le prolongement du pacifisme du philosophe Alain, qu'il a fréquenté. Le succès populaire du livre s'explique certainement aussi parce qu'il trouve son public peu de temps après le premier choc pétrolier. C'est l'époque de la naissance d'une conscience écologique qui voit une jeunesse citadine se tourner vers la vie communautaire en milieu rural. Aujourd'hui, le *Flower Power* avec son pacifisme *sui generis* n'est plus d'actualité : l'individualisme a depuis remplacé un idéal collectif. Mais les néo-ruraux sont nombreux et notre éloignement de plus en plus manifeste d'avec le monde de la nature a pour conséquence que l'écriture qui s'en inspire connaît un succès toujours grandissant.

GLAISE
Modeler la nature

Plus de quarante ans après que la Grande Guerre a été remise à l'agenda et qu'environ deux cents romans couvrant tout l'éventail des genres littéraires s'y sont intéressés, un autre écrivain venu du polar y revient. Franck Bouysse choisit de situer *Glaise* au cœur du Cantal et le roman s'inscrit si bien dans le lieu – ce « Puy Violent » au nom prémonitoire – que les paroles d'une aubergiste décrivant le hameau Chantegril peuvent valoir résumé :

> La première [ferme], c'est celle des Valette, ils sont quatre, là-haut, le fils est parti à la guerre, il reste les parents, leur nièce et sa mère, un peu plus loin en montant, c'est chez le vieux Léonard et la Lucie, et encore au-dessus, la ferme des Lary, ils sont plus que deux, la mère et le fils, le père est lui aussi au front, et la grand-mère est morte cet hiver, après, y a plus rien qu'un buron avant d'arriver au puy. (*Gl* : 374)

Alors que les hommes combattent, Anna Valette s'éprendra du jeune Joseph Lary. Valette-père, personnage déplaisant et qu'une mutilation à la main empêche d'être enrôlé, serre de beaucoup trop près sa nièce Anna. Eugène Valette mourra au front, ce qu'Hélène tait à son mari avec l'idée d'avoir un nouvel enfant. Mais ce fils destiné à prendre la place d'un mort ne viendra pas, ce qui plonge cette femme dans la folie. Le roman se termine quand arrive sur les lieux Mathias, un grand bourgeois qui s'avère avoir été au front l'amant d'Eugène. Valette, incapable d'accepter l'homosexualité de son fils, le tue avant de chuter lui-même lors d'une confrontation avec Joseph venu lui demander des comptes suite aux pressions sexuelles qu'il exerce sur Anna. L'agonie de Valette, paraplégique, va « durer dix-huit années, veillé par une folle » (*Gl* :

414). Un berger transhumant découvrira le cadavre de Mathias, mais, étranger au pays, il choisit de passer son chemin de sorte que le drame restera enfoui dans la seule mémoire de ceux qui en ont été les acteurs.

Ce huis-clos tragique pourrait se raconter sur un plateau d'échecs où évolueraient un nombre limité de pièces, si ce n'était que Bouysse ouvre la perspective sur une nature qu'il rend présente à travers une écriture des sens. Le style entre pour beaucoup dans la réception extrêmement favorable que le roman a reçue notamment dans *Le Monde des livres*. Mascha Séry y parle d'une « œuvre maîtresse » et n'hésite pas à rapprocher Bouysse d'écrivains qui passent pour les sommets de la littérature contemporaine. Elle situe le romancier « dans le sillage de Pierre Bergounioux et de Pierre Michon, limousins comme lui, peintres des "vies minuscules", amoureux des sentes et des mots » (Séry, 2017). Le rapprochement vaut éloge mais guère analyse : l'on chercherait en vain dans *Glaise* un travail sur l'écriture qui rappelle même de loin la prose du *Bois du chapitre* par exemple, pour prendre chez Bergounioux une œuvre qui revient à la Grande Guerre par le biais du paysage. La prose de Bouysse est lisse et linéaire, très éloignée de la lignée faulknérienne que poursuivent Bergounioux et Michon. Leur écriture à eux serait plutôt « tâtonnante, sinueuse, persévérante » (Bergounioux, 2006), pour reprendre ici la formule que Bergounioux applique à cet autre héritier de Faulkner, Claude Simon, mais qui conviendrait aussi à sa propre phrase, comme à celle de Michon.

Si Bouysse retrouve Faulkner – ce qu'un exergue suggère et que la quatrième de couverture promet à mots couverts en annonçant un « roman d'amour et de fureur » – c'est moins par le style que par le choix des thématiques – la violence personnelle, le poids du sort, la folie – et des lieux – ruraux et naturels. Les vies auxquelles Bouysse s'arrête sont celles de femmes et d'hommes « simples » mais elles ne sont en rien « minuscules ». *Glaise* s'inscrit au contraire dans une tradition résolument romanesque, qui fait la part belle aux péripéties.

Il n'en demeure pas moins que Bouysse excelle à faire voir le paysage naturel, en particulier au début du roman, qui pose des lieux jamais restreints à leur fonction décorative. Le livre s'ouvre sur un orage qui est réalité concrète avant d'être indice prémonitoire : « un vent chaud giflait les ramures du grand marronnier et une cordillère de nuages noirs se dessinait sur l'anthracite de la nuit » (*Gl* : 9). Les changements météorologiques, qui participent de la dynamique la plus dramatique du paysage, feront régulièrement l'objet de descriptions précises, comme celle-ci : « Le ciel naviguait entre les feuilles et les branches, et le soleil au zénith rayonnait sur la voûte des arbres, laminant peu à peu la maigre fraîcheur accumulée en sous-bois durant la nuit. » (*Gl* : 34). Même plus tard dans le roman, quand le développement de l'intrigue relèguera la réalité matérielle au second plan, la nature restera présente comme acteur :

> Dehors, des martinets tourbillonnent dans un ciel neuf, comme des cerfs-volants aux trajectoires brisées par de soudaines bourrasques de vent, et leurs cris plaintifs ressemblent aux raclements d'un ongle sur du verre. Des odeurs d'humus moisi et de champignons se promènent en avant-garde de la forêt, mélange printanier fait de promesses fécondes. (*Gl* : 184)

Le paysage n'est jamais réductible à sa dimension symbolique, Bouysse s'efforce de le rendre présent à travers une écriture qui rejoint les impressions sensorielles de ses personnages :

> Un troglodyte l'accompagna quelques instants, traversant le chemin plusieurs fois dans un sens et dans l'autre, se posant sur des brindilles déneigées par le vent, gonflant démesurément son plumage ébouriffé, agitant sa courte queue, comme s'il voulait égayer la marche épuisante de Joseph, ou plus simplement, lui faire comprendre dans sa langue stridente, qu'ils n'étaient en rien différents, et que survivre, justement, était leur lot à tous. (*Gl* : 222)

Le monde concret est premier et l'auteur s'efforce de retrouver la vision que pouvaient en avoir les femmes et les hommes d'il y a cent ans. Mathilde Lary est saisie d'une émotion d'enfant lorsqu'elle entend « les grenouilles coasser, leurs voix gutturales accompagnées de la musique produite par une pierre frottant la lame d'une faux, d'un côté puis de l'autre, zip-zip, zip-zip… » (*Gl* : 34). À travers les sons, c'est tout un univers rural qui prend forme. Peu avant, une scène le long d'une rivière avait fourni l'occasion de décrire minutieusement les gestes du pêcheur, de faire apparaître un sphinx butinant des digitales tandis que, invisibles, deux loriots se répondent. L'expérience directe de l'environnement assure un puissant sentiment d'appartenance : « ces vies simples, aux fonctions si évidentes, donnait en temps normal la sensation à Joseph d'être l'envers d'un homme, une forme directement reliée à la nature » (*Gl* : 30). Le départ de son père pour la guerre le prive toutefois de cette plénitude ancienne, l'obligeant à « devenir un homme avant l'âge d'homme » (*ibid.*).

BÊTES… ET BESTIALITÉ

Dans ce paysage où la nature est omniprésente, *Glaise* accorde une attention particulière aux bêtes. Le lien d'interdépendance entre hommes et animaux de trait – indispensables à la survie dans un milieu qui ne peut assurer que de maigres récoltes – est souligné par des images qui insistent sur la fusion. Lorsque le cheval est réquisitionné, l'on voit Victor le monter à cru : « [c]réature placide qu'on aurait dit d'un seul tenant, centaure à la croupe massive bourrelée de muscles, au buste fragile recouvert d'une chemise de coton fraîchement lavée » (*Gl* : 18). Le percheron sera remplacé par une mule qu'il faudra subtiliser aux soldats quand ceux-ci reviendront pour réquisitionner cette vieille bête, pourtant seule force de traction encore disponible dans le hameau. Les paysans tentent de percer les sentiments de l'animal : « C'est idiot, mais je voudrais savoir si elle est heureuse, dit-il. – Elle a pas l'air malheureuse, en tout cas… […] Ça se voit, quand quelque chose cloche chez une bête » (*Gl* : 133). Un questionnement semblable naît lorsque ces hommes s'apprêtent à tuer une portée de chiots et s'interrogent pour savoir si la chienne sait ce qui l'attend : « Elle a les yeux tout tristes. – Tous les chiens ont ce regard-là. […] – D'où ça leur vient, cette tristesse, à ton avis ? – J'en sais rien, un genre de résignation, j'imagine… » (*Gl* : 136-137).

Cette curiosité généreuse envers les animaux est celle de personnages avec lesquels l'auteur est en sympathie. L'attitude correspond certes à une mentalité qui peut être attribuée à des ruraux d'avant 14, mais le retour d'interrogations identiques est l'indice aussi d'une sensibilité qui est propre à notre XXIe siècle, à la fois plus respectueux du bien-être animal et curieux de ce que les animaux ressentent et pensent. Des comportements moins respectueux, sinon des animaux, du moins de notre sensibilité moderne, sont attribués à des personnages repoussoirs, à commencer par Valette. C'est lui qu'on verra égorger un cochon, et profiter de l'occasion pour mettre à la torture sa nièce. En attendant un moment propice pour la forcer, il l'oblige à le seconder dans la tâche :

> Il planta alors la lame du couteau sous la gorge béante, et éventra le cochon en descendant jusqu'au pénis tirebouchonné. Des entrailles violacées et puantes dégoulinèrent de l'entaille, tels de gros furoncles purulents. (*Gl* : 238)

Tuer le cochon était une activité banale, mais par la mise en scène particulière et les connotations sadiques et sexuelles que Bouysse met en place, l'activité apparaît comme particulièrement déplaisante. Moins attendue est la scène de bestialité à laquelle *Glaise* fait assister ses lecteurs. Frustré de ne pas parvenir à ses fins avec sa nièce, Valette s'en prendra à une vache. Nous le voyons pantalon sur les chevilles en train de se masturber :

> « Bouge pas, tu vas comprendre qui est le maître, ici ! », dit-il d'une voix tremblotante. Une fois dur, il agrippa la queue, la plaqua d'une main sur le dos de l'animal, et de l'autre guida son sexe et l'enfonça lentement entre les lèvres pâles qui débordaient de la vulve. La vêle émit un beuglement étouffé, tortillant son arrière-train pour essayer de se dégager, et son front cognait contre le mur à chaque bourrade, précisément à l'endroit où de petites cornes tendres commençaient déjà à pousser. Concentré sur son affaire, Valette donnait de grands coups de boutoir. (*Gl* : 175)

L'épisode n'est pas moins détaillé que celui dans lequel Valette égorge le cochon. Or, si la description de l'abattage du cochon est devenue quasiment un exercice obligé dans les romans contemporains évoquant la ruralité, les scènes de bestialité sont rares. Et délicates… : l'on se souvient de la polémique née en 2000 dans un collège autour du *Grand Cahier*, dans lequel Agota Kristof montre une jeune fille ayant un rapport sexuel avec un chien, entre d'autres scènes qui banalisent la violence. Prudent, Bouysse prend soin de rattacher l'acte à son personnage repoussoir ; l'on est loin du récit de Gavino Ledda qui dans *Padre Padrone* évoque le naturel avec lequel les petits bergers sardes trouvaient à se satisfaire avec des ânesses, des brebis ou des poules à tel point qu'un valet, interrogé sur son ressenti après avoir couché pour la première fois avec une femme répondra : « Mille fois mieux… C'est qu'il n'y a pas la queue ! » (Ledda, 1975, p. 94).

Les différents comportements des ruraux envers les animaux sont donc distribués en fonction de la sympathie ou de l'antipathie que l'auteur entend susciter par rapport à tel ou tel personnage. On le vérifie dans le domaine du comportement envers les animaux sauvages : Victor évite ainsi de montrer à son fils le sort qu'il réserve à quatre jeunes putois « pendus à la branche basse d'un chêne » (*Gl* : 184). L'humanité du père – toute relative pour notre sensibilité moderne – est soulignée par le fait qu'il n'enterre pas vivants les « nuisibles » ! L'éducation de Joseph n'en passera pas moins par l'apprentissage de la chasse aux étourneaux, dénichés dans des arbres creux. Victor accompagne la main de son fils pour assommer l'oisillon sur les barreaux d'une échelle : « Après deux ou trois coups assénés, l'étourneau se tait, et ses muscles s'affaissent dans la mort » (*Gl* : 188). La pratique, détaillée de manière presque ethnographique sur quatre pages, est toutefois présentée ici sans aucune désapprobation : c'est une activité normale à la campagne, qui, exécutée une première fois par le jeune garçon, vaut rite de passage destiné à lui apprendre à agir seul.

ÉCHOS DE GIONO

Un intertexte gionien semble à l'œuvre dans *Glaise*. Déjà, la jouissance éprouvée par Valette lors du dépeçage du cochon peut réactiver le souvenir du Panturle de *Regain*, gémissant alors qu'il enfonce sa main dans le cadavre d'un renard : « Mais, à l'aveugle, il a mis sa grande main dans le ventre de la bête et il a patouillé dans le sang des choses molles qui s'écrasaient contre ses doigts. Ça giclait comme du raisin » (Giono, 1930, p. 369). Bouysse réserve toutefois le plaisir malsain à un personnage détestable alors que Giono le situait du côté d'une figure qui ne l'est pas, complexifiant ainsi la psychologie.

Le dialogue avec Giono est plus manifeste encore dans l'utilisation de l'image du troupeau. L'épilogue de *Glaise* réécrit en effet de manière explicite le premier chapitre du *Grand troupeau* qui montre, bélier en tête, un troupeau descendant de l'estive accompagné par son berger :

> Accablé de chaleur, le troupeau progresse dans une ondulation de laine épaisse. Marée d'échines semblables couleur de sable desquelles s'échappent parfois des poussières mises à mort dans l'instant par les rayons du soleil. (*Gl* : 421)

Il faudrait pouvoir citer plus longuement pour détailler les résonances et les changements d'accents qui s'opèrent entre la page de Bouysse et celle de Giono, déjà citée en début d'étude. « Gâcher la vie » est le maître mot de la symbolique que *Le Grand troupeau* met en place derrière un troupeau bien réel mais qui se veut aussi image des hommes que l'on va sacrifier dans la Grande Guerre. Ces connotations sont évidemment réactivées chez Bouysse, mais l'image de moutons menés par un berger qui choisit de taire la découverte du cadavre de Mathieu invite plutôt à imaginer que dans *Glaise* c'est une conception d'une nature indifférente aux drames humains qui est à l'œuvre.

Notons en passant que Bouysse se montre homme de sa génération quand il superpose une image de Walt Disney à celle de Giono. Évoquant les hommes mobilisés en masse, il note comment la guerre « allait les déverser dans l'horreur à la manière de lemmings programmés pour le suicide » (*Gl* : 45). L'image provient du célèbre *Désert de l'Arctique* (1958) qui a propagé le mythe des rongeurs mettant fin à leurs jours en se jetant à la mer du haut des falaises et dont on sait qu'elle est totalement fausse. Pour obtenir ces prises de vue, les techniciens ont eu recours à des tables tournantes recouvertes de neige et n'ont pas hésité à plonger à de nombreuses reprises les mêmes animaux dans l'eau…

Il est intéressant aussi de noter que l'hommage au *Grand troupeau* ne passe pas uniquement par la réécriture d'une de ses scènes symboliques les plus célèbres. *Glaise* va emprunter au même passage son anaphore caractéristique :

> Il y avait un pichet et un panier à essorer la salade rempli de noix. […] Il y avait un petit fourneau et un buffet avec des objets dessus, des babioles de nature à aider la mémoire à se frayer un chemin […]. Il y avait la froide pesanteur d'une cheminée au foyer encadré par deux bancs roussis et devancé par des chenets en fonte. Il y avait des quartiers de viande salée qui pendaient à des solives noircies et poisseuses de graisse […]. Il y avait cette odeur omniprésente de fumée qui imprégnait les viandes, les vêtements, le bois, la pierre et les objets les plus retors. Et il y avait une femme assise, qui équeutait des haricots avec l'ongle du pouce. (*Gl* : 62-63)

Bouysse rejette l'image du troupeau en fin de roman, mais il maintient le procédé en début de volume, à la place qu'il occupait aussi chez Giono. Ce long paragraphe démarque en effet très exactement l'extrait cité plus haut et qui se terminait par une dernière reprise : « Il y avait […] l'odeur du bélier maître, l'odeur d'amour et de brebis folle ; et les images de la montagne » (*GT* : 546). Giono utilise la technique pour décrire le mouvement du troupeau et terminer sur l'évocation du monde de la montagne qui n'existe déjà plus que dans le souvenir. C'est au contraire en peintre d'intérieur, soucieux des différents sens, que Bouysse va se servir de l'anaphore. Il isole des éléments statiques et les juxtapose afin de faire pénétrer le lecteur dans l'univers d'Hélène Valette et ce au moment même où sa belle-sœur et sa nièce entrent dans la pièce, déclenchant par leur simple arrivée l'enchaînement des circonstances qui aboutiront au dénouement tragique.

TRANSPOSER LA GUERRE DANS LE CANTAL

L'extrême majorité des écrivains qui ont publié des fictions inspirées par la Grande Guerre mais dont l'action se situe aussi dans les campagnes ont continué à faire une place importante à l'univers des tranchées. *Glaise* est un des rares romans à ne plus regarder du tout du côté du front : les combats ne sont présents qu'en creux, à travers les effets produits sur la petite communauté rurale. Bouysse est un excellent observateur du monde naturel et il parvient à mettre habilement en place des éléments qui accréditent l'ancrage dans la ruralité du début du XXe siècle. Cela passe par le rappel des superstitions, comme quand ce chien surgit dans l'allée centrale de l'église et que le curé voit en lui l'« incarnation de Satan » (*Gl* : 112). Ce monde agricole apparaît aussi à travers ses figures emblématiques comme le rebouteux, la factrice, le colporteur, ou par l'évocation de petites anecdotes d'un univers qui n'est plus le nôtre. Cette farce, par exemple, qui fait passer des crottes de lapins enrobées de miel pour des friandises.

L'originalité de *Glaise* réside en sa capacité à faire voir les motifs et les images majeurs de la littérature des tranchées transposés dans l'univers rural. Ainsi, les mutilations sont évoquées à travers l'« immonde moignon » (*Gl* : 321) de Valette, tandis que la « dépouille raide et gonflée » de la grand-mère – « outre puante remplie de mort » (*ibid.*) – prend la place des cadavres pourrissant sur le champ de bataille. Le grand-père a été foudroyé et la vision de l'« impact » (*Gl* : 16) rappelle jusque dans le choix des mots et des comparaisons l'image d'un soldat frappé par un obus. Des anecdotes d'une horreur plus spécifique, dont les romans de guerre étaient très friands, apparaissent également. Bouysse conte notamment l'histoire de ce pêcheur « qu'on avait retrouvé mort étouffé au bord de la rivière, avec la queue d'une anguille qui dépassait de sa bouche, fouettant le sol comme la grosse langue noire d'un démon » (*Gl* : 177). L'épisode s'inspire vraisemblablement de la mésaventure identique arrivée à un adolescent au Bangladesh et qui a été largement relayée par les médias[6]. À travers des anecdotes semblables le roman retrouve, resitué à la campagne, un sensationnalisme où se mêlent terreur et pitié et que la littérature de 14-18 a largement exploité.

Bouysse rejoint encore les écrivains de la Grande Guerre en ceci que, malgré l'absence de femmes sur le champ de bataille, ceux-ci ont malgré tout été très nombreux à tisser une histoire d'amour dans leur roman. L'apport nouveau de *Glaise* consiste à mettre en place une idylle homosexuelle entre Eugène en Mathias, à côté de la romance qui se développe entre Joseph et Anna. Ce motif n'apparaît toutefois qu'à l'extrême fin du livre et en des termes très généraux : la donnée est destinée à servir la tension narrative du roman qu'elle relance grâce à un rebondissement final. L'on chercherait en vain dans *Glaise* une scène d'amour homosexuel comme celle que Timothy Findley faisait apparaître en 1977 dans *The Wars*, un roman qui revenait déjà sur la Première Guerre mondiale. Bouysse n'est pas Mathieu Riboulet et la littérature française s'inspirant de la Grande Guerre n'a jamais fait à l'homosexualité la place que lui confère depuis longtemps la littérature anglo-saxonne, dans le sillage de *War poets* comme Owen et Sassoon.

L'homosexualité est en définitive absente du roman parce qu'Eugène l'est. Le père Valette, qui figure la virilité la plus caricaturale, est par contre omniprésent. Sans surprise, c'est lui qui pose que donner son sang à la guerre est « une affaire d'homme, et seulement d'homme » (*Gl* : 90-91). C'est avec regret qu'il doit encore se résoudre à ne pas pouvoir imaginer son fils en tueur de boches : « ça m'étonnerait [...] de lui, l'a jamais su saigner un poulet comme il faut » (*Gl* : 271). Le personnage incarne la virilité jusque dans ses travers les plus repoussants : s'il tire fierté de n'avoir jamais battu sa femme, il avait la main leste avec un fils qu'il estimait trop lent à apprendre.

Autant le roman ne se montre ni particulièrement audacieux ni vraiment novateur en matière de représentation de l'homosexualité, autant

6 *Cf.* « Une anguille vivante se coince dans la bouche d'un ado et manque de le tuer », http://www.20minutes.fr/insolite/1512243-20150107-video-anguille-vivante-coince-gorge-ado-manque-tuer ; consulté le 12 novembre 2017.

il véhicule une image des femmes qui s'accorde résolument avec notre sensibilité du XXIe siècle. Les violences sexuelles que la femme et la nièce de Valette ont à subir font résonner des enjeux qui appartiennent plus à notre propre contemporanéité qu'à celle de 14. Bouysse fait le portrait de femmes fortes qui n'hésitent pas non plus à prendre l'initiative dans le domaine de la séduction. C'est Anna qui fait le premier geste : « D'abord un frottement de tissu, puis une respiration régulière balaya le visage de Joseph. Les lèvres de la jeune fille se posèrent sur les siennes, et il ne sut comment » (*Gl* : 104). *Glaise* met les deux adolescents sur un pied d'égalité.

Le changement de lieux permet à l'auteur de développer naturellement une histoire d'amour là où ses prédécesseurs qui situaient leurs romans au front devaient forcer les circonstances pour permettre à une idylle de se développer. Mais le prix à payer pour cette relocalisation à l'arrière, en pays rural, c'est que le roman est contraint de céder à la tentation qui est celle de la bucolique depuis ses origines : faire parler des paysans comme s'ils étaient poètes. Depuis Virgile au moins la pastorale entend convier simultanément les splendeurs la nature *et* la beauté de l'art, afin de permettre aux lecteurs de jouir du meilleur de ces deux mondes. C'est pourquoi Bouysse n'évoque la rudesse des activités agricoles que de loin. L'on verra en définitive moins Joseph occupé aux travaux de la terre que caractérisé par son activité d'artiste, qui consiste à réaliser des sculptures d'animaux avec de la glaise. C'est à ce travail-là que le roman doit son titre, qu'un exergue rattache encore à la magistrale *Spoon River Anthology* (1915) dans laquelle Edgar Lee Masters précédait Bouysse dans une entreprise littéraire qui fait naître une petite communauté rurale à travers le dévoilement progressif des secrets de ses habitants.

Comme chez Masters, le pétrissage de la glaise vaut métaphore du travail de l'artiste. Et si l'on rapporte à Bouysse l'esthétique qui est celle de Joseph sculpteur animalier, l'on sera tenté de mettre en avant un réalisme qui prend pour sujet la nature vivante : « Regarde-le, on dirait qu'il est vivant, ce renard, prêt à sauter sur une poule » (*Gl* : 42). Joseph, qui enterre une statuette de chat aux côtés de sa grand-mère et offrira à Anna un écureuil en souvenir d'une rencontre avec ces animaux en forêt, se verra complimenté pour son travail : « Je n'exagère pas, je le pense, tu dois avoir une âme d'artiste » (*Gl* : 207).

La beauté de la nature telle que Bouysse la met en avant doit avoir à son service un artiste de talent, pas un simple paysan. D'autant que, malgré le parti pris réaliste du roman, le beau étend son domaine jusque dans la sphère morale. Dans *Glaise*, la sensibilité esthétique demeure l'apanage des êtres bons, de sorte que c'est sans surprise que l'oncle d'Anna s'en voit exclu : « La beauté, un mot dont Valette ne connaîtrait sûrement jamais le véritable sens, pas même le plus infime degré » (*Gl* : 410). Le roman souligne qu'une conception utilitaire de la nature est incompatible avec une vision esthétique : « Pour [Valette] le foin ne servait qu'à nourrir ses vaches, et l'air à remplir ses poumons » (*ibid.*). Bouysse retrouve ici les conventions de la pastorale, reléguant au second plan celles du roman de guerre, moins dédaigneux des réalités terre-à-terre.

Glaise compte incontestablement parmi les textes les plus dignes d'intérêt dans l'ensemble des romans qui revisitent la Grande Guerre en donnant une place centrale à l'évocation de l'environnement naturel, à côté de *Quatre soldats* d'Hubert Mingarelli ou des *Hommes forts* de Daniel Hebrard, déjà mentionné. Héritières d'une tradition qui a été remise à l'honneur dans l'entre-deux-guerres par Giono, ces œuvres s'efforcent de trouver aujourd'hui des voies nouvelles entre l'horreur de la guerre et la beauté de la nature. Le décentrage radical, loin du front, que Bouysse a opéré pourrait bien être l'indice que la littérature contemporaine est moins anxieuse que par le passé de prendre pour sujet la nature campagnarde dont l'évocation a longtemps été suspecte en raison des compromissions éthiques et esthétiques du roman du terroir. Malgré l'idéalisation inhérente au bucolique comme genre – ou peut-être justement grâce à elle – Bouysse est parvenu à camper un rapport à la nature qui rejoint aussi notre sensibilité moderne. Celle de citadins de plus en plus éloignés des champs et des forêts mais qui, ne devant plus tirer leur subsistance d'un travail pénible, peuvent regarder l'environnement d'un point de vue moins utilitaire, et peut-être plus responsable.

Pierre SCHOENTJES
Ghent University

BIBLIOGRAPHIE

BERTRAND, Adrien, *L'Appel du sol*, Paris, Calmann-Lévy, 1916.

BOUYSSE, Franck, *Glaise*, Paris, La manufacture de livres, 2017.

DRIEU LA ROCHELLE, Pierre, *La Comédie de Charleroi*, Paris, Gallimard, 1934.

ECHENOZ, Jean, *14*, Paris, Minuit, 2012.

ESCHOLIER, Raymond, *Le Sel de la terre*, Amiens, Librairie Edgar Malfère, coll. « Bibliothèque du hérisson », 1924.

GIONO, Jean, *Le Grand troupeau*, Robert Ricatte éd, Paris, Gallimard, coll. « Bibliothèque de la Pléiade », 1971 [1931].

GIONO, Jean, *Regain*, Robert Ricatte éd, Paris, Gallimard, coll. « Bibliothèque de la Pléiade », 1971 [1930].

LEDDA, Gavino, *Padre Padrone, L'Éducation d'un berger sarde*, trad. N. Frank, Paris, Seuil, coll. « Témoins », 1977 [1975].

SCHOENTJES, Pierre, « Images de la nature dans les romans de la Grande Guerre : esquisse d'une typologie », *Études littéraires*, 2011, p. 123-134.

SCHOENTJES, Pierre, « Derrière les tranches des livres, les tranchées de la Grande Guerre : Relire *Le Sel de la terre* de Raymond Escholier », *in* Joëlle Prungnaud (dir.), *Écritures de guerre*, Paris, Champ social, coll. « Poétiques comparatistes », 2014, p. 112-130.

SÉRY, Mascha, « Au puy Violent, la terre et la mort », *Le Monde des livres*, 20 octobre 2017.

THEETEN, Griet *La Grande Guerre revisitée : 14-18 dans le roman français contemporain*, Genève, Droz, 2015.

ZOLA, Émile, « L'Attaque du Moulin », *in : Les Soirées de Médan*, Paris, Grasset, coll. « Les cahiers rouges », 1955 [1880].

BIBLIOGRAPHIE SÉLECTIVE

ADLER, Aurélie, LEMONNIER-DELPY, Marie-Françoise, OTT, Herta-Luise (dir.), *Figurations épiques et contre-épiques de la Grande Guerre*, Rennes, Presses universitaires de Rennes, coll. « Interférences », 2019.

ANDREANI, Jean-Louis, *La Grande Guerre à cheval. Le rêve brisé de la cavalerie française*, Cuise-la-Motte, du Trotteur ailé, 2014.

AUDOIN-ROUZEAU, Stéphane et BECKER, Annette, *14-18, retrouver la Guerre*, Paris, Gallimard, 2000.

BEAUPRÉ, Nicolas, *Écrits de guerre* : 1914-1918, Paris, CNRS éd, 2019.

BECKER, Jean-Jacques, *La Grande Guerre*, Paris, PUF, 2004.

BÉNECH, Géraud et LOISEAU, Laurent (éd.), *Carnets de Verdun*, Paris, Librio, 2006.

BIANCHI, Nicolas et GARFITT, Toby (dir.), *Comment écrire la Grande Guerre ? Francophone and Anglophone Poetics*, Oxford, Peter Lang, 2017.

BUELENS, Geert, *Europas Dichter und der Erste Weltkrieg*, traduit par Waltraud Hüsmert, Berlin, Suhrkamp, 2014.

CAMPA, Laurence, *Poètes de la Grande Guerre. Expérience combattante et activité poétique*, Paris, Classiques Garnier, 2010.

FRÉMEAUX, France Marie, *Écrivains dans la Grande Guerre*, Paris, Express Roularta, 2012.

GUÉNO, Jean-Pierre et LAPLUME, Yves (éd.), *Paroles de poilus. Lettres et carnets du front 1914-1918*, Paris, Librio, 1998.

KAEMPFER, Jean, *Poétique du récit de guerre*, Paris, José Corti, 1998.

KELLER, Thomas (dir), *La Première Guerre Mondiale un siècle plus tard. Culture et violence. Cahiers d'Études Germaniques*, n° 66, 2014.

KESSLER-CLAUDET, Micheline, *La Guerre de quatorze dans le roman français contemporain*, Paris, Armand Colin, 2005.

LASERRA, Annamaria, LECLERCQ, Nicole, QUAGHEBEUR, Marc (dir.), *Mémoires et antimémoires littéraires au XXe siècle. La Première Guerre mondiale*, Oxford, Peter Lang, 2008.

MAYER, Mathias, *Der Erste Weltkrieg und die literarische Ethik. Historische und systematische Perspektiven* Paderborn, Fink, 2010.

MECKE, Jochen et HERTRAMPF, Marina (dir.), *La Grande Guerre dans la littérature et le cinéma, Romanische Studien*, Beiheft n° 9, 2019.

NORTON CRU, Jean, *Témoins*, Nancy, Presses Universitaires de Nancy, 2006.

PICON, Guillaume, *Poèmes de poilus : 1914-1918, Anthologie*, Paris, Seuil, coll. « Points », 2014.

RASSON, Luc, *Écrire contre la guerre. Littérature et pacifismes. 1916-1938*, Paris, L'Harmattan, 1997.

RIEGEL, Léon, *Guerre et littérature. Le bouleversement des consciences dans la littérature romanesque inspirée par la Grande Guerre*, Paris, Klincksieck, 1978.

RIEUNEAU, Maurice, *Guerre et révolution dans le roman français de 1919 à 1939*, Paris, Klincksieck, 1974.

SCHOENTJES, Pierre (dir.), avec la collaboration de Griet Theeten, *La Grande Guerre. Un siècle de fictions romanesques*, Genève, Droz, 2008.

SCHOENTJES, Pierre, *Fictions de la Grande Guerre. Variations littéraires sur 14-18*, Paris, Classiques Garnier, 2009.

SEYBERT, Gislinde et STAUDER, Thomas (dir.). *Heroisches Elend : der Erste Weltkrieg im intellektuellen, literarischen und bildnerischen Gedächtnis der europäischen Kulturen*, Francfort, Peter Lang, 2014.

THEETEN, Griet, *La Grande Guerre revisitée. 14-18 dans le roman français contemporain*, Genève, Droz, 2015.

TREVISAN, Carine, *Les Fables du deuil. La Grande Guerre : mort et écriture*, préface de Pierre Pachet, Paris, Presses Universitaires de France, 2001.

VIART, Dominique (dir.), *Nouvelles écritures littéraires de l'Histoire*, Caen, Lettres Modernes Minard, 2009.

VIGNEST, Romain et CORVISIER, Jean-Nicolas (dir.), *La Grande Guerre des écrivains : études*, Paris, Classiques Garnier, 2015.

INDEX DES NOMS

AUTEURS

LITTÉRATURE CRITIQUE

INDEX DES TITRES

INDEX DES CONCEPTS

RÉSUMÉS

Jochen MECKE, Pierre SCHOENTJES et Anne-Sophie DONNARIEIX, « Introduction. La littérature de la Première Guerre mondiale entre éthique et esthétique (1914-2020) »

La Grande Guerre a fait l'objet de nombreuses d'études, mais peu d'entre elles se sont penchées sur la dimension esthétique des œuvres en question. À l'heure où la page des commémorations de 14-18 a été tournée, ce volume se propose d'interroger l'amplitude des formes et leurs évolutions de l'époque du conflit jusqu'à nos jours. La perspective se veut volontairement large, attentive au roman comme à la poésie, aux lettres, aux nouvelles, aux journaux, aux textes dramatiques ou aux films.

Jochen MECKE, « Les récits de la Grande Guerre. Forme narrative et éthique de l'esthétique »

Cet article examine les romans classiques de la Grande Guerre écrits par d'anciens combattants dans une perspective éthique induite non pas par le contenu mais par la forme esthétique de ces textes. On montrera que l'impassibilité des descriptions constitue une réponse à la question des possibilités de la littérature face à la description de la mort. Ce faisant, ces textes développent aussi une position éthique au travers d'une poétique qui prend le contrepied des récits de guerre traditionnels.

Wolfgang ASHOLT, « Une esthétique avant-gardiste de la guerre ? Poèmes de guerre d'Apollinaire et de Cendrars »

L'avant-garde entretient une relation ambiguë avec la guerre. Les Futuristes italiens la saluent, les poèmes de guerre des *Calligrammes* de Guillaume Apollinaire en chantent les beautés et en font un paradigme pour l'Esprit nouveau. Seul Blaise Cendrars, l'autre représentant de l'avant-garde poétique d'avant 1914, développe une position critique : « La guerre au Luxembourg » est l'exemple d'une distanciation (poétique) pendant la guerre et sous la censure telle que la pratiquent après 1918 les Surréalistes.

Thabette OUALI, « Esthétique et éthique d'une écriture de la Grande Guerre. *Les Croix de bois* de Roland Dorgelès »

À partir de son expérience du front, Roland Dorgelès écrit un roman relatant des moments marquants, des impressions de vécu, dans une absence totale de morale ou d'idéologie. Il associe stratégie esthétique et perspective éthique. Le glissement de l'écriture autobiographique à une écriture universelle inscrit le roman dans une visée testimoniale : contre l'oubli des frères d'armes en mémoire d'une guerre qui, bien que dévastatrice de l'humanité, révèle de ce qu'elle a de plus précieux, son humanité.

Johannes KLEIN, « Témoignages de la Grande Guerre dans les journaux et lettres du front. Le vrai, le bon et/ou le beau ? »

Le premier événement majeur de l'histoire où le témoignage se transforme en phénomène de masse est la Grande Guerre. De nombreux témoins affirment qu'eux seuls peuvent raconter la vérité. Témoigner de la guerre, c'est aussi un acte moral, et le « bon » correspond alors souvent au vrai, non au beau. Or les carnets et lettres ne possèdent-ils pas une certaine esthétique ? Et n'entraîne-t-elle pas des problèmes éthiques concernant les relations entre le vrai et d'autres interprétations du « bon » ?

Timothée PIRARD, « Guerre et esthétique du dégoût chez Céline »

En héritier de Nietzsche et Bergson, Céline confère à la sensibilité une primauté sur l'intellect. Comment ce point de départ fondamental dans l'appréhension du monde donne-t-il un caractère particulier à sa représentation de la guerre, expérience extrême de l'esthétique et de l'éthique ?

Jean KAEMPFER, « Le tueur timide »

La représentation de la mort volontairement infligée est rare, dans les récits de la Grande Guerre, où elle se cantonne pour l'essentiel aux scènes d'assaut. À chaque fois, elle fait l'objet d'une effervescence axiologique notable : c'est que, dans le corps à corps, une fureur guerrière se réveille, qui rapproche le soldat de l'assassin. Comment résorber cette équivalence ? De l'effroi pacifiste à l'exaltation épique, les réponses varient…

Teresa HIERGEIST, « "Mon cheval, ce grand malheureux". Le cheval comme figure de réflexion éthique dans les textes littéraires de l'entre-deux-guerres »

Historiquement, les chevaux sont étroitement liés aux conflits militaires, mais les innovations techniques de la Grande Guerre sonnent le glas de cette ère et les chevaux disparaissent des champs de bataille. Ce changement laisse des traces dans leurs représentations littéraires : s'ils reflétaient avant souvent l'héroïsme de leurs propriétaires, ils deviennent désormais des figures critiques du progrès civilisateur, de conflits de conscience et d'une opinion ambivalente face à l'État.

Daniel ARANDA, « Un "spectacle magique et terrifiant". Les zeppelins dans la littérature de guerre française entre 1914 et 1918 »

De 1914 à 1918, la littérature populaire française représente les zeppelins comme autant d'incarnations des tares de l'adversaire germanique. Transformer leur activité belliqueuse en spectacle de foire permet de désamorcer leur capacité de nuisance. Objets tératologiques, les dirigeables allemands suscitent la répulsion esthétique comme la réprobation morale. Leur mise à mort est le dénouement obligé des scènes où ils apparaissent, sans que la compassion ne doive saisir le héros ou le lecteur.

Tamar BARBAKADZE, « Catherine Colomb et Virginia Woolf. "Raconter" la guerre à travers des métaphores »

Woolf et Colomb se défient des mots, auxquels, à leurs yeux, peuvent être attribués des significations ambiguës, essentiellement à l'époque moderne. Face aux conflits « sans précédents », dans leurs romans, la réalité historique reste implicite, esthétisée, cachée sous les métaphores. Cette contribution cherche à comprendre quelles alternatives Woolf et Colomb proposent aux modes de représentation du phénomène de la guerre et quels médiums elles utilisent pour en exprimer le caractère grotesque.

Nicolas BIANCHI, « En rire, malgré tout ? Éthique d'un rire romanesque de la Grande Guerre »

Peut-on rire de la Grande Guerre ? Voilà l'une des brûlantes questions éthiques que ne manquèrent pas de soulever les nombreux romans que produisirent soldats et écrivains de l'arrière depuis le conflit. En étudiant leurs seuils, leur réception ou leur inscription dans un champ littéraire en pleine mutation, le présent article entend éclairer les résistances qu'ils rencontrèrent, mais surtout la grande tolérance dont ils bénéficièrent, pour de multiples raisons qu'il s'agira ici de préciser.

Christian VON TSCHILSCHKE, « La défiguration comme défi éthique et esthétique dans les représentations littéraires et cinématographiques de la Grande Guerre »

Comment les récits littéraires et audiovisuels de la Grande Guerre arrivent-ils à traiter le phénomène à la fois éthiquement et esthétiquement provocateur des « gueules cassées » ? Afin de répondre à cette question, l'analyse s'appuie sur un corpus qui va des récits « classiques » jusqu'à *La Chambre des officiers* (1999) de Marc Dugain, adapté à l'écran en 2001, et qui marque un tournant dans l'histoire de la représentation des blessés du visage.

Stefan SCHRECKENBERG, « Éthiques et esthétiques de la Grande Guerre chez des auteurs de la génération des petits-enfants »

Contrairement aux écrivains-combattants qui veulent témoigner des horreurs de la Grande Guerre, la génération de leurs petits-enfants cherche à réaliser le deuil et à se réconcilier avec le passé sans perdre de vue les responsabilités éthiques qui accompagnent cette entreprise. Au début du XXe siècle, alors que les derniers témoins ont disparu, la Grande Guerre devient un lieu de mémoire culturel. La contribution se propose d'analyser trois romans de Claude Simon, Jean Rouaud et Jean Echenoz.

Anne-Sophie DONNARIEIX, « Articuler le cri. Voix et voies narratives de la Grande Guerre chez Laurent Gaudé »

Si elle reste marquée par l'œuvre des écrivains-témoins, la littérature contemporaine sur la Grande Guerre ne répond plus aux mêmes enjeux qu'alors : il s'agit moins de décrire la guerre que de sonder à travers elle la douloureuse mémoire du siècle passé, et d'interroger les formes à donner au texte littéraire pour qu'il y parvienne. Le roman de Laurent Gaudé, *Cris* (2001) en propose un exemple innovant, en développant un langage empêché qui vient paradoxalement dynamiser les voies/x du récit.

Abdoulahi AISSATOU, « Dire la guerre. Le Clézio et la quête itérative de la paix »

L'œuvre de Le Clézio est habitée par le thème de la guerre. Il s'agira dans cette contribution d'analyser la représentation de la Grande Guerre, décrite selon une visée panoramique, au front comme à l'arrière, pendant et après le conflit. En analysant les procédés de réécriture et les répercutions aussi bien physiques que psychologiques de la guerre sur les soldats et les civils, on montrera aussi comment la structure narratologique permet de souligner le pacifisme de l'auteur.

Thomas KELLER, « De *L'Homme que j'ai tué* à *Frantz*. La paix n'aura pas lieu »

À travers l'analyse de la pièce *L'Homme que j'ai tué* (1921) de Maurice Rostand, du film *Broken Lullaby* (1932) d'Ernst Lubitsch et du film *Frantz* (2016) de François Ozon, cet article veut revenir sur l'histoire d'un fantasme : celui du soldat français, vivant, qui vient remplacer dans sa famille le fils allemand mort. Un fantasme qui repose sur l'idéal d'un projet réconciliateur entre la France et l'Allemagne, et dont l'esthétique cinématographique met aussi à jour les limites.

Pierre SCHOENTJES, « Modeler une autre guerre. *Glaise* de Franck Bouysse : 14-18, l'art et la nature »

Prolongeant ici ses études en écopoétique, Pierre Schoentjes lit *Glaise* de Franck Bouysse sur la toile de fond du *Grand troupeau* de Jean Giono. En déplaçant la perspective en milieu rural, le roman de Bouysse illustre aussi que la littérature contemporaine de notre début de XXIe siècle est moins réticente que par le passé de prendre pour sujet cette nature campagnarde… un temps suspecte en raison des compromissions éthiques et esthétiques du roman du terroir.

TABLE DES MATIÈRES

DEUXIÈME PARTIE

LA GRANDE GUERRE EN IMAGES

MOTIFS EMBLÉMATIQUES ET MODALITÉS DE REPRÉSENTATION

TROISIÈME PARTIE

LA GRANDE GUERRE AU PRISME DES ÉCRITURES CONTEMPORAINES

IMPRIM'VERT®

Achevé d'imprimer par Corlet Numéric,
Z.A. Charles Tellier, Condé-en-Normandie (Calvados), en novembre 2020
N° d'impression : 169333 - dépôt légal : novembre 2020
Imprimé en France